U0905420

# 全国双创示范基地创新创业百佳案例

《全国双创示范基地创新创业百佳案例》编写组

主编　林念修

副主编　任志武　伍　浩　张宇贤

社会科学文献出版社
SOCIAL SCIENCES ACADEMIC PRESS (CHINA)

## 编 委 会

主 编：林念修

副主编：任志武 伍 浩 张宇贤

编 委：朱建武 李俊杰 丁欢欢 晏 波 练 聪

王志杰 赵 孝 周衍广 陆秋明 蒋 栋

杨 斌 吕运强 范海鹏 张 龙 贾廷灿

## 编 写 组

编写组成员（按姓氏笔画）：

于 杰 王 焕 王 霞 王再文 田 彬 任 檬

刘 锐 刘中豪 刘石明 许 强 许立华 阮高峰

孙 睿 孙 磊 孙祥民 李 丰 李 蹊 李雅柳

杨云峰 邹士年 宋瑞礼 张绍阳 陈倩倩 赵 军

赵 静 洪 涛 高辉清 梅晓鹏 董 伟 董 阳

程 伟 熊建晖 霍福鹏 戴国富

# 序 言

推进大众创业万众创新是深入实施创新驱动发展战略的重要抓手，是深入推进供给侧结构性改革的重要途径。2016 年以来，按照国务院的决策部署分两批在全国各省区市、高校和科研院所、企业谋划建设了 120 家双创示范基地。三年多来，各双创示范基地按照建设方案要求，在有关地方政府和部门的大力支持下，大胆开展改革探索实践，推进创新资源有效集聚，不断释放市场主体活力，加快培育发展新动能，形成了一批可复制、可推广的典型经验做法，以点带面，充分发挥了双创示范基地的带动引领作用，为推动创新创业创造、实现高质量发展发挥了重要作用。

为进一步贯彻习近平总书记“要营造有利于创新创业创造的良好发展环境，最大限度释放全社会创新创业创造动能”的重要讲话精神，落实李克强总理在《政府工作报告》中提出“进一步把大众创业万众创新引向深入，发挥双创示范基地带动作用”的要求，国家发展和改革委员会创新和高技术发展司会同国家信息中心成立《全国双创示范基地创新创业百佳案例》工作专班，通过实地调研和专家座谈，以 120 家全国双创示范基地的典型经验和优秀案例为主体内容，同时选取部分在双创工作方面卓有成效的地方和单位的经验，组织编写并出版《全国双创示范基地创新创业百佳案例》。

本书系统落实《国务院关于推动创新创业高质量发展打造“双创”升级版的意见》（国发〔2018〕32 号）文件中“开展双创示范基地十强百佳工程”

工作要求，内容突出场景化、主题式的分类方案，分别从创新创业生态环境、创业带动就业、科技成果转化、创新创业支撑平台、创新创业融资、产业转型升级、创新创业发展高地、创新创业重点展示品牌等八个方面进行汇编，方便社会各界全面了解双创示范基地建设成效，宣传和推广各示范基地优秀经验和做法。这对营造有利于创新创业创造的良好发展环境，最大限度释放全社会创新创业创造动能，增强经济发展活力、实现高质量发展具有重大意义。

双创示范基地建设是一项长期任务，面对新形势和新要求，各示范基地要进一步主动作为、先行先试，努力在培育更具活力的创新创业“新生态”、打造更强劲的创业带动就业“新动力”、构筑推动区域创新发展“新高地”、探索金融服务创新创业“新模式”、畅通大中小企业协同创新“新体系”、建设创新创业资源共享“新平台”上下功夫，进一步发挥双创示范基地以点带面的示范效应。

本书涉及领域多、涵盖范围广，由于编写时间相对紧张，难免有疏漏和不足之处，欢迎读者指正。

本书编写组

# 目　录

# 第一部分

# 优化创新创业生态环境

各地方、各部门持续深化“放管服”改革，全面营造有利于创新创业创造的良好发展环境，加大优化营商环境改革力度；不断探索创新创业生态新机制，进一步营造融合、协同、共享的“双创”生态系统；加大财税政策支持力度，完善创新创业产品和服务政府采购等政策措施，为创新创业提升便利度与保障性，探索出一些好经验、好做法。

## 深化放管服改革，探索“互联网 + 双创”的“创业会客厅”模式

北京市海淀区

北京市海淀区自被国务院评为首批全国双创示范基地以来，围绕落实在更大范围、更高层次、更深程度上推进大众创业万众创新的国家战略部署，以建设全国科技创新中心核心区为目标，聚焦中关村科学城建设，努力推动双创上水平。两年来，海淀持续推进商事制度改革，创新服务形式，为创新创业厚培沃土，双创正逐步成为海淀创新发展的重要引擎，成为辐射京津冀和全国的双创高地，成为全球创新网络的关键节点。海淀区高度重视“放管服”改革工作，通过“政府服务 +”模式，调动整合社会专业服务和市场力量，更好地服务于创新创业，推动实现“让创业变得更简单，让创业者跑得更快”，“服务机构集聚—精选服务机构—定制化、标准化的服务产品—精准服务—一站式全流程创业服务”。先后出台《关于率先行动改革优化营商环境实施方案》《海淀区优化营商环境工作措施》等多项文件，围绕完善透明高效的投资环境、维护公平合法的市场环境、完善优化营商环境体制机制等八个方面的 49 项具体措施，持续优化本区政务环境、市场环境和创新环境，切实提高为社会主体服务的能力和水平。

## 一

## 海淀区商事制度改革:“一站式”降低企业成本,“码上办”优化营商环境

商事制度是社会主义市场经济体系中的重要组成部分。党的十八届三中全会对商事登记制度进行改革:由注册资本实缴登记制改为注册资本认缴登记制;取消了原有对公司注册资本、出资方式、出资额、出资时间等硬性规定;取消了经营范围的登记和审批,从以往的“重审批轻监管”转变为“轻审批重监管”。海淀工商分局率先在海淀政务服务大厅设立“一站式”服务专区,整合工商、税务等审批部门入驻,营业执照、公章、税务发票、法人一证通一窗受理、一窗发放,加上“全程电子化”,实现了登记审批业务“当日结”,并将“全程电子化”业务拓展到企业注销业务,让企业真正实现“零跑路”,解决政务服务的最后一公里。

海淀区发布的“创新发展 16 条”中,创新服务“码上办”行动,通过建立创新服务需求统一受理的互联网平台,发布创新服务二维码,统筹全区创新服务职能,此举措已经在海淀区各个部门落地开花。海淀区人社局“码上办”系统开通了工作居住证办理预约等 10 余项公共服务,包括中关村创业大街“创业会客厅”“码上办”已经上线九大类 54 个创业服务产品,创业者扫码就可以获取代办工商、财税、知识产权、人力社保等一系列服务内容。

## 二

## 搭建一站式全方位创新创业服务平台——“创业会客厅”

海淀区中关村示范区核心区域——中关村西区逐步告别旧业态,由昔日“电子一条街”革新成“创业一条街、知识产权一条街、科技金融一条街”,目前入驻企业已达 1.2 万家。中关村创业大街是我国第一条以创新创业为主题的特色街区,通过打造集“2+5”功能于一体的全链条创新创业服务体系,逐步形成了多元化蓬勃发展的创新创业生态。“2”即两大核心功能分别是创

业投融资和创业展示，“5”即五大重点功能分别是“创业会客厅”、创业交流、创业媒体、专业孵化和创业培训。截至目前，中关村创业大街累计孵化创业团队 2921 家，其中海归和外籍团队 355 家，总融资额 277.8 亿元。

一是首创“政府政务服务 + 社会专业服务 + 产业服务”模式。中关村创业大街为进一步响应海淀区简政放权、放管结合、优化服务改革等政策，打造全国首个一站式全要素创新创业服务平台——“创业会客厅”，在整合政务资源、简政放权、放管结合的基础上，探索政府政务服务、社会专业服务、创新创业资源与创业者的面对面无缝对接，着力补齐“服务”要素链条，促进政务服务提质增效。李克强总理视察“创业会客厅”时，高度赞赏这一模式，指出:“许多政务大厅偏重精简办事流程，你们更重服务，这是政府应尽的职责。政府不仅要简政放权、放管结合，还要提升服务。”

二是线上线下相融合，搭建网上会客厅。为进一步优化服务，海淀区不断探索服务升级，从线下会客厅到网上会客厅，从现场办到网上办。中关村创业大街依托互联网、大数据等科技手段，打造“创业会客厅”线上平台，一方面通过编制服务产品规范，促进服务标准化，例如针对公司核名、公司注册、银行开户等内容，每一项均按照模块化的服务内容在线上向创业者展示；另一方面通过优化服务流程，针对以往线下窗口服务在办理过程中遇到的服务流程不透明、服务收费不明确等问题进行了统一和规范，优化和公开了线上服务产品的办理流程。

目前，“创业会客厅”可以为创业企业提供工商、财税、知识产权、人力资源等 300 多项专业咨询服务，累计接待线上线下创业咨询服务 1 万余次，为超过 3000 余家企业提供服务。2017 年 5 月，国务院督察组“放管服”改革专项督查行动组调研中关村创业大街，对会客厅的工作表示高度肯定。

## 三

## “网上办—就近办—集中办—码上办”逐步探索服务升级

整合政务服务“网上办”。一是做好简政放权减法，2017 年梳理 592 项区级公共服务事项、90 项街道公共服务通用事项、96 项镇公共服务通用事项，落实市第二批清理规范 77 项证明工作，减少行政审批数量指标 159 项；二是提升网上服务大厅功能，公布事项清单和办事指南，整合全区 43 个委办局 1336 个区级事项，整合各街道 99 个事项及各镇 105 个事项，提供网上预约 451 个事项以及网上申报 359 个事项，让群众少跑路。提高全区政务服务网上办事覆盖率，网上受理事项不低于部门事项的 30%，推进企业办事“零见面”。

推进创业服务“就近办”。健全政务服务站服务网络，丰富政务服务站服务内容，将政务服务全面延伸，在区域内众创空间、大学科技园、企业孵化器等创新创业密集区域设置双创服务区、政务服务站、企业加速驿站，为创新企业提供政策咨询、审批服务代办等精准化就近服务。启用中关村科学城北区企业加速驿站，并在加速驿站设立海淀区社保中心北清路分中心，为北区企业提供政策咨询、企业设立、人才社保、创新创业辅助等就近服务。

实现商事服务“集中办”。在高校创新科技园密集区，建设并启用中关村南大街联想桥联合办事大厅，集中为企业办理设立变更、税务登记缴纳等专业化联合服务。区级政务服务中心设立企业开办“一站式服务”大厅，涉及企业开办事项“只进一门，只对一窗”，涉企审批事项实现“一窗受理，后台流转；一次申报，全程办结”。大幅度缩短企业初次申请增值税发票申领时间，符合条件的纳税人一日内即可领取发票。2017 年 9 月，中关村“创业会客厅”设立外籍人才服务窗口，为外籍人才提供出入境咨询受理、创新创业服务、人才计划咨询等相关服务，打造快捷、高效、优质的一站式外籍人才创新创业服务平台。

推出创业会客厅“码上办”。2018 年 2 月率先推出“码上办”，以“互联网 +”推进服务创新。创业者在移动端扫描二维码即可进入“创业会客厅”线上平台进行办理，现已上线九大类 54 个创业服务产品，涵盖企业开办、财税筹划、知识产权、金融服务等内容，形成服务信息查询、服务产品购买、线下服务预约、专人跟踪对接的全方位全流程全链条服务体系。同时，紧扣线上平台与线下窗口办理对接的联动运营，确保创业者“一次办好”“一扫办成”。“创业会客厅”累计实现咨询服务 13000 余次，深度服务对接 4500 余次，为 1200 家创业企业提供工商免费代办服务，服务外籍人才近 30 人。

# 以企业为中心构建政务服务体系，释放营商环境最强磁力

广东省深圳市南山区

南山区作为全国首批双创示范基地，历时三年建设，积累了丰富的发展经验。南山区双创示范基地大力推进“互联网 + 政务服务”改革，创新性地提出建设政务服务大超市，全方位优化完善企业服务，致力于打造服务效率最高、管理最规范、市场最具活力、综合成本最佳的国际一流营商环境。南山区将把握粤港澳大湾区和广深港科技创新走廊建设等战略机遇，持续发力，努力建设成为国际双创人才离岸创业的最佳平台、环境最佳的创新创业城区、全球著名的国际创客中心，努力为全国双创工作贡献南山经验。

## 一

## 创建“互联网 + 政务服务”示范区，形成政务服务南山标准

南山区坚持以“互联网 + 政务服务”改革为导向，全面构建“网上大厅为主、自助终端为辅、实体大厅为补”的政务服务大格局，致力打造政务服

务的“南山标准”，努力创建全国“互联网 + 政务服务”示范区。一是“5个 100%”服务承诺成为政务服务“南山标准”。“5 个 100%”即 100% 一号办、100% 一窗办、100% 一网办、100% 一次办、100% 阳光办，大幅简化事项办理流程、压缩事项办理时限、保证事项办理透明度。与此同时，南山区聚焦居民群众和企业反映的痛点、堵点和难点，推出“123”专项服务。力争全年实现 100 个政务服务事项即来即办，即办率不低于 40%。推出 200 个不见面审批事项，全流程网上办理率不低于 30%。推广移动终端应用，实现 300 个企业政务服务事项指尖办。二是建立健全政务服务“三大机制”。政务服务生态修复机制，严格执行窗口日志和每日例会制，对当天工作中发现的问题，及时进行梳理汇总和跟进处理，建立知识库，做到问题“一次出现、完整解决、固化学习、一劳永逸”，实现政务服务漏洞的自我修复。前后台无缝衔接机制，通过二维码方式，将前后台各类电子材料、纸质材料，以及交接手续、审批流程、反馈回复等环节进行有机串联，打通材料流转和审批的所有环节。公众监督评议机制，邀请 20 名来自企业界的“两代表一委员”及办事群众、企业和中介机构代表，成立“南山区政务服务监督评议团”，对全区各级政务服务机构进行全方位监督评议，确保为企业、群众提供满意的政务服务。三是提供四项特色服务。通过提供重点企业 VIP 服务、“亲清政企”微信服务、人才专区服务以及高端协会服务等四项特色服务，助推南山区双创营商环境不断优化，在“中国小康网”评出的“2018 中国营商环境百强区县排行榜”中，南山区名列全国第三。在“2018 智慧中国年会”上，南山区获首届中国营商环境评估“创新引领奖”，名列全国市辖区第二，多项评估指标名列全国市辖区第一。其中，重点企业 VIP 服务为辖区重点企业开辟“绿色通道”，提供“一对一”专员服务，节约企业排队等候时间。“亲清政企”微信服务，企业和群众可以通过“南山政务服务”微信公众号进行在线预约、在线取号、在线申办、在线评价和进度查询，大幅提高政务服务便捷性。人才专区服务，为南山的“领航人才”、在职人才、大中专院校毕业生等提供各类人才服务，避免人才办事跑多次、跑多个部门。高端协会服务，引进南山区海外归国人员联谊会、南山区上市企业协会等高端协会，为各类高端人才和上市企业、拟上市企业提供相应的服务，力争在政务服务与企业服务、人才服务之间，实现有机融合、有效对接。

## 二
## 建设“一站式”政务服务大超市，形成产业综合服务能力

政务服务大超市以五大中心提供“一站式”综合服务。南山“政务服务大超市”——深圳湾创新广场公共服务平台于 2018 年 9 月正式开放，总建筑面积达 4.2 万平方米。以“到企业中间、在员工身边，用贴身服务塑造称心营商环境”的新理念，坚持“企业在哪里，政务服务就跟到哪里”的原则，提供优质公共服务。一是南山区党群服务中心践行“跟党一起创业”的理念，让党的领导始终是南山各项事业发展的坚强保障。二是深圳科技创新展示中心全方位、多维度展示深圳、南山的创新实践成果。三是南山区行政服务大厅创新广场分厅把一流的政务服务送到企业和员工的“家门口”。四是南山知识产权保护中心构建企业维权、行业自律、行政执法、司法保护、社会监督、政府服务“六位一体”的知识产权大保护体系。五是南山公安分局深圳湾服务中心打造全国首家集 24 小时自助服务、法制安全教育、社会人文宣传、综治联动平台于一体的综合型服务中心。政务服务大超市将政府公共服务资源直接引流到园区里，为企业、员工提供“一站式”便捷高效的综合服务，进一步完善产业创新生态系统，全面增强产业培育能力。

## 三
## 实施“服务 + 政策”系统工程，形成精准高效企业服务体系

在打造营商环境方面，南山区始终坚持对标最高最好最优，做到落细落小落实，树立企业服务“南山标准”。一是加快完善“一中心两平台”，实现服务零距离。设立企业发展服务中心，从力抓“龙头大企业”到培育“种子企业”，构建完整的企业服务链。建立“南山科技创新在线平台”，通过服务

品牌化战略，以科技创新在线的形式聚集人才、专利、政策、服务机构、企业等各类创新要素，提升服务机构服务质量，降低企业创新创业成本。建立南山科技金融在线平台，在“1+1+3+9”科技金融生态体系基础上，引入大数据、人工智能等前沿技术，构建了以“数据驱动”为核心特征的科技金融2.0版本，依托在线平台，借助科技企业创新能力综合评价指标系统以及贴保贴息资助项目，有效解决区内创新型中小微科技企业融资难、融资贵、链条长的问题。二是提出实施企业服务“六个一”工程，为企业提供全方位无死角的贴心服务。依托区企业服务中心，建立一个企业服务总服务台，当好企业服务“大管家”；开通一条企业服务专线，开展综合咨询业务；开发一套企业诉求办理信息系统，分批分类解决企业诉求；编制一套企业服务清单手册，为企业提供“百科全书”式指引；打通一条企业服务绿色通道，对重点企业开展“一对一”VIP服务；完善一套区领导挂点服务重点企业机制，实现每个区领导挂点6~8家重点企业，挂点服务重点企业近千家（次），开展“滴灌式”精准服务。截至2018年底，南山区领导累计挂点服务企业379家，协调解决诉求500多项，真诚助力企业发展。三是当好企业服务员，多举措大力度倾听企业心声，了解企业所急所难。为切实解决民营企业发展面临的突出矛盾和问题，2018年南山区专门制定了《南山区关于促进民营经济高质量发展的若干措施》，从缓解融资难融资贵、支持企业业务发展、支持企业提升创新能力、拓展产业发展空间、支持企业人才引进及培育、优化企业公共服务六个方面，在现行政策基础上提出了更大力度支持民营经济发展的新举措，从实际情况出发为企业纾困解难。

# 打造“专家 + 管家”服务模式，首推创新创业通票制度

天津市滨海新区中心商务区

天津滨海高新技术产业开发区正式获批第二批全国双创示范基地以来，始终坚持创新驱动发展，以打造适宜产业创新的双创生态为主线，不断推进双创政策创新、制度创新，围绕突出自贸试验区体制特色、国家自主创新示范区政策特色和“专家 + 管家”式服务特色，着力优化创新创业生态，锐意深化重点领域改革、全面提升产业承载服务功能、大力聚集吸附优质发展要素，形成了有利于创新和创业融合互动的政策体系、与国际通行规则接轨的创新创业制度体系和多维度全方位支撑创新创业的服务体系，为建设大众创业万众创新示范基地打下了坚实基础，在天津乃至全国双创示范基地建设方面的辐射带动作用日益凸显，取得了较好成效。

## 一

## 通过构建“专家 + 管家”体系积极转变服务方式，优化创新创业服务

滨海高技术产业开发区大力推进行政审批制度创新。建立企业设立、综

合受理、国际贸易和国地税联办四个单一窗口，其中国地税联办模式为全国首创，2017 年以来，升级原有国地税联合办税窗口为税务综合服务窗口，真正实现了单一窗口、一名工作人员受理全部国地税业务，开设商事预约登记预审系统、企业名称网上自主申报系统等“互联网 + 政府”服务平台，实现审批服务全事项的“一窗受理、一次报件、一网通办”。以养老、影视等产业为试点创新主题业务审批模式，实现审批、监管、服务、政策全事项“一次告知、通览通办”。同步构建“专家 + 管家”服务体系。组建服务管家团队，引入了一批法律、会计、人才等专业化服务机构，通过政府购买服务，发放“双创红包”的方式，为企业提供“普惠性 + 个性化”共计 140 项服务。进一步创新了京津冀企业服务模式。针对部分北京转移疏解落户原中心商务区企业两地办公现实情况，联合税务、银行、通信服务商等机构，在北京设立原中心商务区“政务服务点”，设置原中心商务区“双创通”企业服务平台和地税系统自助终端机。通过政务“上门”服务模式，提升了转移疏解企业创新创业体验。开发的“双创通 3.0”服务系统，是高科技促进双创服务能力提升的体现。天津经济技术开发区将企业全周期、全方位、多元化的个性需求服务在综合化考量的基础上通过政府服务系统的整体优化来解决，将原有条块化审批权限统一进行功能整合后，由行政审批局牵头，统筹各部门制定所有审批事项标准化操作规程（SOP），依据此规程，再将所有涉及的部门工作流程标准化、材料要求内容统一化、操作路径规范化，保证了政府的服务质量，提升了政府的办事效率，降低了企业办事成本。天津经济技术开发区升级线上“双创通 3.0”服务系统，为各类企业提供包括行政审批、载体服务、人才服务、平台服务、培训服务在内的全过程和零门槛服务，实现“专家 + 管家”服务内容和覆盖面双提升。一是将在线办理涉企服务事项由 85 项拓展至 140 项，新增人力资源、国际贸易、科技服务等服务内容；二是新增政务服务事项，包括党建、团建、工会、妇联、住所托管等 37 项；三是搭建供需平台，面向区域招商企业征集服务供应商，平台用户可自主发布需求及服务。平台自 2016 年上线以来，双创通平台累计注册用户 5188 家，累计办结订单 6041 件，为区域双创企业节省成本近千万元，真正让入区企业享受“足不出户，创业无忧”。完善线下服务体系，开展跨京津政府服务创新，实现“专家＋管家”服务内容和覆盖面双提升。

## 二
## 全国首推创新创业通票制度，激发区域创新创业活力

全国首推创新创业通票制度（以下简称“创通票”）是为鼓励支持和更好服务“大众创业、万众创新”而设计发行的一种针对特定科技服务的定额有价电子编码，创通票编码与申请企业或个人、服务包（针对某种创新创业行为的专项服务，由政府向能够提供专项服务的第三方机构购买，免费提供给创新者和创业者）以及达成的效果一一对应，创通票的管理与使用遵循公开普惠、自主申领、专款专用的原则，不得拆分、转让、买卖和质押，通过“互联网＋政府服务”模式，再造政府资源配置流程，大幅降低企业创新创业成本。创通票制度 2015 年推出，2016 年“创通票平台”系统、手机 APP、微信公众号和订阅号，以及国家高企、专利、商标、知识产权贯标、新三板挂牌五大服务包上线，2017 年创通票制度进一步升级，新上线“市级高企服务包”“新四板服务包”，并制定出台了相应的实施细则，截至 2017 年底，累计发放创通票超 5000 张，为企业节省创新创业成本超 7000 万元。企业申领创通票热情高涨，创通票运营服务机构进一步壮大，吸引全国各地的优秀服务机构（含金融机构）超 470 家，有效提升了区域双创环境与创新创业活力。目前，天津高新区创通票模式已向外省市输出，安徽省人社厅、贵州贵安新区、江西南昌等地根据创通票理念，建设了各具特色的平台，广东、江苏等省份的平台建设运营合作正在洽谈中。经过多年实践，创通票取得显著成效，有效降低了企业制度性交易成本，激发了区域创新创业活力。

# 加快建设国家“互联网＋政务服务”系统，定位科技服务核心

上海市徐汇区

根据国务院、国家发展改革委和上海市委市政府关于建设示范基地的总体部署，为打造对标国际一流、服务国家双创的科技服务品牌，建设有特色、有内涵的示范基地，徐汇区制定了年度指标、主要任务、政策举措、重点工程“四张清单”，梳理出 19 个指标、33 项具体任务、39 条政策举措、55 个重点项目，强化示范基地建设目标管理。徐汇区制定实施《徐汇区着力打造卓越全球城市最优营商环境改革行动方案》，以国家“互联网＋政务服务”示范工程建设为抓手，加速构建家门口、指尖上、一体化的政务服务体系。同时主动融入上海“四大品牌”建设，强化科技服务核心枢纽功能，启动实施六大“光启计划”，着力构建“两极两带”空间布局，全面优化营商环境，推动双创示范基地建设迈上新台阶、取得新成绩，营造聚人气、促发展的良好创新创业生态环境。

## 一
## 以建设国家“互联网 + 政务服务”示范工程为抓手，营造优良营商环境

徐汇区大力推广“一号”申请机制，简化优化群众办事流程。推行群众办事相关证件、证照、证明等电子化，循序推动证照信息互认共享，让企业办事避免重复提交材料和循环证明。在全市率先建立电子证照的分类等级。按照证照的可信程度建立 A、B、C、D 四个由高到低的等级，便于证照的复用和推广。在全市率先形成互认共享的电子证照目录。已初步形成可互认共享的电子证照目录，涵盖 107 类证照。在全市率先试运行电子证照库系统。建设市区一体化电子证照库，推进 18 个部门 107 类证照证明采集、制证、审核和入库，率先试点推进互认共享标准，建立电子证照库和统一身份认证体系，推行办事证件、证照、证明电子化。实现基础证照信息的多元采集、互通共享、多方利用，以电子证照库支撑各部门办事过程中相关信息“一次生成、多方复用，一库管理、互认共享”。强化“一窗”受理模式，建设“受审一体化”信息平台。完成标准化受理系统升级改造，实现“受审分离、即时互动、无缝衔接”，将 6 个“综合窗口”受理事项扩大到 16 个部门的 130 个事项，企业注册与服务大厅所有事项实现全科医生式的“一窗通办”，加快构建“1+13+X”政务服务体系。与银行签订“政银联动”登记注册合作框架协议，全区共有 5 家银行的 105 个营业网点成为企业注册登记代办点，325 家新设企业享受到功能区公司、城市综合体执照代办服务，占新设企业的 38.05%。积极构建“一网”通办渠道，畅通政务服务方式渠道。大力推进本区网上政务大厅建设，全面打通网上与网下资源，促进线上办理与线下窗口服务有机融合，加快网上网下一体化，建立覆盖全区 4.3 万多家注册企业的“一户一档”企业信息库，203 个行政审批和服务事项实现全程网上办理，涉企审批事项实现 100% 网上预审，办理期限缩短 30% 以上。完善政府综合监管平台，实现事中事后一体化，已形成涉及事中事后审批、处罚、

监管事项的“职能三清单”5045 条。全面深化“一口咨询”知识库建设。开展“一口咨询”知识库建设，完成应用和数据库的建设，实现商事登记领域基本政策的问答，提供更加便捷的政务服务。全面拓展多渠道延伸服务。开设徐汇“一站通”网站、微信公众号、APP 和自助服务机等多种延伸服务渠道，引入百事通、中智、领英等行业内标杆性服务机构，为企业群众提供多样化、个性化服务。

## 二
## 聚焦科技服务核心定位，推进高端产业集聚发展

徐汇区以科技服务业为核心枢纽，推进科技经济深度融合发展。建设了知识产权服务高地，在全市率先探索专利、商标、版权“三合一”政策集成与服务融合，聚集各类知识产权服务机构 160 余家，极大地提升了区域知识产权服务能级。加大知识产权保护力度，建立知识产权人民纠纷调解委员会、知识产权投诉站、知识产权保护协会、检察官工作室，加强知识产权维权投诉管理，完善中小微型企业知识产权法律援助服务。积极对接世界知识产权组织 (WIPO) 等国际优质服务机构和组织的落地合作，举办知识产权宣传周活动、知识产权高峰论坛等活动，提升知识产权服务的影响力和辐射力，打造知识产权服务品牌。推动科技成果转化闭环运转。制订《徐汇区促进科技成果转化操作指导规程》，通过流程再造和政策集成，聚焦科研成果转化中的价值评估、工商登记、股权变更、递延纳税等重点环节，打通转化痛点、堵点，构建起科技成果转化的运转闭环，形成可推广、可复制的经验成果。在全市率先开展简化创业创新企业股权激励注册登记流程试点，制订《促进科技成果转化登记注册操作办法》，通过科技成果作价投资入股的形式，使企业与高校院所、合作不再是“一锤子买卖”，通过科研人员的全程参与，有利于人才、技术发挥最大的社会效益。建立从科学发现、专利申请到项目孵化、企业注册、股权融资的科技成果转化全生命周期服务的新机制。例如，在上海交大分子与纳米医学创新转化中心建设过程中，徐汇区相关部门做到了在

科技成果转化“一件事”上的保姆化、专业化、市场化全流程服务。同步加强科技金融服务支撑。积极发挥政府资金对创新创业的引导作用，区创业投资引导基金累计出资 7 亿元，撬动社会资本 60.5 亿元投向信息技术、生命健康等区域导向性产业。支持澧河泾开发区科技型中小企业融资平台扩大科技企业双无信贷规模，开创了“园区 + 政府 + 银行”联合服务中小企业的模式，平台运行 10 年来，共向 417 家（次）企业发放贷款，融资额度达 17.5 亿元，没有一笔坏账发生，有力助推双创企业发展。

# 探索“无差别”双创政务服务模式，最大限度降低制度性交易成本

浙江省嘉兴市南湖高新技术产业园区

嘉兴市南湖高新技术产业园区是经浙江省科技厅、浙江省发改委批复设立的省级高新区，高新区为嘉兴科技城的核心区（为确保行文统一，以下内容中高新区统一称为科技城）。科技城以“省校（院地）合作示范区、接轨上海先行区、科技改革试验区、成果转化孵化区、信息经济集聚区”为定位，以科技创新、人才创新、产业创新为主线，深化“放管服”改革，完善创新创业政策，构建无差别的办事环境，优化营商环境，突出大院名校招引、招才引智、双创平台打造、新兴产业培育、创业投融资服务等重点工作，打造成为“创新新引擎、创业新乐土、人才新高地、产业新平台”，大胆探索、先行先试，有效体现了打造“双创”升级版的工作要求。南湖区于2016年8月成立了行政审批局，全区28个部门946个事项以整体入驻、事项入驻和信息化入驻三种形式集中到区行政服务中心。2018年南湖区在浙江省县（市、区）范围内率先运行“无差别”审批，最大限度降低制度性交易成本，让群众和企业体验到最新版“最多跑一次”的便利。“无差别”审批服务打破原有条线窗口受理模式，按照“一窗一政府”理念，全区涉及

的所有审批服务事项，均可在行政审批服务中心任何一个受理窗口办理，实现“无差别”受理。目前围绕“无差别”体系打造的新行政服务中心已正式投入运行，成功实现了在前台受理窗口压缩 47% 的前提下，日均办件量提升 20% 以上。科技城则建立了“红色代办”网络，成立“红色跑腿工”队伍，服务创新创业企业，以精准化代办让企业和人才享受到“无差别”贴心服务。

## 一

## 构建无差别的办事环境，实现区域内双创企业所办事项全覆盖和高效办的目标

通过整体入驻、事项入驻和信息入驻等三种模式将原来分散在 28 个部门的 946 个事项统一集中到行政服务中心，并依据双创企业、人才需求和办件要求，引导科技城相关人员走“线上办为主、实体办为辅”的办理路径，实现区域内双创企业所办事项全覆盖和高效办的目标。一是优化人工服务窗口，实行“全事项”综合受理。打破原有条线窗口受理模式，按照“一窗一政府”理念，在人工综合受理大厅设置 20 个综合受理窗口，每个窗口均能办理所有事项的咨询、受理，真正实现全事项的“无差别”受理。二是借鉴“无人超市”模式，实行“无前台”快速受理。在全省率先建立电子行政服务大厅，大厅内配备 25 台自助受理终端，实现群众企业可快速办理工商注册、食品经营许可、社会团体登记等 700 项在线申报事项。研发一体智能终端，实行“不打烊”自助受理。三是借鉴高铁售票模式，开辟 24 小时自助服务区。研发一体化智能自助申报机，包括办事指南、自助申报、办件查询、办事预约、证明类打印、电子税务局、全程电子化登记平台等服务功能。

## 二

## 打造无差别的办事流程，重构全事项、全盘化、全程式的无差别“大闭环”流程

围绕打破“信息孤岛”和打通改革堵点的目标，按照“受理、勘查、审批”三分离模式，整合现有“业务流”和“信息流”，打破原有分版块、分条线、分段式运行的“小闭环”审批受理模式，重新制定内部运作标准和审批制度，重构全事项、全盘化、全程式的无差别“大闭环”流程。一是整合流程，推动“分版块”受理向“全事项”受理转变。率先打破原有按照投资项目、商事登记、社会事务等重点领域分版块受理模式，将所办事项依据办理时限分为承诺件和即办件两大流程进行全事项办理。二是制定标准，推动“分条线”标准向“全盘化”标准转变。制定标准化办事指南体系，梳理全区各部门的所有事项，明确每个事项的材料清单、示范样表、容缺补正要点等，并建立动态调整机制。三是建立机制，推动“分段式”服务向“全程式”服务转变。按照“谁受理、谁负责”的原则，建立受理人员点对点跟踪服务机制。前台综合窗口受理人员作为首办责任人，发放服务联系卡，一经受理即全程服务，负责事项办理各环节的咨询、衔接工作，避免因受理、审核人员不同等客观原因造成的“重复跑”。

## 三

## 提供无差别的办事服务，最大限度地让企业和群众花最短的时间办成事

坚持改革就是为群众排忧解难这一根本定位，建立区、镇、村三级审批受理服务网络，通过精准化代办、下沉式服务、移动式审批，让群众企业真正实现“就近跑一次”“一次不用跑”，最大限度地让企业和群众花最短的时间办成事。一是建立“红色跑腿工”队伍。全面建立区、镇、村三级“红色

代办”网络，成立“红色跑腿工”队伍，服务重大投资项目、服务人才创业、服务居民群众，以精准化代办让群众和企业享受到“无差别”贴心服务。二是延伸基层服务网。发挥综治工作、综合执法、市场监管和便民服务“四个平台”载体作用，进一步将“无差别”受理、标准化管理、自助服务、监督监控等向镇（街道）便民服务中心和村（社区）代办点及银行、邮政网点、商场等公共场所辐射。三是打造“移动式”审批。依托审批服务 APP、微信公众号等媒介，提供行政服务大厅全景 VR 导引，“审批小智”智能问答、全时段精准预约等移动式服务，便于群众利用手机了解大厅办事路径、关键词搜索办事指南、一键预约办理时段。

## 打造专业创新平台和专项产业资金池，双管齐下解决企业创新创业难题

福建省厦门火炬高技术产业开发区

自获批建设国家双创示范基地以来，福建省厦门火炬高技术产业开发区（以下称“厦门火炬高新区”）按照“三大重点 + 一个特色”的“3+1”工作体系，着力推进园区现有企业创新升级，大力引导小微企业创业孵化，不断集聚金融资本，解决企业“资金少”“融资难”问题，积极营造完善的“双创”生态环境，双创工作持续推进，取得显著成效，对营造完善的“创意创新创业”生态环境有重要借鉴意义。2017 年厦门火炬高新区新增 17 家瞪羚企业，瞪羚企业总数在全国高新区中居第 11 位；净增国家级高企 122 家，高企总数突破 650 家；2017 年高新区 R&D 达 83.5 亿元，同比增长 22.88%；新增授权发明专利超 1100 件，同比增长 20% 以上。2018 年厦门火炬高新区新增 35 家瞪羚企业，瞪羚企业总数在全国高新区中居第 8 位；净增国家级高企 120 家，高企总数突破 750 家；2018 年高新区 R&D 达 96 亿元，同比增长 15%；新增授权发明专利 1084 件，同比增长 20% 以上。高新区园区综合实力稳步增强，综合排名上升至全国第 15 名。双创工作有效推进，取得显著成效。

## 一
## 创新服务方式，开展企业“大走访”

厦门火炬高新区创新服务方式，提升服务质量。按照“班子成员 + 业务处室 + 园区单位”的工作机制，开展企业“大走访”，全年协调解决企业经营重要问题 638 个，谋划企业技改项目 81 个。围绕企业需求，实施重点培育。出台人才政策，开展组团精准招聘等，解决企业人才需求。出台“创新十条”和“智能制造十条”，市区政策叠加后，对企业研发投入最高可补贴 18%；对企业扩大技术及智能化改造最高可补贴 10%，支持企业研发和技术改造。推出以“可将债权全部转为企业股权”的模式降低企业融资费率和贷款门槛的“集合可转债”、以“国有企业提供担保并开展资产回购”的模式大幅度提高企业贷款额度的回购贷和厂易贷等系列金融服务产品，解决企业资金问题。分行业举办多场企业供需对接会，并在火炬产业联合会的基础上，新设“高企服务中心”等企业交流平台，促进企业间技术匹配、供需对接。

## 二
## 打造专业创新平台，积极营造创新创业创造生态，助力企业创新升级

为提升园区企业创新能力，助力厦门火炬高新区产业链转型升级、破解关键技术瓶颈，高新区围绕主导产业及人工智能、大数据以及软硬件融合等战略前沿领域，不断加大研发投入支持力度，通过布局引进专业研发平台，为企业提供技术支持，培育专业人才队伍，加快科技成果转化，助推企业转型升级。目前已集聚了清华海峡研究院、中船重工七二五所和厦门半导体工业技术研究院等一批高水平专业研发创新平台。

厦门火炬高新区围绕国家战略性新兴产业，重点打造一批特色专业孵化

器，为企业提供专业的研发服务、检测服务、融资服务以及营销服务，切实降低企业创新发展的成本，助力企业快速做大做强。目前，高新区已在石墨烯、物联网、光电子、海洋等领域拥有了多个专业孵化器。同时高新区以政府购买服务的形式，组建科技服务联盟，打造了一批专业的服务平台，并通过火炬创新券给予政策补贴，鼓励和引导企业使用各类高水平创新服务资源，降低企业运营成本，提升其创新能力、管理能力和市场能力。目前已有高新区知识产权服务中心、高新区高企服务中心、“火炬线上技术交易平台”等一批专业服务平台。例如，为解决企业技术获取难的痛点，高新区与科易网合作共建“火炬线上技术交易平台”，该平台为企业提供技术交易节点性支撑服务，鼓励园区企业开展技术成果转移、交易，促进技术创新和技术成果产业化。在政策方面，通过对在“火炬技术交易平台”上实现技术交易的高新区企业（买方），按每个技术交易项目实际履行金额的 4%、单个项目最高 25 万元给予技术交易补助；对平台运营单位，按每个技术交易项目实际履行金额的 2%、单个项目最高 12 万元给予运营补助。对实现商品化或在相关产品上得到运用的再按技术交易项目实际履行金额的一定比例给予买方和平台运营单位技术转化奖励。在成效方面，运行两年以来，平台坚持“全流程保障、节点式服务”，通过线上线下结合，为火炬高新区 3453 家企业提供高达 25774 次的科技咨询服务，为 99 家企业引进的 192 项技术交易提供各类节点式服务，并最终促成 193 项技术交易，部分技术交易已带动企业新增销售收入超过 4.6 亿元。

## 三

## 打造专项产业资金池，优化科技金融资源配置，破解中小微企业融资难题

厦门火炬高新区着力打造“1+4+X”模式，优化科技金融体系。搭建高新区资本平台，打造“资金池”，不断集聚金融资本，解决“资金少”难题。为快速壮大资本规模，高新区直接投入设立了规模为 3.7 亿元的直投基金，

以及规模为 6 亿元的担保资金；同时，出资 8.28 亿元入股 18 支产业基金，引导形成了规模超 50 亿元的产业基金；出资 2.9 亿元，引导形成了规模为 9.5 亿元的小额贷款资金。此外，还引进了规模达 240 亿元的股权投资基金。并与银行、担保公司等金融机构合作，推出一系列金融创新产品，着力解决传统模式下银行贷款“门槛高”“成本高”的问题。持续推出以“可将债权全部转为企业股权”的模式降低企业融资费率和贷款门槛的“集合可转债”、以“国有企业提供担保并开展资产回购”的模式大幅度提高企业贷款额度的回购贷和厂易贷等系列金融服务产品。

# 推动税收营商环境的“绿水青山”成为双创企业的“金山银山”

辽宁省大连市高新技术产业园区

自全面深化“放管服”改革、持续优化税收营商环境以来，大连高新园区税务局与高新区创业中心等园区产业服务及管理单位紧密配合，明确分工，落实责任，主动出击，强化服务，让税收营商环境的“绿水青山”成为双创企业的“金山银山”，不断提升纳税人和缴费人的满意度、获得感。

## 一

## 打造“一厅通办 + 流程并行 + 主体联动”的全方位服务体系，让创业者办税“如沐春风”

一是“慧姐工作室”实现“一厅通办”，畅通纳税服务最后“一公分”。在办税服务厅设立“慧姐工作室”，设办税业务、政策咨询、志愿服务、税控服务四个专家坐席，成为解决纳税咨询、提升服务质效的“急诊室”。“慧姐工作室”成立后，全部咨询类及预审类事项移至工作室，窗口仅承担业务办理职能，进一步明晰窗口职责，提高业务办理效率。以往，纳税人到税务机关办理涉税事宜，需要在办税服务厅、税收管理部门、各职能部门“多头跑”，“慧姐工作室”的成立极大地缓解了这一状况，在实现纳税人“最多跑一次”的基础上，进一步实现“最多跑一厅”。各类涉税问题、各项涉税业务，在办税服务厅均可得到解决，避免纳税人多次跑、多头跑、反复跑。“一厅通办”后，“慧姐工作室”在原有基础上第一时间增设“小税种咨询专岗”，在业务深度融合后与政策咨询岗“合二为一”，抽调 33 名青年业务骨干一岗提供政策咨询服务。目前，“工作室”平均每天为纳税人解答涉税问题达 200 余个。一年来，解答各类咨询 4.2 万余个，增加 12366 咨询平台 200 余条问题解答。

二是“容缺受理”实现“流程并行”，突出服务新高度。新办的创业企业对业务不了解，为减少纳税人往返办税的次数，园区税务局在优化纳税服务上做“乘法”，有原有基础上，加大推行“容缺受理”服务力度。A、B 级纳税人以及诚信代理公司在办理涉税业务时，提交的核心资料齐全且符合法定形式，非核心资料欠缺但不影响事后核查的情况下，先行为该类纳税人办理，事后再在规定时间内补齐资料即可。将以往资料不齐不能办的情况转变为纳税人边准备资料、税务机关边受理的并行推进模式，让纳税人办税更舒心、更便捷。

三是“退税抵信”实现“主体联动”，持续打造税企银融资平台。为助力辖区内轻资产、无抵押、融资难的科技型双创企业发展，园区税务积极协调企业和金融部门，创新建立以每月退税款为质押的税银合作机制，打造税务、金融和企业“三位一体”的融资平台，辅导企业享受了政府贷款扶持优惠政策。同时将中小型科技企业融资贷款获国家科技部贴息贷款的政策落到实处，使符合条件的科技型企业获 4.3% 的贴息补助（一般贷款利率为 6%，实际贷款利息不足 2%）。2018 年共帮助 123 户轻资产小微企业获得银行贷款授信 18.6 亿元。

## 二

## “五省一转变”改革，助纳税人办税轻装简行

“五省”是指通过简政放权，帮助纳税人省材料、省环节、省次数、省

时间、省精力。一是在全市率先实行“月税月退”缓解创业企业资金压力，通过“省材料”，将企业需要的退税审批资料由原来的 17 份压缩到 4 份，压缩比例达到 76%，即征即退在大连市要求的 12 天办结时限上再缩短 2 天，实现 10 天办结，提高效率 67%；二是推行发票免校验，多种渠道全面推开，实现“省环节”，网上申领发票推广比例达到 100%，压缩发票发售业务 80% 的办税时长；三是实现一窗通办，避免了“多头跑”，实现“省次数”，大大缩短了纳税人的办税时间近 40%；四是开通“绿色通道”享一分钟办结，20 项一分钟快办业务，有效解决了纳税人“排队一小时、办税一分钟”的痛点和难点问题，实现“省时间”；五是推出简易注销“辅导 + 办理”套餐，由“慧姐工作室”专家组进行简易注销政策和流程辅导，帮助纳税人即时办结注销业务，避免纳税人花费过多精力自学相关政策，实现“省精力”。

“一转变”是指在全市税务系统率先落实“少骚扰”企业就是更好的服务，将“稽查检查”转变为“企业自查”。为力促双创企业在正常经营活动中少受“影响干扰”，同时，为降低征收成本、提高征管效能，2018 年以来园区税务局将“双随机”系统推送的企业稽查疑点进行分类筛选，对部分纳税信用等级较高、风险数量少且等级低的企业，直接改稽查为全面辅导企业自查，截至目前共计辅导了 111 户企业开展自查，其中企业自主发现问题并补缴税款的企业 49 户。这一做法得到了大连市局领导的好评并在全市税务系统推广。双创企业少受“折磨”，成长的环境必然更加健康。

## 三

## 落实新政：为企业发展保驾护航

一是在全国率先落地留抵退税政策。第一时间筛选下发的符合退税政策企业名单，对于符合条件的辅导企业全面辅导，认真核查，预先模拟了退税流程的办理，最大限度为企业减轻负担，确保资料准确、流程通畅。创业型科技企业大连楼兰科技股份有限公司，经过窗口受理、管理部门初审、税政部门复核、收入核算部门审核、局长审批等五个环节后，仅用两个半小时就完成 286.89 万元留抵退税审核，成为全国第一户成功办理留底退税优惠政策的获利企业。之后，20 个工作日内，就将符合退税条件的 58 户双创企业的7072万元应退税额100% 全部办理完成，直击初创企业的现金流“痛点”，解双创企业燃眉之急，退税比例远高于全市 47% 的比例，先后被人民网、央广网、新华社、中国税务报等多家媒体争相报道。

二是减税降费，助力企业高质量发展。双创企业普遍规模较小，恰恰是国家一系列减税降费政策的适用者，针对小微企业的普惠性减税政策下发后，园区税务局与享受政策的小规模纳税人签订《落实减税降费承诺书》，确保减税降费新政落地生根，助力企业高质量发展。税源管理部门在为企业“送政策”时，了解到大连学苑鉴定技术研究所有限责任公司可以享受一般转小优惠政策，在税政部门的指导下，与第一税务所协调，克服目前系统有关模块尚未开发完毕的问题，帮助企业顺利完成相关信息录入，确保企业成功转为小规模纳税人。经测算，该企业转为小规模后，税率从 6% 降为 3%，节税额达 12.68 万元，税款降幅 51.3%，用减税降费新政的“真金白银”，进一步为小微企业松绑，为企业高质量发展保驾护航。

大连高新园区税务局围绕大连双创示范基地建设打好“组合拳”，让税收营商环境的“绿水青山”成为双创企业的“金山银山”，谱写了优化双创营商环境新篇章。

# 积极营造良好双创环境，突出新侨双创特色

广东省汕头市华侨经济文化合作试验区

2017 年 6 月，国务院同意将华侨经济文化合作试验区列为国家第二批双创示范基地。汕头市委、市政府高度重视，要求华侨试验区认真贯彻李克强总理关于“华侨华人与我们血脉相连，是助力国家发展的宝贵力量，要积极营造良好环境，加大力度鼓励和支持他们发挥优势回国创业”的重要指示精神，按照国家、省有关双创示范基地建设文件和广东省双创示范基地建设工作指导小组要求，认真组织编制实施《广东省汕头华侨经济文化合作试验区大众创业万众创新示范基地工作方案》（以下简称《工作方案》），重点推进“一核六园九平台”建设，扎实推进国家双创示范基地建设工作，取得一定成效。

## 一 着力推进“一核六园九平台”建设

华侨试验区紧紧围绕《工作方案》确定的“全球华侨华人创业创新的新地标、海上丝绸之路创业创新示范门户、广东华侨青年创业创新引领区”战

略定位，重点推进“一核六园九平台”建设。

一是以东海岸新城为核心，加快明园国际科创金融城、泰盛科创园等项目建设，加强跨境金融、总部经济、科创服务、文化创意等产业引进，加快汕头中国梦谷、华侨未来城、中泰（汕头）华侨中心等重大项目落地步伐，打造创业创新资源最密集、最具活力和竞争力的双创核心区。

二是加快火柴空间站（汕头）创新创业基地、潮商青年创业园、汕头保税区“一带一路”“互联网 +”创业孵化基地、澄海宝奥城文化创意产业园、澄海区春天湖循环经济产业双创示范基地、澄海韩江机械制罐技术及智能制罐装备创新产业基地等六大示范园区建设，形成功能互补、协调互动、各具特色的创业创新集聚区。

三是依托汕头市侨商研究院、新侨创新创业基地、“海智计划”汕头工作基地等，打造侨商和海外新侨服务平台；依托珠港新城潮商总部园区，打造潮商双创服务平台；依托九次方大数据产业园，打造信息服务和交易平台；依托中国汕头（玩具）知识产权快速维权中心，打造玩具知识产权保护服务平台；依托中欧合作检验检测认证一体化服务中心，打造检验检测公共服务平台；依托广东华侨金融资产交易中心等，打造科技金融服务平台；依托创业辅导机构和汕头大学、广东以色列理工学院等高等院校，打造创业培训服务平台；依托中欧合作技术创新中心、欧洲工业 4.0 设计中心、国际技术及创新成果孵化和转化中心等，打造双创技术服务平台；依托华侨创业创新服务中心等，打造双创中介服务平台。以九大平台为载体，为大众创业、万众创新提供有力支撑。

## 二

## 进一步优化双创示范基地建设环境

重点推进服务型政府建设，建立健全双创政策体系，推动双创投融资加快发展，构建双创生态体系。

一是创新产业政策扶持双创实体和高端人才。继 2016 年出台《汕头华侨经济文化合作试验区管理委员会关于促进华侨试验区产业发展的若干意见》（汕华管委〔2016〕29 号，以下简称《若干意见》），2017 年华侨试验区管委会印发《汕头华侨经济文化合作试验区管理委员会关于促进华侨试验区产业发展若干意见实施细则》（汕华管委〔2017〕87 号，以下简称《实施细则》）。《若干意见》和《实施细则》规定了五类符合条件的奖励对象。其中，第三类是创业园区、孵化基地和创业企业，第四类是创投产业和互联网、战略性新兴产业。

二是突出侨务特色推动新侨双创工作。按照国侨办要求，汕头“侨梦苑”将打造成汇聚全球侨商、专业人士精英创新创业的侨商产业聚集区和华侨华人创新创业基地。汕头将发挥特区立法权和华侨试验区先行先试的双重优势，在华人华侨出入境服务、投资创业、就业安家等方面加快政策创新，使汕头“侨梦苑”聚集起产业集群和科技创新上的“侨”资源优势，促进侨资侨智侨技与华侨试验区融合发展。

三是简政放权改善双创制度环境。双创就是要用改革的方法激发市场主体的活力，发挥市场配置资源的决定性作用。华侨试验区加大简政放权力度，放宽政策、放开市场、放活主体，有效改善创新创业的制度环境。

四是业务培训与课题研究双管齐下提升双创软实力。一方面邀请双创专家进行相关培训，另一方面委托广东华南经济发展研究会开展“汕头华侨经济文化试验区双创金融环境研究”课题研究。

五是多方努力激发双创活力。以优化创新创业生态、拓展创新创业领域、提升创新创业层次、激发创新创业动力为目标，以宣传贯彻部署、总结经验推广、厚植双创文化、优化政策环境为抓手，以创新创业沙龙、论坛、创新创业活动展等活动为载体，采用政府搭台与多方合作相结合、线上传播与线下互动相结合、典型带动与广泛发动相结合、政策导向与紧接地气相结合的方式，充分调动各部门、社会各界创新创业主体的积极性，充分发挥大众的力量。

六是产学研合作聚力推动协同创新。深入实施科技创新驱动战略，大力推进产学研深度融合。与汕头市青年博士联合会合作设立“粤东发展研究院”“汕头市青年博士联合会博士专家工作站”，不定期派遣博士来试验区交流合作，着力打造面向海内外的新型智库。引导广东金东海集团与重庆交通大学、长沙理工大学在华侨试验区设立“金东海研究院”，重点打造集科技创新、研究、产业孵化、科研成果推广交易和人才培训为一体的重大产学研平台和教育基地，成为粤东地区人才技术创新、产业转型升级的重要创新源头。保税区管委会先后与广东省粤东技师学院、汕头职业技术学院签订政校合作框架协议，双方将积极创造条件，建立稳定的政校合作关系，开展技能人才培养、专业建设、课程设置、职业研发、培训鉴定、创新创业、项目开发、技术研究等方面的合作和互动。

# 量化操作、运行顺畅的“六最”营商环境

山西转型综合改革示范区学府产业园区

山西转型综改示范区成立两年来，在省委、省政府坚强领导下，在各有关部门大力支持下，按照“三化三制”要求，紧紧围绕建立完善政策体系、服务体系和创新体系，对表中央，对标先进，对接国际，从实际出发，推进实施了大量改革创新，初步形成了量化操作、运行顺畅的“六最”营商环境。

## 一

## 遵循顶层设计，基本建立了“1+2+26”全量化、可操作的政策体系

通过近两年先行先试和二次改革，形成了从顶层设计到操作细则、兑现模式的完整政策体系。

### （一）“1+2+26”顶层设计

“1”就是省委、省政府《关于建设山西转型综改示范区的实施方案》。“2”就是省人大《关于山西转型综合改革示范区行政管理事项的决定》、省

政府《关于落实〈关于建设山西转型综改示范区的实施方案〉的若干意见》。“26”就是示范区根据“1+2”顶层设计，对表中央，对标先进，对接国际，制定了 26 项体制机制政策制度。

### （二）操作细则

为使政策便于落实、便于执行，制定了《新兴产业培育实施方案》《普惠类政策兑现清单》《扶持科技成果转化项目实施方案》《“一事一议”“一企一策”规定》等系列操作细则。正在制定综合性人才政策，包括人才生活补贴、科研项目扶持、住房、子女入学、医疗和社保等保障措施。

### （三）兑现模式

把政策分为普惠（2019 版 60 项）、培育（1 项操作细则）、协议（30 项操作细则）三大类，创造性地实施了“一窗受理、一网审核”兑现模式，实现了政策落实公开规范廉洁，解决了政策兑现难问题。

## 二
## 深化改革创新，基本建立了“1-3-1”专业化服务企业体系

把服务企业作为工作的出发点和落脚点，把企业满意作为检验工作质量的标准，为企业提供全方位、深层次、高效率服务。

### （一）建立了“一条龙”服务机构

从企业洽谈、引进、审批、建设到运营，设立了投资合作、项目促进、创新发展、园区保障等“一条龙”服务的行政管理体系和网上服务体系。

### （二）打造了“三个一”服务模式

一个大厅管服务。进政务大厅一个门，可以享受企业登记、行政审批、政策兑现、税务办理、市场监管、公共资源交易、招标投标、政府采购、咨

询中介、大型仪器设备共享等九大类 246 项服务。

一颗印章管审批。行政审批局一颗行政审批专用章统一行使除建设用地审查外的全部行政许可职权，共涉及发改、经信、财政、规划、商务、园林、环卫、档案等15个行政管理部门的50项行政管理事项、26颗公章。

一支队伍管执法。综合执法局统一行使住建、城管、规划、安监、人社、房管、地震、发改、林业等 9 个行业领域 338 项行政执法权；统一协调市场监管、税务等其他行政执法权。

### （三）搭建了“一网通办”服务平台

通过政务服务一张网，在线办理企业开办、投资审批、150 项事权审批、政策兑现、项目管理、企业深度服务、招标采购、智慧办公、公车服务等事项。企业开办时间为 2 ~ 3 个工作日；企业投资审批、验收为 33 个工作日以内。解决了政策兑现难、事权审批长、项目管理低效等问题，创新了事业单位公车改革模式，基本实现了高效服务、廉洁从政。

## 三
## 实施创新驱动，基本建立了“四位一体”自主创新体系框架

围绕示范区主导产业，初步建立了政策、平台、人才、知识产权保护“四位一体”自主创新体系。

### （一）不断完善适应创新需求的政策体系

根据“1+2+26”顶层设计，制定了研发、技改、孵化、成果转化、人才引进等方面的鼓励扶持政策和操作细则，增强了创新政策的系统性、针对性、可操作性。

### （二）积极搭建科技创新平台载体

学习借鉴中科院深圳先进技术研究院的成功经验，正在抓紧组建示范区

先进应用技术研究院，作为管理平台，统筹管理运营公共创新平台和企业创新平台。

一是，加快以政府为主的科研平台建设。中国工程科技发展战略山西研究院成立运行，已完成 8 个课题立项。清华大学山西清洁能源研究院已基本建成，具备入驻条件。山西高等创新研究院正在抓紧建设。轻合金材料研究院正在加快筹备。

二是，大力支持以企业为主的科研平台建设。新引进了中科院山西先进计算中心、山西见声科技有限公司、江铃重汽技术开发研究院、东辉新能源动力研究院、山西生物质新材料研究院、韩国爱德林智慧能源研究院等一批高端研发机构。富士康并州智能制造研究院、复旦－锦波功能性蛋白联合实验中心已建成投运。山西华仕低碳技术研究院、山西格盟中美清洁能源研发中心、华能山西低碳技术研发中心已基本建成，具备入驻条件。

### （三）加快打造国际化人才宜居环境

通过规划建设潇河生态文化景观带，引进建设国际学校、国际大健康医疗城、人才住房，创造一流的教育、医疗、住房、生态、生活环境。

### （四）加强知识产权保护

引进了中国国际贸促会山西法律服务中心、知识产权服务中心、经贸摩擦预警中心等商事法律服务机构，为企业维护合法权益提供法治保障和国际化专业化服务。

### （五）2018 年主要经济指标完成情况

全年完成地区生产总值 474.8 亿元，同比增长 13.8%；固定资产投资 154.7 亿元，增长 102.8%；工业投资 100.8 亿元，增长 303.6%；一般公共预算收入 33.4 亿元，增长 12.3%；规上工业增加值 261.0 亿元，增长 17.7%；非煤产业产值增长 15.4%；高新技术企业数增长 19.0%。圆满完成各项目标任务。

## 四
## 加强党的建设，把“党是领导一切的”落到实处

坚持全面从严管党治党，树牢“四个意识”，坚定“四个自信”，坚决做到“两个维护”，形成了示范区特色优势。

### （一）实施年度后审核制度

对表中央，对标先进，对接国际，每年年初对上年度重点工作和改革举措进行第三方评估、合法性审核、专业审计。

### （二）建设“不能腐”的制度防线

实施产业培育计划，建立了科技、技改领域“不能腐”的制度机制；严格执行《“一事一议”“一企一策”规定》，建立了招商引资“不能腐”的制度机制；实施“一窗受理、一网审核”政策兑现模式，建立了行政管理过程中“不能腐”的制度机制。

### （三）建立项目推进机制

通过每周一次的项目推进例会、项目会研例会，及时发现问题解决问题，锤炼干部作风。

### （四）强化非公经济党建

聚焦中小微企业和新业态、互联网等领域，成立非公企业党支部，组建非公党建联盟，下派党建指导员，筹建总裁俱乐部，党的工作覆盖率达到100%，非公经济党组织覆盖率达到86.6%。

# 优化双创环境，建设“新丝绸之路”经济带和国际双创示范区

新疆维吾尔自治区乌鲁木齐市高新技术产业开发区

乌鲁木齐高新技术产业开发区紧紧围绕双创示范基地建设，坚持以乌昌石国家自主创新示范区建设为抓手，立足丝绸之路经济带核心区，结合新疆多民族、多文化、多习俗等优势，从体制、机制、O2O双创载体和双创生态圈等方面，推动双创的纵深发展。以“重新定义、回归本质”为原则，实现创新创业关键要素“自由流动、释放潜力、创造价值和实现增值”，促进新区形成具有“新机制、新理念、新形式、新业态、新模式”五大新特征的国家级创新创业示范基地，在新疆维护社会稳定、向西国际合作和开放、跨境电子商务和生物医药等方面发挥特色鲜明的示范作用。

## 一

## 简政放权，构建新模式下的专业型服务政府体系

一是提供便利高效的公共服务。完善行政服务中心机构和“一站式”审批大厅建设，编制统一规范的政务服务事项目录，集中办理审批事项。完善

审批服务平台，开发制定专项移动 APP，探索建立审批“银行柜员”制，推动并联审批措施落地。

二是落实“放管服”工作。积极推动建立政府信息共享交换平台，实现基本信息共享。探索利用大数据、云计算等技术，整合多方数据源，构建全社会共治的社会治理监管大数据平台，完善事中事后监管平台，加强事中事后监管。

三是减少审批流程。持续推进“三证合一、五证合一、多证合一”“先照后证”改革，实现企业网上注册登记全程电子化，申请人“足不出户”即可通过互联网申报企业注册登记业务，提高了登记效率。允许闲置车库、厂房、实验室、展厅等作为创业场所办理工商营业执照。鼓励电子商务等新兴产业开展集群注册（一址多照），依托众创空间基地，加大企业创业创新的扶持力度，全力支持高校毕业生创业、就业，实现“审批事项最少、审批效率最高、服务质量最优”，为企业发展提速增效。

## 二
## 离岸孵化，多维度打造“双创”生态环境建设

一是推动双创实体载体建设。围绕服务高新区（新市区）3 个主导产业集群加一个特色产业集群发展，采取政府引导、企业为主的方式，建设极客空间站、酷窝众创空间、草根众创空间、“丝路光城”创新创业孵化器等一批有效满足企业发展需求的创新创业载体；鼓励一批龙头企业建立企业内部的创新创业平台，鼓励企业内部创新。

二是完善现有的创业载体体系。继续完善现有的创业服务中心等公共孵化器，以及生物医药孵化器、新大信息技术创新园、电子商务科技产业园、国家战略新材料创业园、中西亚基因检测技术应用示范基地等专业园区建设。

三是建立专业离岸孵化器。遵循“政府参与，市场运作，产业聚焦，产业导入，协同发展”的基本原则，充分发挥离岸孵化器培育和拉动新疆创新型企业的桥头堡作用，离岸孵化器以“新模式、新概念、新服务、新生态、

新文化”为理念，按照“离岸不离疆”的原则，引进先进地区创新创业优势资源，介入项目源头创新，打造“落地资本＋资源＋产业＋市场”的生态链，推动先进技术项目落地，对接本地市场，加速新旧动能转换。

四是构建互联网＋双创网络载体体系。建设创新创业公共服务平台，为创新创业提供全生命周期的高效便捷服务。推动众创空间（苗圃）、孵化器、加速器、产业园运营主体投资建设互联网＋创新创业公共服务平台和财务、咨询、金融等专业服务平台。积极完善创新创业载体的评价办法，利用闲置资产、闲置时间、闲置技能建设“网上双创示范基地”。支持发展众创、众包、众扶、众筹等新模式。

## 三
## 产业聚焦，提升新区科技创新及成果转化能力

一是加强知识产权保护。发起成立新疆首家知识产权联盟，全疆 66 家成员单位加入，推动提升新疆企事业单位知识产权管理、保护和运用水平，增强相关知识产权代理、服务机构专业能力，提高新疆重点产业的自主创新能力及核心竞争力。全区专利申请量再创新高，截至 2019 年一季度，新区专利申请 1954 件，占全市专利申请完成量的 27%。其中，发明专利完成 589 件，发明专利授权量完成 138 件，年申请量、授权量均居全疆及全市各区县首位。

二是完善科技成果转移转化环境。推动国家技术转移东部中心新疆分中心、乌鲁木齐技术产权交易中心建设，为企业提供技术转移服务和对接，促成技术成果转移转化，支持小微企业和高校、科研院所组建产业技术联盟，健全完善“政产学研用”一体化的协同创新体系，加快科技成果转移转化。

三是促进科技创新项目落地。围绕“社会稳定和长治久安”总目标推进建设的全疆首个国家级社会安全风险感知与防控大数据应用工程实验室正式揭牌，推动中科可控高端征集先进制造基地及新疆计算中心建设。

四是推动科技成果转化应用。打造集科技成果展示交易、技术转移中介

等资源与服务于一体的一站式科技综合服务平台，落地一批重大科技创新平台建设项目，加速助推科技成果转化。现全区有自治区级以上重点实验室、工程技术研究中心等各类科技创新平台达 66 家（国家级 7 个），为全区科技型企业获取优质的公共科技创新服务提供了有力保障。

## 四
## 提升服务，打造西部人才聚集高地

一是创新体制机制改革，为人才创新创业“松绑”，促进人才流动。构建以人才工作领导小组为主导、“高端人才创新创业服务中心 + 人才中介服务公司 + 人才发展理事会”为协同、N 个新型人才工作联络站为辅助的“1+3+N”三层人才工作管理运行机制。在“十百千”等原有政策基础上，实施“天山火炬”科技领军人才及高级经营管理人才引进工程。

二是支持科技人才创新创业。重点支持领军企业、高等院校、科研院所中的科技领军人才、技术骨干等通过“技术转移 + 企业孵化”的模式带技术、带项目创办企业，培养造就一批具有战略眼光和管理创新能力的“双创之星”。

三是鼓励高校毕业生创业。完善落实创业培训补贴政策，健全并加强培训补贴资金管理，组织开展技能培训、创新创业辅导等活动，举办高校大学生创业培训班，依据相关政策对创业大学生实行精准扶持和专业化辅导，鼓励高校院所建设专业化创新创业载体，帮助青年创业者度过初创期；建立留学生报国基地，鼓励留学人员带着新技术、新产品归国来疆创业，以创业服务中心（乌鲁木齐留学生创业园）、高新人才大厦等创新创业载体为依托，加强同“丝绸之路”沿线国家的科技人才交流与合作。

# 用改革创新精神打造“禅城模式”新生态

广东省佛山市禅城区

近年来，佛山市禅城区在双创工作中积极探索互联网、大数据等信息化手段在政务改革中的应用，持续深入推动政务服务领域的信息化技术创新、应用创新和模式创新，打造了具有特色和成效的“禅城模式”。全区围绕城市布局、产业特点和发展需求，结合“一镇三街”主题特色，因地制宜，统筹协调，错位发展，通过全要素、多维度构建创新创业平台载体和服务体系，激发区域内创新活力，增强区域发展的软实力。

## 一

## 从一门式到区块链，从政务到产业，打造行政服务工作“禅城模式”

一是“协同审”“推送办”“一门式”改革引领政务创新持续深化。2014年9月，禅城率先借助信息技术，在行政审批领域推行“合门并窗”的“一门式”改革，破除壁垒、共享信息、协同审批。目前，禅城区已全面建成区、镇（街）、村（居）全覆盖的“一门式”协同政务服务体系，其中通过法人

“一门式”构建“线上受理、网上审批、一口办结”的“互联网＋行政”协同审批新模式。禅城持续深化“一门式”改革成果，以自然人从出生到死亡所经历的主要阶段为主线，梳理出生、入学、就业、住房、婚姻、生育、退休、后事等 8 个主要人生阶段所需办理的行政服务事项及证件，通过网站、微信、空中“一门式”、实体大厅“一门式”系统等渠道，主动推送 136 项“自然人全生命周期服务”办事信息。

二是区块链创新应用，打造新型互联网＋政务服务、信息化产业。禅城区结合一门式一网式、社会综合治理云平台等系统，以群众办事过程中沉淀的“块状数据”为基础，以部门业务系统产生的“条状数据”为辅助，通过建设自然人库、法人库、地理空间库等三大基础库，跨平台、跨部门共享政务数据，构建全区统一的数据共享交换平台和数据量高达 3 亿多条的“数据池”。2017 年 6 月，禅城区发布区块链技术首个创新应用成果“IMI”身份认证平台，并启动基于大数据的“智信禅城”计划，成为全国首个探索区块链政务应用的县区，落地 11 项区块链应用成果，区块链＋办事“零跑腿”、区块链＋和谐共享社区、区块链＋社区矫正等项目已取得初步成效。

## 二
## 全要素、多维度优化创新创业服务体系，增强区域发展创新型创业的软实力

一是主题定位清晰，“4+N”双创园区示范引领。2016 年，禅城区以区镇（街）联动的模式推进创新创业园区建设，通过注入创新创业核心元素激活现有产业园区，以“政府引导、市场运作、资源共享、错位发展”为原则，在每个镇（街）选取一个园区为示范点，以配套专项扶持资金为支撑，有序推动全区一镇三街打造主题鲜明的双创园区。目前，以南庄绿岛湖 · 智荟、石湾中国陶谷、张槎华南创谷、祖庙丰收街 · 菁创聚四大双创园区为主体，多个孵化器、众创空间、专业性双创集聚载体配套协同的“4+N”双创园区模式构筑成型，在此基础上，以华南电源创新科技园、欧洲工业园、华南生

命科学园、全球电商生态城、泛家居创意设计园等一大批专业化创新园区作为服务配套，形成了“4+N+N”模式的双创体系新格局，“创业苗圃 + 孵化器 + 加速器 + 产业园”的双创全孵化链条日益成熟。截至 2018 年底，禅城区累计拥有国家企业技术中心和省级工程中心等各类研发机构 230 多家、众创空间 19 家、各级科技企业孵化器 21 个、孵化器孵化场地面积 70.2 平方米、在孵企业 498 家、市级众创空间 14 家、各类创业孵化基地 11 家、新型研发机构 4 家，一批具有市场活力的双创支撑平台蓬勃发展。禅城区名列全国科技创新百强区第 8 名、全国双创百强区第 17 名，获批为“第二批广东省级大众创业万众创新示范基地”，广东新媒体产业园成为全市唯一的“国家级小型微型双创示范基地”，双创支撑体系日趋完善。

二是人才服务优化，创新人才集聚效应明显。禅城区深入实施“万千英才”战略，坚持在靶向引才、平台育才、服务留才等方面多措并举，打造创新人才集聚示范区。2016 年推出十条人才政策，大力实施“金蝉计划”、创业引领计划，全力构筑新型人才供给体系，强化人才服务体系。同时瞄准双创人才需求，建设广东省首家市级人力资源产业园、佛山博士创新梦工场等人才服务平台。目前，人力资源产业园已有 37 家人力资源机构签约进驻园区，共建立企业研究生联合培养基地 25 个、人才服务联合工作站 10 个、高层次和专业人才社会组织 3 个。现有各类人才 21.9 万人，其中院士 3 人、国家千人计划专家 6 名，博士 464 名，高级职称专业技术人员 7853 名，高技能人才 3.6 万人。

三是金融服务体系匹配，科技金融服务能力增强。一方面，打造全链条金融服务载体。把产业资金、创业平台、研发资源充分整合，为创新创业提供全链条金融服务的载体。目前区引进风投创投、小额贷款、融资租赁、股权投资、基金、互联网金融等各类金融机构 150 余家。另一方面，深化“金科产”融合。搭建服务大型企业和中小型科技型企业的信贷风险补偿基金、知识产权质押融资、随心贷等金融服务体系。24 家科技型公司进入广东金融高新区股权交易中心扶持企业库入库登记，7 家企业获合作银行 5730 万元放贷，禅城区配套 1000 万元作为知识产权质押融资风险补偿资金已汇入股交中心账户。2017 年，构建科技型企业信用体系，落实科技型企业信贷风险补偿基金，2018 年 105 家企业获得基金项目贷款 3.621 亿元。2018 年，区政府修订印发《禅城区支持企业融资专项资金管理办法》，单笔可用于股权投资、风险补偿、融资担保的专项资金使用额度可达 2000 万元。

四是加强知识产权管理，完善知识产权保护体系。禅城区全面推进专利保险示范区建设，搭建专利保险服务平台和专利保险监管机制，推行禅城区专利保险在线投保。推进知识产权金融服务，建立知识产权质押融资、风险补偿机制。深入开展“知识产权贯标”，推动国家知识产权优势企业、国家知识产权示范企业建设，积极培养本土化的贯标审核认证人才。目前，先后建设完成佛山市知识产权服务机构核心区、国家知识产权服务业集聚发展试验区禅城园、国家知识产权集聚人才核心区和广东省知识产权交易服务中心——孵化中心、佛山市建材知识产权快速维权中心，并获评“国家知识产权强县工程示范区”和“全国专利保险示范地区”（禅城为全国 9 个专利保险示范地区中唯一的县级单位）。2018 年 6 月，由国家知识产权局批复同意建设的“中国（佛山）知识产权保护中心”正式通过验收，成为广东省首个由国家知识产权局批准建设的知识产权保护中心。

佛山市禅城区一直以来敢于先行先试，多项政府服务改革走在全省乃至全国前列，下好简政放权的“先手棋”，始终从群众最期盼、问题最突出的“两最”领域着眼。禅城区从“网格化”到“一门式”再到“区块链”的三次大变革，从“模糊条款”到“透明审批”，行政权力运行更为公开、规范，提升了行政效能和水平，促进了公共服务标准化和均等化，更畅通了政府和群众联系的渠道，提高了社会治理的科学性和精准度，社会治理从“政府本位”回归到“公民本位”。禅城区通过和国家信息中心开展合作，把电子政务做成标准化、模块化的服务，顺应大数据时代行政体制改革的趋势，便于形成全国性可复制、可推广的典型经验，是创新社会治理的基层实践，为全国持续深化“放管服”打造“禅城样板”。

# 培育产研联动的生态体系，打造产业聚集的创新森林

中国信息通信研究院

中国信息通信研究院（以下简称“中国信通院”）立足自身产业生态位优势和能力优势，进一步聚合创新支撑与孵化服务能力，构建功能完备的技术、数据与能力开放平台，打造具有广泛影响力的创新创业管理咨询体系，探索建立开放式、平台化的创新创业基地，构建有特色、有效果、有影响力的示范基地。

中国信通院探索创新产业布局和业务布局模式，面向ICT产业前沿，以纵横交错为基本思路构建产研联动的产业创新支撑体系，通过整合中国信通院特有的产业资源，培育前沿产业创新发展，打造产业创新森林。“纵横交错”的“横”以能力强基、数据固本为宗旨，整合信通院技术研发、产业监测、行业市场跟踪、标准制定、检验检测、产业规划等通用能力与数据积累，构建产业创新基础能力资源池。“纵”以纵深发力、产研联动为宗旨，依托产业创新基础能力资源池，面向大数据、云计算、人工智能、工业互联网、信息安全等垂直领域纵深发力，打造多个新兴产业创新工程。通过发挥中国信通院在产业生态中的引领带动作用以标

准引领、平台支撑、联盟交流，培育产业前沿创新能力，引领产业创新发展。

## 一
## 横向贯通，强化理论研究，整合基础能力，打造具有赋能体系双创能力池

中国信通院整合产业创新、技术创新以及双创理论研究等核心双创能力，打造双创能力池。在能力池中各项能力深度融合、相互强化，形成了以双创理论研究为特色、以产业数据服务能力为亮点、以技术标准服务为引领、以检验检测能力为基础的产业赋能体系。

在双创理论研究能力建设方面，中国信通院成立了创新创业管理研究中心、组建了双创理论研究跨部门团队。创新创业管理研究中心与双创理论研究跨部门团队在 2017 年开展了双创生态系统理论研究，提出了双创生态基本运作模式、设计建立了双创生态评价体系，充实完善了双创理论体系，形成 4 期双创政策国际观察季报，为中央部委提供 3 份创新创业典型案例资料，为地方创新创业生态系统的建设和评估提供了理论支撑。在基础能力集成方面，以双创示范基地建设为契机，中国信通院将产业数据监测、检验检测、平台能力开放和基础技术研发能力全部集成在开放式技术创新服务体系中，各工作组密切沟通、全面对接，为各类创新创业服务需求方提供协同、一体化的服务。

## 二
## 纵深行业，构建五大平台，以培育产业创新森林的理念支撑新兴产业创新

在横向内部能力池建设的基础上，中国信通院紧跟技术、产业发展，在云计算、未来网络、工业互联网、互联网产业国际合作与信息安全等新兴、

前沿领域持续发力，围绕产业组建跨部门高端研究团队并设立相应的业务部门，协同开展新兴产业创新提供技术标准、检测平台、可信认证、平台搭建、体系梳理、产业发展规划等一系列产业创新支撑服务，以培育产业创新森林的理念打造产业创新生态、引领产业创新发展。

2017 年，中国信通院在纵深领域构建了五大行业创新生态及支撑体系，有力地推动了产业创新体系的建设。在云计算领域，构建起云计算创业服务体系，完成了对云计算创业企业的评估测试体系设计，有效地优化了云计算领域创新创业环境。在未来网络领域，以标准为着手点，研发了 OpenFlow1.3 协议一致性测试软件系统，为我国下一代网络产业发展和产业创新提供了技术验证和发展平台，激活了产业应用创新能力。在工业互联网创新发展方面，已搭建工业互联网网络、工业互联网平台和数据、工业互联网安全三个实验系统，建设了工业以太网、时间敏感网络（TSN）、数据建模及数据分析、工业互联网安全技术试验与测评部重点实验室，构建起我国工业互联网产业发展的基础生态。在网络安全和信息安全领域，开发上线了网络安全试点示范管理模块和检测评估模块，为行业安全标准建立和安全标准测试提供了自主测试平台，为提升网络安全防护水平和能力发挥了积极作用。在互联网创新创业国际合作方面，中国信通院面向“一带一路”国家建设国际互联网监测分析平台，聚焦“一带一路”互联网发展与演进，实现对沿线 64 个国家互联网顶层网络、业务以及与全球互联互通运行信息的全面动态感知。

## 三
## 引领云计算行业前沿，打造创新创业标杆

### （一）构建云计算创业服务及产业创新平台

“可信云”是国内首个得到市场高度认可的云计算标准和评估方法，可信云服务平台旨在提升云计算企业诚信水平，为云计算创业企业提供低成本的规范咨询和技术测试服务。一是建立云服务监测平台，助力新兴企业借助

云计算创业。可信云评估是针对云服务以及云产品进行评估，从 2013 年开始启动，由中国信息通信研究院组织标准制定并开展测试评估。截至 2019 年，云服务方面可信云评估共进行了十一批次的评估工作，426 个云服务产品和 83 个云计算软件通过评测，183 个云主机实现可用性监测。评估结果在网站公开，同时建立云服务监测系统，实时监测服务数据中心的运行状况，帮助创新企业逐步改善服务质量，降低运营成本，为企业创新提供坚实的基础。二是创新提出云保险跨界融合产业。云保险是云计算行业与保险行业的跨界创新，借助保险机制弥补云计算运营过程中服务中断、数据安全风险损失。云保险工作在 2014 年 10 月中国信息通信研究院组织多家云服务厂商和保险公司共同启动，2015 年 5 月确定云保险（云服务商版），即由云服务商为云平台购买保险，将服务中断和数据安全纳入保险保障范围。2015 年 7 月 30 日，中国电信、中国联通、UCloud 和万国数据首批签约。随后制定云保险（客户版）方案，2016 年 8 月云保险自助投保平台上线。2019 年投保企业增长至三十余家，随着云计算市场规模增长，云保险市场发展势态良好。三是建立投融资沟通平台，助力云计算企业创业。搭建云计算创业投融资平台，为云计算创业企业与投资公司提供咨询服务，为云计算创业企业提供低成本的规范咨询和技术测试服务，建立投资公司及云计算创业公司的沟通平台。目前已参与的投资机构有君联资本、AA 投资、英诺天使、创业邦、零一创投、IDG、达晨创投、钛资本。

### （二）构建智测云移动互联网应用在线检测平台

智测云移动互联网应用在线检测平台（以下简称“智测云平台”）作为互联网领域的创新创业支撑平台，通过测试服务与共享经济结合的新模式，为中小企业提供产品全生命周期的检测服务，有效降低创新创业成本与技术门槛。一是提供产品全生命周期检测服务，促进创新创业企业发展。智测云是中国信息通信研究院泰尔终端实验室进行开发和运营的在线云测试平台，为开发者和企业提供全方位的移动应用测试服务，为企业提供完整的质量体系生态圈构建，促进移动应用市场的健康发展，为国家创新创业的开展提供强有力的支撑。智测云服务平台主要包括兼容性测试、网络友好测试、功能测试、远程真机调试、稳定性测试、弱网络测试、功耗测试、压力测试、深度性能测试、双屏测试、APM 质量监控、双屏测试、专机测试等一系列专业的测试服务。当前注册开发者 14 万人次，完成测试 205 万次，监测应用 104 万次，为企业提供了强有力的测试服务。二是企业服务——提供完善的测试方案服务，推动产业链协同创新。智测云依据 GB/T25000 · 51-2010《软件工程　软件产品质量要求与评价 (sQuaRE)　商业现货 (COTs) 软件产品的质量要求和测试细则》，为企业量身定制适宜、高效、精确的移动测试解决方案，提供完善的测试服务，为企业的创新发展提供了强有力的保障。智测云对海尔优家、北京交警、顺义经信委等客户所提供的应用进行了包括兼容性测试、运行性能测试、网络友好性测试、耗电测试、数据流量及耗能测试、稳定性测试在内的多种测试服务，并根据测试结果出具了权威检验报告。三是联合实验室与双创基地建设——积极探索，发挥引导示范作用。2017 年 2 月，中国泰尔青岛高新区联合实验室挂牌成立，作为移动互联网及智能硬件领域的检测服务中心，面向全国企业提供全方位的测试服务。为更好地帮扶各地方移动互联网应用软件产业发展，泰尔终端实验室计划在未来 3 年内，在全国移动互联网产业较密集的城市和地区，联合当地企业和政府共建双创公共服务平台以及智测云检测业务分中心，未来计划拓展的城市包括长沙、上海、南京、杭州、广州、深圳、珠海、成都等。

# 提升核心科技创新能力，构建产学研资一体的全链条双创生态

中国科学院深圳先进技术研究院

中国科学院深圳先进技术研究院在建设双创示范基地过程中，充分利用科研、教育、产业、资本等“四位一体”的资源优势，通过科研体制创新、人才培养创新、发展模式创新和双创孵化创新的四大创新机制，建设创新人才挖掘培养学堂、科研成果转移转化平台、国际人才创新创业基地、新兴产业聚集培育中心，将先进院打造成以未来产业科学研究为核心的创新驱动引擎和粤港澳大湾区的双创引领者。

## 一

## 面向国际、面向未来，布局突破性学科领域

深圳先进院是目前中科院在深圳唯一院所，也是中科院内第一个明确提出建设工业研究院的新型科研机构，所有的科研单元都有着明确的科研产业化目标，计划建成集众创、高新技术成果孵化、加速转化、企业总部于一体的产业化基地，结合院市合作，进一步建设以“中科院深圳育成中心”为核

心的先进院育成体系，预计总投资 20 亿元以上。先进院积极进行前瞻布局，实施科教融合建设大湾区国际科技产业创新中心，在布局建设中国科学院大学深圳校区的同时，建设脑解析与脑模拟和合成生物研究两个重大科技基础设施，为未来科技创新提前布局，学科与领域布局主要是面向国际学术前沿（如人机智能、脑科学）、面向国家重大需求（如低成本健康、智慧城市、生物医药）、面向国民经济主战场（如电动汽车、新能源、新材料）、面向为双创提供支撑与服务的产业。例如，新材料研究所涵盖领域可能涉及高性能电子封装材料及工艺、高性能电池材料、生物医用材料、黑磷、光电信息材料等等。目前，先进院已围绕健康与医疗、机器人与人工智能、新能源新材料、大数据与智慧城市等领域开设了 8 个研究所 46 个研究单元，累计承建 68 个国家、省部、市级等各级创新载体，构建了材料、影像等 9 个公共技术平台，各类仪器设备价值近 6 亿元。

## 二
## 完善教育、完善孵化，建设双创人才基地

一是在人才培养方面，始终坚持学术前沿和产业需求相结合，立足粤港澳大湾区，面向全国，搭建国际化的全链条新产业的培育体系，与中国科学技术大学、香港中文大学等境内外知名高校开展联合培养。在现有人才培养体系的基础上，深圳先进院进一步开拓以粤港澳大湾区青少年创新科学教育基地、博士后创客驿站、中科－斯坦福国际创业营为代表的高端人才新服务模式，提升品牌和行业壁垒，吸引、培育和服务更多更高层次的创新创业人才，实现本土创业加速孵化和国际市场资本资源对接，以及海外高层次创新人才产业化落地。完善现有创新教育培养、创客创业孵化体系建设，提升服务层次，充分发挥中科院创新资源，建设面向未来的国际化双创人才培养基地，预计总投资 1 亿元以上。为进一步推动创客产业的发展，促进深圳市构建成为全球的“创客之都”，在深圳市、南山区政府支持下，2014 年先进院创办了“中科创客学院”，2015 年深圳市创新投资集团溢价投资入股，进一

步完善了中科创客学院的支撑体系，将其打造为致力于建设创新人才挖掘培养的学堂、科研成果转移转化平台、青年才俊创新创业基地和新兴产业聚集培育中心。二是在人才引进方面，先进院重视海外高端人才的引进，迄今为止已造访世界 TOP100 的高校 40 余所、知名研究机构及大型高科技公司 20 余家，足迹遍布美国、加拿大、英国、法国、以色列、德国、意大利、瑞士、日本。通过越来越大的招聘力度、越来越高的招聘目标，提高政策制度对人才的吸引力和凝聚力，增强先进院的综合国际竞争力。目前，先进院共引进 500 多位海归及 22 支创新团队（居广东省第一），全部员工不进入事业编制，鼓励人才与成果同步溢出，员工平均年流动率 12%，人才引进和溢出为双创提供重要的基础保障。

## 三

## 协同技术、协同产业，构建“-1-0-1-N”全链条双创生态

一是在“-1-0”的青少年双创教育方面，创客学院通过孵化了一批面向双创教育的创客团队，结合先进院的科普资源，开发了包含“中科创造力”、“中科机器人”和“中科创客”三大系列超过 300 节的双创课程。二是在“0-1”的创客创业培育中，创客学院为签约入院孵化一年的团队配备由中科院研究员、产业界专家组成的双导师队伍，并于 2016 年 11 月依托先进院博士后流动站设立全国首个“博士后创客驿站”，目前已培育十几个博士后创客创业团队，计划三年累计引进培养博士后创业团队 60 个，培养博士后逾百人。三是在“1-N”的产业加速培育中，创客学院与深创投共同发起“红土创客基金”，一期规模 2.5 亿元，已完成 1 亿元投资，学员企业越疆完成 B 轮融资，估值已达 4 亿元；与烽火、平安、万科等大企业开展大小微企业协同创新，吸引国际创新创业团队落地，并在北京、武汉等地设立双创基地，连续三年举办数十万人次参与的高交会创客展、创客之夜与创客大赛品牌活动。经过三年多的建设，创客学院作为国家级众创空间，已成为双创人

才挖掘培养学堂、科研成果转移转化平台、青年才俊创新创业基地、新兴产业聚集加速中心，截至2017年底，已培育高技术创业项目超过200个，超过18%的项目获得了天使投资或实现产品上市销售，服务创客超过20000人次。四是建立开放技术平台。该平台由一系列基于仪器设备支撑的实验室组成，联合开放、资源共享，为科技活动提供测试、调试、加工等技术支撑与服务，并向企业和其他科研单位开放，提供相关技术咨询服务，是区域技术创新平台的重要组成部分，为广东民营经济和中小企业转型升级提供关键技术支撑，已有几百家高校、企业前来共享资源。支撑企业解决产业化关键技术，增加源头技术创新有效供给，携手产业合作伙伴建立50+企业联合实验室，预计总投资1亿元以上。

目前，深圳先进院已经发展成为国内海归密度大、科研国际化水平高和支撑产业氛围好的新型科研机构，形成了典型的“先进院双创模式”：内部，以研究工作创新为本，坚持产学研资一体，合理布局学科，集聚高端人才，打造源头创新高地；外部，以扶持创业孵化平台为基，建设中科创客学院和中科院深圳育成中心两大平台。深圳立足粤港澳大湾区，面向全国，搭建了国际化、专业化的“-1-0-1-N”全链条双创培育体系，成为创新人才的培养领先示范者。

# 第二部分
# 促进创业带动就业

打造双创升级版，推动创新创业高质量发展，有利于进一步增强创业带动就业能力，培育更多充满活力、持续稳定经营的市场主体，直接创造更多就业岗位，带动关联产业就业岗位增加，促进就业机会公平和社会纵向流动，实现创新、创业、就业的良性循环。各地方、各部门在鼓励和支持科研人员积极投身科技创业、强化大学生创新创业教育培训、健全农民工返乡创业服务体系、完善退役军人自主创业支持政策和服务体系、提升归国和外籍人才创新创业便利化水平、推动更多群体投身创新创业等范畴，呈现出一批颇有成效的经验做法。

# 立足“新苏南模式”，用育才平台和引才计划激励多层次主体创新创业

江苏省常州市武进区

江苏省常州市武进区是全国首批双创区域示范基地之一，是苏南国家自主创新示范区的中心地带，是城乡融合发展的典型区域。武进是“苏南模式”的发源地之一。经过多年积累和演变，原有的苏南模式正在发生蜕变，成为新时代的“新苏南模式”。武进“新苏南模式”主要体现在六个方面：创新驱动、全民创业、组织形式、智力支持、产业转型和城乡一体。在创新创业主体培育方面，武进先后出台了《武进区“青年大学生创业”三年行动计划（2016~2018年）》《武进区促进人才优先发展若干政策的实施办法》《武进区高技能人才项目补贴暂行办法》等一系列文件，为武进招才引才育才创造了良好的生态环境。武进的“新苏南模式”让创业主体由“洗脚上田”的农民，拓展为以大学生、企业职工、“创二代”和海归人才为主的“新四军”，武进以推动全民创业为主线，支持各层次人员参加创新创业，按照“非禁即入”的原则，降低创业准入门槛，放宽企业注册条件，壮大市场竞争主体规模。

## 一
## 打造创新创业的智慧谷，推动大学生创新创业

立足科教相融，打造创新创业的智慧谷。积极落实《武进区“青年大学生创业”三年行动计划（2016~2018 年）》，充分利用科教城全国青年创业示范园区等载体，实行创业导师制、创业学分制，提升大学生创业素质，拓展创业培训，提高大学生创业技能，实现大学、创业园和国家大学科技园三者贯通，努力建成长三角一流的大学生创新创业载体。依托创新核心区常州科教城这一平台，把握建设苏南国家自主创新示范区的重大机遇，全面践行创新、协调、绿色、开放、共享发展理念，聚焦智能、设计、信息三大方向，加快构建“创新链”“生态圈”“互联网”体系，突破发展创新型企业集群和高科技企业集群，奋力开创园区发展新局面，获评“苏南国家自主创新示范区优秀科技园区”和“江苏省知识产权服务业集聚发展区”，连续四年列“中国最佳创业园区”第二名。2018 年新增 4 家区级大学生创业园、2 家市级大学生创业园、2 家省级创业示范基地。共扶持创业 5994 人，创业带动就业 25482 人，其中扶持大学生创业 1458 人，大学生创业带动就业 5706 人。

## 二
## 优化创业环境，引进高技术人才

大力实施省“双创计划”、省高层次创新团队、常州龙城英才计划、科教城“金凤凰计划”、高新区“金梧桐计划”等人才项目，着力引进和培养科技领军人才和创新创业团队，加快培养产业发展急需的高技能人才。2018 年，全区引进省双创人才 20 人，领军型创新创业团队 92 个，新增各类人才 1.5 万人。截至 2018 年底，全区拥有各类人才资源近 25 万人，高层次人才约 2.1 万人；高技能人才约 9.5 万人，每万名劳动者中高技能人才达 1083 人；

累计引进领军人才团队998个（其中国家“千人计划”专家达99人），累计入选省“双创团队”6个、省“双创人才”125人；领军人才创业企业主板上市1家，新三板挂牌企业9家。

## 三
## 积极创建劳模指导站，鼓励职工创新创业

积极创建劳模指导服务站，定期开展技术指导工作，缩短创业企业成果成熟期。推进创业培训、企业订单式培训和职业资格培训，2016年以来已组织职工培训730期，受惠职工5.3万人次。重点推进创业培训、企业订单式培训和职业资格培训，组织职工技能大赛，开展“职工十大创新成果”、“十佳合理化建议”和“武进工匠”等评选活动。以武进区职工创新创业基地为依托，按照“四个有”标准，深入推进职工双创基地建设。目前，已有4家基地被授予“常州市职工创新创业示范基地”；设立2000万元职工创新创业扶持资金，采取工会购买保险、银行降准放贷、保险公司担保的新模式，提供工会小额贷款、贷款贴息、保费补贴等资金支持，破解初创企业融资难、融资贵等问题，已为602家创业企业发放贷款6858万元；充分发挥“大学仕”实用技术转化平台，运用互联网众包新模式，聚合劳模、一线职工、科研专家等人才的先进技术，方便企业与技术实现对接。

## 四
## 建设媒体和金融双平台，为农民创业保驾护航

为投身乡村振兴战略，帮助农村青年创业，武进实施“青武优品”创富项目，深入挖掘一批当地优质农产品，通过优化产品形式、丰富产品内涵、拓宽产品渠道，帮助青年创业者提高产品附加值，帮助农民提高了50%的产品价值。通过整合农村旅游观光资源带动就业100余人。同时，联合区委组织部、武进广播电视台打造“飨家”全媒体销售平台，将“青武优品”纳入

明星产品序列，全面升级销售渠道，不断扩大项目影响力，平台被列入武进区“三大一实干”惠民工程；积极宣传推广省“新农菁英贷”担保贷款产品，为农业企业、农业社会化服务、农业新业态等领域的创业青年提供低成本的融资渠道；联合农业银行、工商银行等金融机构开展“银村牵手，发展共赢”等活动，为创业青年提供超 3000 万元的金融支持。截至 2018 年底累计审核江南农村商业银行青年创业贷款额 6610 万元，扶持 250 余名青年直接创业。组织超 3000 余人次青年参加创业培训，帮助超 5000 人实现就业。“优士多商贸”“企运宝”等一批优质青创项目累计获得小米投资、沃尔玛基金等风创投资金超过 1 亿元。

# 构建强有力的引才落地服务模式，驰而不息打造双创服务升级

浙江省宁波市鄞州区

鄞州区户籍人口 84 万，面积 814.2 平方公里，2018 年实现地区生产总值 1820.11 亿元，财政总收入 435.91 亿元，连续四年居全国综合实力百强区第四位。自获评全国第二批双创示范基地以来，鄞州区委、区政府将国家级双创示范基地建设作为推进区域经济转型升级、新旧动能转换的重要抓手，全面围绕“着力打造‘一带一路’创新样板区、军民融合发展创新示范区和长三角双创发展先行区，高水平建成国家大众创业万众创新示范基地”的建设目标，深耕双创平台建设、双创能力建设和双创服务保障三大领域，不断健全双创工作机制，大力培育各类创新主体，积极深化双创平台建设，积极发挥高端科创平台在引进高端项目和人才、自身研发、孵化项目和搭建公共平台为企业提供技术支撑等方面的作用，持续优化双创人才生态环境，全力提升基层创业服务水平，各领域工作有了显著推进，逐步形成“大众创业，万众创新”的生动局面。

## 一

## 搭建“海高人才”创新创业服务平台，构建强有力的引才落地服务模式

鄞州区完善政策保障，提升服务能级，大力实施“人才强区”战略。完善各类人才引育办法，对海内外高端创业人才团队最高给予 2000 万元资助，特别优秀的采用“一事一议”的方式，最高给予 1 亿元资助；对企业引进人才入选国家、省“千人计划”、市“3315 计划”、区“创业鄞州 · 精英引领计划”或与其合作创业的，给予最高 100 万元补助；在全省率先出台《鄞州区企业实用人才评价暂行办法》，2017 年开展第一届评审工作，评选出“鄞州金匠”“鄞州银匠”各 30 人，打破了“四唯”（唯学历、唯职称、唯论文、唯资历）的人才评价体系，进一步弘扬“工匠精神”。通过举办城市级的垂直行业领域性的全球高层次人才创业创新大赛，围绕“海高人才”建立“四个一”工程体系，加快人才项目的引进落地。通过围绕地方城市打造最优人才生态，建设“一轴、两区、多点”金义科创廊道的产业定位，进一步促进各类人才政策的落实，联合国内外知名专业投资机构、孵化器平台、重点高校、当地上市龙头企业等专业机构举办全球高层次人才创业大赛，以当地的特色产业发展需求、选择细分行业垂直领域为大赛主题，运用赛创未来成熟的“大赛机制”，将该赛事打造为一个城市在全球范围内招才引智的独特名片。通过引领城市高层次人才引育工作，建立以外部引进为主的“千人计划”。通过引进专业投资机构，建立“海高人才”天使投资基金。市场化募集结合政府引导基金配套，建立规模 5000 万元以上的天使基金。着力引入具有培训辅导能力的创业服务、投融资服务机构，深入挖掘本地优质创业项目，帮助完善商业计划，并根据融资阶段和业务特点，帮助深入对接一流投资人及机构，持续不断地帮助创业者融到资、创成业。

## 二
## 驰而不息聚焦服务升级，创业创新迎来满园春色

目前，鄞州区拥有国家级孵化器 3 家，国家级众创空间 7 家，市级以上备案众创空间累计达 15 家；累计建立市级创业孵化示范基地 4 个，市级农村电商园 1 个，国家级众创空间和孵化器分别占全市总量的 36.84% 和 33.33%，皆居第一位。2018 年，全区首批创新型初创企业备案总量达 1829 家，国家科技型中小企业备案总量 370 家，均居全市第 1 位。新增创业实体 18341 家，创业带动就业 66114 人，发放创业担保贷款 6023 万元、创业补贴 1881 万元，组织开展 SYB 创业培训 13 期 657 人，开展农村电商培训 2 期 384 人。2018 年，为解决人才政策碎片化问题，鄞州区制定的出台了“人才新政 22 条”，是鄞州史上出台的首个总规性、综合性的人才政策，使各项人才引育、平台建设、激励保障等政策力度都步入了全省最优行列，目前“人才新政”相配套的 10 个实施细则正在加紧制定中，预计 2019 年初正式实施。同时，鄞州积极优化人才服务机制，把“3S”服务法和“最多跑一次”改革工作结合起来，为高层次创业创新人才提供更加便捷的“一站式”服务，2018 年已办结高层次人才企业工商注册、子女就学等各类服务事项 80 余项，共为 30 家企业提供了 59 套区人才公寓，人才公寓申请实现“最多跑一次”甚至“跑零次”。据统计，2018 年宁波市人才净流入率达 9.71%，居全国城市第 2 位。在平台建设方面，鄞州区积极引育高端科创平台，全力支持大学生创业，部分平台以品牌和生态孵化的形式将孵化推向了纵深。鄞州区大学生（青年）创业园于 2005 年成立，共有建筑面积 20 多万平方米，配有餐厅、培训教室、咖啡吧、人才驿站等基础建设，开辟了“7 号创客工场”“创业苗圃区”“无中生有创业咖啡”等开放互动的众创空间。园区打通了“创客—苗圃—大学生创业”的全方位服务产业链，构建了“园区 + 基层 + 高校 + 企业”的全域孵化新空间，建立了“培训辅导 + 政策优化 + 金融扶持”的服务体系。园区自创建以来累计成功孵化优质企业 915 家，服务青年大学生 3700 余

人，带动就业岗位 1.1 万个，培育了宁波德莱特、稳汀机电等规上企业 10 家，获得了“国家级海峡两岸青年就业创业基地”“全国创业孵化示范基地”“国家级科技企业孵化器”“全国青年创业示范基地”等荣誉称号。鄞州区各类孵化机构做苗圃育成基地，为初创企业解燃眉之急，筑发展基础。全区还集中开展各类创业培训活动，营造浓厚的创业创新氛围，2018 年累计开展各类创业活动 600 余场，参与人数 27500 余名。鄞州区还围绕商事改革，优化营商环境，持续深化“最多跑一次”改革，优化企业登记流程，实施企业设立“一窗受理”，市场监管等部门审批时间进一步缩短。实现工商登记全程电子化，设置网上审批专窗，群众无需到窗口排队就能办理，点燃创业者干事创业的激情。2018 年共办结全流程网上设立登记 1014 户。

# 培育职业农民，激发农村创新创业热情

陕西省杨凌市农业高新技术产业示范区

杨凌示范区全面实施创新驱动发展战略，围绕现代农业、农业科技服务业和“互联网 + 农业”，打造农业特色鲜明的双创示范基地，农业双创空前活跃。李克强总理在杨凌视察时，对“微信办照”等利企便民改革举措、建设农业大数据云平台和职业农民创新创业园等创新做法予以充分肯定和高度赞扬，并寄语杨凌创业者：“为农业插上翅膀，飞向全国，走向世界。”新型职业农民的培育不仅能解决“谁来种地”的现实难题，更能解决“怎样种地”的深层次问题，是当前农业农村经济工作中一项十分紧迫和重要的任务。杨凌区通过新型职业农民培育工作，让越来越多的有知识、懂科技、能创业的中青年劳动力重新回到广阔的农村，让他们真正成为有作为的新型职业农民。

## 一

### 特殊技术评审体系 + 全日制学历教育：为新型农民量体裁衣

一是建立全国独有的农民技术评审标准体系。设立杨凌职业农民培训管理中心，出台《杨凌示范区农民技术职称管理办法》，围绕干旱半干旱区域农业主导产业和农民科技需求，面向陕西乃至旱区，开展技术培训，对经过系统系列培训的农民创新性地组织开展免费技术职称评定工作。农民职业职称以技术水平、工作实绩、解决实际问题的能力为主要依据，并考虑文化程度和专业工作资历，分为农技员、农技师、高级农技师。职称证书有效期三年，到期必须年检，在年检配套开展技术知识更新培训，使杨凌农民技术职称证书始终代表了先进实用的生产技术。二是在全国率先实施农民全日制学历教育。杨凌职业技术学院在全国开设首个职业农民学历教育班，经过报名、考试、面试，最终确定录取名单。由于生源的特殊性，学校在教学组织、授课方式和学生管理等方面进行了大胆探索，量身制定人才培养方案，把学历教育与实用培训紧密结合起来，形成“学历 + 技能 + 创业”的培养模式。在职业农民学历教育班学员中，70% 以上是种养殖大户或企业主，针对他们的实际需求，设置了植物生长与改良、田间试验与统计、农机具使用与维护、作物良种繁育技术、种植技术、农产品电子商务、企业管理等五大模块 41 门课程。经过 3 年的全日制学习，修满学分，方可取得国家认可的大专文凭。目前职业农民学历教育班已成功举办三届。

## 二
## 多样化孵化载体 + 全域化创业基地：为新型农业对症下药

一是形成特色农业的孵化链条。基本建成职业农业创业创新园、富海工业园加速器、现代农业精准扶贫创业园，加快建设种子产业园、农产品加工园、电子商务产业园、农业创意与研发设计基地等农业专业孵化器，启动了小微文化企业孵化基地建设，新增孵化载体面积近 30 万平方米，孵化面积达 60 多万平方米，搭建起面向大学生、职业农民、被征地农民、返乡人员等的各类创业孵化基地。目前，示范区获批国家级众创空间 3 家、星创天地 2 家，被科技部认定为“创业苗圃—孵化器—加速器”科技创业链条孵化建设示范单位，被工信部评为“小型微型企业创业创新示范基地”。

二是建成全域化创业基地。出台《关于进一步支持农民工等人员返乡创业的实施意见》等政策措施，针对职业农民和返乡农民工，通过政策引导、项目支持、社会保障等途径，支持职业农民创新创业。组建村级土地银行、成立土地流转公司促进土地流转，目前土地流转率达 81%，实现了现代农业规模化经营。积极推动金融改革，“两权”抵押贷款发放额居全省前列；拓展“银保富”农业保险范围，创新开办了 12 个新险种试点。由 5 名职业农民以股份制组建的合作社联合社投资建成的职业农民创业创新园，占地 518 亩，总投资 1.05 亿元，建成 107 座双拱双膜新式大棚。园区聘请 20 多位西北农林科技大学教授组成专家团队，提供建设、种植等技术指导，重点推广设施农业“3+2”技术（大跨度双拱双膜保温大棚、袋装基质栽培、水肥一体化灌溉、病虫害综合防治、植物碳基营养肥料），实现现代农业新技术、新品种、新模式等要素集成，凸显现代农业科技含量。引入现代营销模式，打造农产品品牌，真正做到“做给农民看、教会农民干、帮着农民赚”。目前已招引陕西、贵州安顺、甘肃陇南等贫困地区的 100 多位农民到园区创业实训，为其返乡创业传授经验。支持职业农民建成一二三产融合的现代农庄 30 家，延伸农业产业链，带动周边农民就业。

三是发起全国首个职业农民协会。2018 年杨凌职业农民马新世牵头发起成立了陕西省职业农民协会，这是全国首个省级职业农民协会。协会围绕陕西省主导产业，积极发挥协会农业先进技术运用、市场研判等优势，促进新理念、新技术、新产品在全省落地开花与促进农业科学技术的普及和推广，为全省特色农业发展壮大、产业扶贫攻坚、乡村振兴持续和提高农民科学文化素质、培养高水平职业农民服务。目前已在全省 12 个地市开展培训和业务合作，提升职业农民发展能力。

杨凌区探索新型职业农民培育模式、创业支持模式。以高等职业院校为依托，形成校地联动、产教融合、工学结合、平台支撑、政策保障的新型职业农民培养模式，促进了农业农村领域创新创业发展，使职业农民成为发展现代农业的“生力军”、实施乡村振兴战略的“领头人”，提升了现代农业发展水平，提高农民收入水平，为其他地区鼓励农民创新创业、促进农民增收提供了示范。目前，杨凌已累计培养了全省 3 个地市近 200 名有大专学历的职业农民。这些农民大学生通过大专学历教育，有效提升了个人综合素质，成为适应新时代农村发展的有文化、懂技能、善经营、会管理、能致富的乡村人才。2018 年面向旱区培训职业农民 6.1 万人，1671 人获得了杨凌示范区农民技术职称证书。全国累计 14469 人获得杨凌示范区农民技术证书，涉及全国 22 个省、直辖市、自治区。区内已有 240 名农民通过自主创业当上了“老板”，并带动 5000 多人实现就业。

# 技术创新与模式创新双轮驱动<br>开启更多群体创业大潮

安徽省芜湖市高新技术产业开发区

芜湖高新区把推动双创作为全面推进创新驱动发展战略、深入推动供给侧结构性改革的重要抓手，充分发挥科技创新的带动支撑作用，加速资本、人才、技术等创新资源集聚，不断完善双创政策环境，增强产业化能力，建立要素齐全、机制灵活、结构优化、运转高效、充满活力的创新创业生态体系，推动双创政策落地，扶持双创支撑平台，打造双创发展新模式，在双创新模式、支撑平台、科技成果转移转化等方面取得了一批成果，通过鼓励科技创新和实施“创业江城”行动，响应新形势下大众创业万众创新的号召，不断完善创新创业框架设计，深化资源融合配置，既产生了安徽华东光电技术研究所这样凭借着丰富科技创新经验探索出军民融合双创新模式的技术创新典范，又涌现出以三只松鼠为代表的大众创业典型，是大众创业万众创新的鲜活实践，有力营造了大众创业万众创新的热潮，双创工作呈现创新实力加快提升、市场主体加速成长、创新动能不断释放、创新创业氛围日益浓厚的良好态势。

## 一
## 自主创新与对外合作结合探索军民融合双创新模式

芜湖高新区狠抓产业发展，构建创新型现代产业体系，推进“三重一创”建设。以龙头企业为引领，以集聚发展为路径，高强度推进重大新兴产业基地、重大新兴产业工程、重大新兴产业专项，建设产业上下游项目不断集聚，创新创业生态已初具规模。

安徽华东光电技术研究所地处国家级双创示范基地安徽省芜湖市弋江区内，充分发挥芜湖中小型宜居城市的地方特色，大力开展高层次对外科技交流合作和柔性引智引才工作，多年来坚持花大力气投入科研创新平台的条件建设，已建成国家工程实验室、国家国际联合研究中心等国家级科研创新平台 3 个，安徽省技术创新中心等省部级科研创新平台 4 个，不仅大大改善了所内的科研生产软硬件条件，对高端人才的招引也起到了积极作用。

华东光电所依托全国第一批国家知识产权示范企业建设工作成果，荣获国家科技进步特等奖 1 项、二等奖 1 项、三等奖 3 项，累计授权专利超过 800 项，其中发明专利占 30% 以上。“十三五”期间，华东光电所在军民融合产业化领域实现以增量投入驱动发展，依托重点项目开展军转民产业化工作。目前通用航空综合航电系统产业化、智能检测装备产业化、微波能应用技术装备的研制与产业化示范等项目已经进入建设期，依托多年军工技术与产品积累，发挥好金融资本市场的放大作用，在“十三五”末期实现民品业务产值比例提高 10 个百分点的目标。通过产学研深度合作为企业提供技术创新支撑，使研究所从特种显示单一专业方向拓展到目前包括太赫兹技术、微波真空电子技术、微波固态电子技术、特种光源与气体放电技术等在内的六大专业方向，产生了一批以太赫兹功率源为代表的达到国际先进水平的科研成果。

## 二
## 互联网 + 坚果，三只松鼠开启草根创业大潮

芜湖高新区创新创业氛围浓厚，实施“创业江城”行动，鼓励草根、蓝领和青少年通过全国创新创业大赛、皖江青年科技创新创业大赛等多种形式参与创新创业。积极引导和鼓励高校学生、科研人员、企业人员等大众创业。持续开展创业培训、创业沙龙、资本技术对接、产品发布等活动。目前高新区初步建立了要素齐全、机制灵活、结构优化、运转高效、充满活力的创新创业生态体系，培育孵化了以三只松鼠为代表的大众创业典型。

三只松鼠成立于 2012 年，从创立之初的 5 人团队发展为拥有超过 3000 名员工的集团化公司。七年来，公司累计完成销售额超过 230 亿元，2018 年销售额超过 80 亿元，累计纳税超过 9 亿元，合作伙伴超过 800 家，带动合作伙伴纳税超过 18 亿元，行业就业超过 10 万人，连续 7 年蝉联互联网食品类年销售冠军。三只松鼠自主研发了中央品控云平台，技术采集上游食品类供应商的产品质量安全指标，并输入信息技术平台，实现产品追溯信息全链路的聚合，实现产品质量安全的提升。同时，通过平台重新连接用户和生产者，用需求端数据反馈、倒逼到供给端，切入食品安全加工工序，提升传统企业数字化率，挖掘大数据的附加值，进行产品迭代，并逐步实现柔性化生产、个性化定制以满足消费者的需求。2017 年，三只松鼠规划建设了占地 1600 亩的综合产业园，项目总投资 14.5 亿元。园区总建筑规划面积超过 50 万平方米，年生产能力达 100 万吨，带动就业超过 2 万人。同时依托娱乐推动消费升级的契机，公司采取“IP 内容垂直 + 产业经营立体”的跨界策略，实施做强一个 IP、横跨多个产业的战略布局，以三只松鼠 IP 为主题，开展了周边产品开发、动画片制作以及特色小镇建设，打造“产业 + 文化 +IP 孵化”的全产业链新业态建设，促进品牌文化和实体经济的融合发展，打造可持续发展的文化品牌。2016 年，

公司投资拍摄的《三只松鼠》3D 动画片于 2018 年 4 月 9 日开播，上线以来，陆续登录全国 14 家少儿卫视和 6 家主流网络视频播放平台，点播量突破 3.5 亿次。第二部《三只松鼠之松鼠小镇》于 2019 年 1 月 13 日在全国 120 家电视台和 20 家视频网站播出，预计全网累计点播量将超过 5 亿次。

# 聚焦转业军人创业就业难题，建设国家级军民融合产业园区

吉林长春新区

2015 年《政府工作报告》中提出打造“大众创业、万众创新”的新态势，使军民融合上升为国家战略。军转创业孵化基地正是在这个背景下，以“抢先锋、站排头”的发展思路，成为全国首家为退役军人及现役军人家属就业创业服务的省级创业孵化基地。2016 年 6 月，长春国投集团与市人社局合作共建孵化基地，国投集团投资 5000 余万元，将位于创新路创新街交汇处收购的废旧厂房改建成面积达 9560 平方米的军转创业孵化办公楼，首创了“政府引领、军队联动、国企运营”的发展模式。为退役军人营造了良好的创新创业生态环境，激发了他们的创业活力，促进了一批中小微企业及科技创新创业项目的发展。

## 一

## 基地建设的社会意义和经济效益

一是带动军转干部创业，进一步实现全民创业。孵化基地项目建成运营

以后，可促进国防军队改革与稳定，巩固军地融合，也为转业军人提供就业机会、拓宽渠道、搭建平台，为军转安置开辟新的途径。同时，孵化基地作为全民创业的重要载体之一，对催生中小企业生成与发展、扩大就业岗位、落实积极就业政策具有重要作用，促进众创空间专业化发展，为实施创新驱动发展战略、推进大众创业万众创新提供全方位、专业化服务平台，对营造良好的创业氛围、掀起全民创业热潮具有积极的社会效益。

二是解决转业军人就业创业难题，打造专业化平台。转业军人就业创业一直是党政关系、转业军人关切的热点问题。长春市转业军人创业孵化基地有着不可比拟的优势，创业孵化基地提供租用的标准化厂房，可解决创业者的燃眉之急。同时，创业孵化基地还是吸引外来投资的承接平台，为催生大项目、大投入，培植大税源，促进大发展提供了条件，进而打造了一个专门服务转业军人就业创业的平台以及招商融资服务的平台。

三是整合国有资源配置，促进企业转型升级。该项目涉及用地是国投公司为支持原国营七九三厂改制而收购取得，目前处于闲置状态。该项目的启动，充分发挥市场机制作用，有助于国投公司自身盘活闲置资产，整合内部资源，提高资产配置效率，进一步增强国投公司在平台建设领域尤其是在创新服务业领域的竞争力，实现企业自身的产业链延伸和转型升级，发挥公司金融板块的引领和带动作用。

四是发挥国有资本影响力，实现产业内联动效应。国投公司目前在准金融板块拥有担保公司、小贷公司，可以为孵化基地初创企业提供相关金融服务，解决资金需求，降低融资风险，发挥国投公司的资源优势和内部协同效应，同时，项目建设充分发挥国有资本的引领示范作用，履行国企应承担的社会责任。

## 二

## 规范入驻流程，梳理基地运行模式

基地坚持以扶持转业军人创业为核心目标，以公益性、示范性为主要特征。从资格审核、集中孵化到毕业出孵等基地入驻流程严格规范，实时跟踪企业进行业绩评估，作为孵化期结束后是否符合续租标准的参考依据。未来将引导入驻企业向现代服务业和具有军民融合应用前景的技术研发两大产业方向发展，逐步提高企业入驻门槛和明确产业方向选择，争取梳理出较为清晰的军民融合产业链条。

## 三

## 争取政策扶持，延长服务链条，搭建一站式综合服务平台

为自主择业军转干部争取到可以以其退役金作为担保，申请政府贴息创业担保贷款，最高额度可贷 20 万元，至今为止共帮扶 55 名创业军人，共申请 1100 万元创业资金，很大程度上缓解了初创期企业资金的压力，这也是全国首创。

结合国投集团的产业定位，依托内外部资源，国投集团旗下拥有风投创投、基金、担保、小贷、融资租赁等公司和相关专业管理团队，外部与金融机构、会计师审计师事务所、律师事务所等专业中介机构具有长期稳定的合作关系，引导入孵企业在基地系统内部挖掘商务价值与合作潜力。充分发挥国投集团的优势和协同效应，致力于打造集投融资、创业培训为一体的现代多元化军转创业孵化平台，为入孵企业做大做强储备充足的国有力量。

随着基地建设工作的稳步推进，要不断深化服务，进一步为入驻企业提供企业或产品推广、项目申报、法律咨询、校园招聘、电子课堂、商务交流、员工联谊及协助办理企业工商注册登记、工商年检、基础财务咨询等配套服务，实现孵化载体、服务机构、创业者、企业、政策宣讲、活动宣传的紧密连接和“线上 + 线下”服务的联动。

## 四

## 整合资源，加大帮扶力度，延长服务链条

随着全国“双创周”聚焦“高水平双创，高质量发展”的热潮，一批高

新技术企业成为创新创业的主力军。对此，基地要牢牢抓住国家“双创”和“军民融合”深度发展的机遇期，努力扶持基地企业向极具竞争力的高新技术企业发展。

一是校企对接服务。为提升转业干部创业能力，特别是提升对新时代互联网 + 及大数据对企业发展与管理的运用，军转公司拟与吉林大学管理学院深度合作，引入在校导师，针对基地企业在创业过程中遇到的问题进行一对一详细讲解，定期对基地内入驻企业进行培训，提供培训指导、人才输送等服务。

二是加大资源整合能力和帮扶力度。随着长春科技大市场划入、长德工业园获批为省级创业基地，国投集团的孵化产业已形成多元化结构，伴随着国投集团二次创业的步伐，合理配置内外部资源，在转业军人创业的关键期起到举足轻重的作用。同时，对项目潜力大、前景好的企业加大帮扶力度，除了投融资方面的对接外，根据企业需要成立专项助力基金，把握时机，精准发力，打造全要素、多层次、高效能、长链条的全方位创业孵化服务体系，推动基地企业不断向更高版本升级。

三是加大入孵企业软服务的提升力度。“发挥三个作用、建设一个园区、形成分级孵化”。“发挥三个作用”即充分发挥政府的宏观调控作用、充分发挥国有企业在军民融合市场经济中的推动作用、充分发挥军队积极主动的战略筹划作用，紧密结合；“建设一个园区”即建设成为国家级军民融合产业园区，吸纳具有军工资质的企业或项目入驻创业，带动经济发展与社会就业；“形成分级孵化”即在园区中分别设有退役军人小微项目（企业）创业孵化基地的综合产业孵化区和军民融合信息技术创业创新实训基地，推动中小企业发展，树立创业典型，助力经济发展、减轻安置压力、促进和谐稳定。

# 深化自媒体电商创新体系，建设城市新型电商人才培育平台

北京电子商务中心区

北京电子商务中心区（CED），以发展“电子商务优化升级实体经济、电子商务产业链高端创新与聚集、电子商务生态圈发展与完善”为重点，依托京津冀经济圈和北京实体经济主阵地优势，为北京乃至全国各类电商企业的创新应用和发展工作提供优质土壤和平台。

## 一

## “自媒体平台 + 海量个人”创业形式衍生新机遇

随着我国移动互联网带宽和网络技术升级，乃至 5G 的应用，短视频等自媒体技术手段满足了当下消费人群更高效、便捷的购买行为与决策需要，自媒体电商平台将带来新一轮经济增长效应。传统的网商、媒体内容创作者不断涌入自媒体平台，青年、女性和新农村人群等更多的群体选择投身自媒体平台创业就业，“自媒体平台 + 海量个人”的创业形式日渐兴起。

新型的创业趋势催生了“两重利好”。一是对精准扶贫和带动就业产生

积极效应。自媒体电商及相关创业活动会在很多领域发现增量的机会，地方政府都在积极引导企业通过自媒体电商发掘出更多的消费型流量，尤其是中西部地区，自媒体电商为脱贫攻坚事业注入了新鲜“血液”，更有利于社会扶贫力量的广泛加入，是“流量扶贫”中最精准、最贴近消费者的模式。二是对创业就业群体的行为规范产生积极作用。新出台的《电商法》将自媒体电商纳入调整范围，从本质上讲是对这种形式的一种认可，只要自媒体电商从业者遵守电子商务法及相关法律法规的规定、规范自身的交易行为、增强主动守法合规意识，发展前景就十分乐观，可能产生规模效应，如千万级的网商转型为自媒体电商，本地区应提前布局针对自媒体电商人才的培养课程及基地建设，通过相应的政策扶持引导庞大的人群规范健康发展。

## 二
## 政企协同打造“四合一”服务平台，优化区域自媒体电商产业生态

北京电子商务中心区（CED）结合经济发展的新特点、新需求、新趋势，抓住时代新机遇，积极引入自媒体电商领军企业——北京众享秀够科技有限公司，同时指导落地了“一城、一赛、一学院、一平台”创新发展项目，强化以北京电子商务中心区（CED）所在地区为焦点、辐射周边地区的自媒体电商产业生态平台升级建设工作。

一是共同搭建生产服务平台，挖掘“有温度”的本地明星产品，规避产品生产的市场风险，提升加工、包装服务质量，共同建立符合当地文化特色的系统产品矩阵。二是共同搭建产业链服务平台，合理设计利用土地、健全自媒体电商类别的网络供应、物流配送、质量标准、产品溯源、金融服务等重要基础产业服务，完成产业链生态转型升级。三是共同搭建渠道服务平台，依托双方自媒体电商平台资源优势为本地区整合构建有效的销售渠道通路，如京东直播、淘宝直播、小红书、蘑菇街、马蜂窝、新氧等一系列自媒体电商平台，建立高性价比、高效率、符合本地区特点的自媒体电商平台营销矩

阵。四是共同搭建立体式人才服务平台，针对本地人才状况，北京众享秀够科技充分发挥行业优势，主导支持了本区人才基地各项工作，同时运营启动了“城市自媒体电商启动仪式”“城市自媒体电商大赛”“城市自媒体电商学院”平台等多个服务产品。

依托生产、产业链、渠道、人才等四个服务平台的建立与完善，优选了本地特色产品，升级了本地产业环境，打通了本地营销渠道，培养了本地新型人才，在区域内形成了完整的产业生态闭环，为大兴本地创新发展提供了一套行之有效的解决方案，在发现优秀创业项目的同时增加本地更多就业机会，也带动了本地经济增长，形成“本地居民卖本地货”“我为家乡代言”的自媒体电商区域新格局。

## 三

## 自媒体电商产业创新体系有效“赋能”创业就业群体，提升地区创业就业活力

北京电子商务中心区（CED）坚持新型电商产业升级为大兴激活城市新动能。自2018年初步提出“一城、一赛、一学院、一平台”自媒体电商产业创新项目以来，不断完善顶层设计以及实施方案，经过4个月的打磨优化，于2019年1月正式启动实施，经3个月的实际运营已初见成果。

一是城市自媒体电商启动仪式提升了地区影响力，政府及相关主管部门领导、行业专家、知名学者、龙头企业、金融机构、行业资深从业者、权威媒体齐聚大兴，结合多方优势共同为推动大兴创新发展献计献策，仪式共影响、吸引了大兴本地近2000名兴趣参与者关注。

二是城市自媒体电商大赛产生了更多就业机会，大赛组织、培训了近1300名参赛选手，在多类型平台建立了本地6000余个自媒体账号，通过海选、复赛、决赛，多轮竞技角逐，共计创造115万元赛事销售流水，对于其中表现优异的30余位参赛者，且月销售能力均达到5万元以上的，将直接推荐进入“大兴自媒体电商学院”接受进一步的孵化培养，并签署正式劳动

合同，实现大兴区赛事促就业效果。本届赛事共针对 50 个自媒体电商创业项目进行辅导，为大兴带来意向投资金额超过 1000 万元，实现参赛者的创业计划，促使大兴区创业数量进一步提升。

三是城市自媒体电商学院孵化了一批优秀人才，长期为大兴本地有志于从事自媒体电商行业的人群提供常态化宣讲、培训以及实训服务，目前学院已接待近 4000 余人，先后孵化培养了 32 名优秀自媒体人才，实现 32 名新增就业，人均销售能力均超过 5 万元，解决了传统行业就业难的问题，也实现了更多经营利税。

四是自媒体电商产业生态平台促进了产业健康发展，大兴政府积极发挥统筹、引导作用，先后出台了一系列有利于新型电商产业升级发展的配套政策，支持企业进入自媒体电商领域，不断构建优质的营商环境，吸引京东集团、惠买在线、小品科技、众享秀够科技等一批互联网电商龙头、创新企业先后入驻，完成大兴的产品升级、产业环境升级、渠道升级、人才升级。

自媒体电商产业的参与门槛以及创业就业效率远高于传统电商，在新趋势下，积极挖掘本地区特色产品与服务，通过自媒体产业环境建设，建立自媒体电商人才基地，快速迎合“自媒体平台 + 海量个人”新形式，进一步提升地区创业就业活力，拉动城市经济同时有效助力精准扶贫成为预期可能。尤其是中西部地区，迫切需要追赶中国电子商务发展的黄金时代，可通过城市地区间多点应用、多点互联的合作，释放出更为显著的实施成效。

# 持续探索“赛课合一”创业教育新模式 提升大学生创业能力和成功率

北京大学

北京大学深入实施创新驱动发展战略，结合双一流大学建设，基于近年来推动创新创业工作的成效，探索出“iCAN 赛课合一”大学生创新创业教育新模式，实现对专创融合、学科交叉、面向国际人才培养模式的创新，全方位推动了北京大学大众创业万众创新示范基地（简称“北京大学双创示范基地”）建设，在国内外起到了引领示范作用。

## 一

## 以赛验课，推动中国创新创业教育的国际化进程

为突破传统的创新创业教育模式普遍存在的“偏理论、管理和商业模式而轻实践动手”问题，北京大学探索出“iCAN 赛课合一”大学生创新创业教育新模式，提倡以实践为主导的创新教育思想，以学生创新项目为主线，配合教学进行实践和比赛，形成以提升学生创新创业能力为主旨，鼓励多学科交叉，让学生在实践中体验创新过程，并通过课堂完成创新原型，通过比

赛检验课程创新成果的赛课合一创新实践教育模式。

iCAN 赛课合一的教育模式诞生在中国，现已推广至全世界，具有广泛的国际国内影响力。《创新工程实践》系列课程采用全程直播的“全国异地同堂”慕课新形式，作为全国高校的第一门创新创业学分课，推广到全国 30 个省、直辖市、自治区的 600 余所高等院校作为创新创业的通识课程，在过去的近 3 年时间里有 30 万名学生选课并且获得学分，在国内高校中取得了良好成效。iCAN 国际创新创业大赛自 2007 年由北京大学发起，到 2010 年已发展为国际性创新赛事，先后在中国大陆、西班牙、日本、美国、法国、中国香港、德国等国家或地区举办，参赛人员涉及中国大陆、美国、德国、英国、日本、瑞士、法国、新加坡、新西兰、泰国、马来西亚、澳大利亚、中国台湾等 30 多个国家或地区的 700 所高校 200000 人次，是国际上规模大且具有影响力的大学生赛事，也是由中国人发起并推广到全世界的赛事。iCAN 倡导科技创新服务社会、改善人类生活，引导和激励高校学生勇于创新，促进和加强以物联网、智能硬件等为代表的高科技领域的产学研结合，推动高科技产业的发展，为高科技创新创业搭建国际交流平台。

## 二
## 跨界协同，提升学生创新能力和创业成功率

基于《创新工程实践》系列课程“1+4+X”，又开发了《创新思维方法》《创新艺术表达》《游戏化思维创新》《快速原型设计与制作》等线上慕课群。以实际创新项目为抓手的教学方式，充分发挥和调动了北京大学教师在学科交叉方面的优势，自觉地融合了多学科交叉与合作的创新教育理念和方法并迅速传播到全国，完善了创新人才培养教育体系；北京大学承担了极客实验室等创新活动场所的建设工作，2017 年 3 月开始正式运行，并以此为基础在全国近百所高校建设了“iCAN 创新创业教育基地”；以教师发展研讨会、赛课等形式来促进和团结全国的同行建设了一支素质高、能力强的双创师资团队，2016 年至今共举办 20 余场师资培训，培训老师 3000 余人，形成了可

持续发展的双创教育模式。

同时通过 iCAN 赛课合一的教育模式，培养了一大批优秀学生项目。北京大学宋子健团队“微跑小蛙”项目获 2015 年 iCAN 大赛冠军，在登上央视创业英雄汇获 9800 万元投资后，开发的一款让儿童在游戏中学英语的电子产品即将上市；黑龙江大学郑涵团队凭借“多维空间控制器”项目获得 2009 年 iCAN 大赛特等奖，最近公司确定了“用多媒体互动技术切入儿童市场”的发展定位；大连大学张垚团队凭借“户外多功能净水杯”项目获 2016 年 iCAN 大赛“最佳团队奖”，目前申请了 4 项实用新型专利、1 项发明专利。北京大学把学生的创新创业实践与社会需求相结合，促进创新成果转化为创业，培养出更多创新创业型人才。

## 三

## 融合共生，创建创新创业教育可持续发展生态链

自 2007 年发起 iCAN 大赛以来，北京大学还举办了一系列创新创业活动。2019 年 G · iCAN 全球创新教育大会邀请了诺贝尔获得者阿龙 · 切哈诺沃、IEEE 主席福田敏男等知名院士专家与 500 余位高校教师共话创新；2018 年成立 iCAN 金牌讲师团并累计在全国范围内开启 50 余场创新校园行活动，以创新分享、项目展示和创业交流三大部分为主，累计覆盖 30000 人；2017 年起逐步在山东大学、郑州大学、北京科技大学、南京理工大学、西北工业大学、中北大学等全国范围内几十所高校成立 iCAN 创新社团，累计覆盖近万人。

逐步探索出以《创新工程实践》课程体系为主、以 iCAN 国际创新创业大赛为检验创新创业教育成果的手段和方式及展示窗口，形成“以课程为基础、以比赛为检验的赛课合一”的创新实践教育模式。结合多元化的活动形式，形成了有利于创新创业在各级教学育人环节的推进的全链条，以实际创新项目为抓手的教学方式，充分发挥了北京大学教师在学科交叉方面的优势，自觉地融合了多学科交叉与合作的创新教育理念和方法并迅速传播到全国，

完善了创新人才培养教育体系，目前已经普及 30 多个国家或地区的 700 余所学校，直接受益学生 40 万余人。

北京大学结合大学使命，以把学生培养为社会广受欢迎的人才为己任，以学生创新项目为主线，配合教学进行实践和比赛，形成以提升学生创新创业能力为主旨，鼓励多学科交叉，让学生在实践中体验创新过程，并通过课堂完成创新原型，通过比赛检验课程创新成果的赛课合一创新实践教育模式。倡导科技创新服务社会、改善人类生活，引导和激励高校学生勇于创新，促进和加强以物联网、智能硬件等为代表的高科技领域的产学研结合，推动高科技产业的发展，为高科技创新创业搭建国际交流平台。

# 构建特色课程教育体系，打造国际化人才教育平台

浙江大学

浙江大学始终围绕扎根中国大地办世界一流大学的建设目标，牢固树立一流意识，紧紧围绕一流目标，严格贯彻一流标准，秉承“以服务为宗旨，在贡献中发展”的办学理念，始终致力于引领“大众创业、万众创新”，实施“立足区域、面向全国、走向世界”的双创服务战略，瞄准战略必争，坚持科教创新，充分发挥学科综合优势和区域创新创业资源优势，勇立潮头引领创业发展和创新潮流，取得了丰硕的成果，成为全国创新创业的标杆和旗帜。

## 一

## 构建以“多课堂融通、专业教育融入”为特色的课程教育体系

一是课程为先，课堂注重体系化。构建了通识教育、学位教育、专业教育、辅修教育等多层次、分类别的课程体系。打造系列通识课程，建设以《创业基础》为核心的创业教育通识课程，实施线上线下结合的课程教学，实现本科教学全覆盖。修订专业人才培养方案，开发《创业设计》《商业创新设

计》等创业课程，推进创业教育，与专业教育融合。二是科教融合，课堂立足校内。建设 20 余个实践教育平台，制订国、省、校、院“四级”创新训练计划，开展学科竞赛 24 类 66 项，创办创业大赛 19 项，创建学生创业组织 29 个。三是产学一体，课堂面向全国。建设覆盖全国 20 省份的 9 个工业技术研究院、98 个技术转移中心分支机构，在科教服务体系中布局创业实践。国际化引领，四课堂走向世界。建设国际技术转移中心、国际创业孵化平台等，与 40 余家海外机构共建产学合作平台，将创业教育实践融入国际产学研合作。

## 二
## 创建以“X 专业 + 创新能力 + 创业素质”为特色的创新创业复合型人才培养模式

早在 1999 年，浙江大学管理学院与竺可桢学院就联合开设了创新与创业管理强化班 (ITP )，打破了原有院系间的学科隔阂，开展创业管理辅修教育，培养具有扎实的工科专业知识、出色的创新能力和优秀的创业素质的高科技产业经营管理创业型人才。提出了“主修专业 + 辅修创新创业课程”的 ITP 教学培养模式，强化创业者商科知识与专业技能的复合。以 10 余门课程为核心，经过多次迭代更新，构建“X 专业 + 创新能力 + 创业素质”的复合型人才培养模式。创新招生模式，促进学科交叉，优化课程设置，重组优质师资。围绕企业家精神的培养和相应管理知识与技能的复合，精心设计创新创业类课程，凝聚了一批富有创新精神和朝气的中青年教师为学生授课。围绕学生创新潜力的激发，提出挑战性案例，指导学生讨论，走出课堂开展调研活动。突破传统教学模式，激发创新潜力，陶冶学员的企业家精神，搭建创业实践平台，倡导自主导向学习模式。邀请产业界具有丰富实践经验的创新创业成功人士担任创业导师，让学生直接参加企业创业实践，增强学生的创业兴趣和创新能力。

## 三
## 打造以“国际合作创业教育 + 海内外联动创业”为特色的国际化人才教育平台

近年来浙江大学打造了一系列国际教育平台，积极构建以“国际合作创业教育 + 海内外联动创业”为特色的国际化人才培养模式。

一是打造国际学位教育项目。携手美国百森商学院、法国里昂商学院联合创办首个全球创业管理联培硕士项目（GEP，获十年最具创新国际合作项目奖），联合法国三所著名工程师学院，开展创新创业管理双硕士联合培养项目，开设创新、创业与全球领导力国际硕士项目（PIEGL）等，面向全球，培养创新创业国际化人才。二是创设国际化教育平台。联合世界名校，建设国际联合学院、工程师学院等，完善面向全球的创业教育体系，与硅谷创业园、斯坦福大学、加利福尼亚大学洛杉矶分校等建立了良好的创业互动和交流机制，与斯坦福大学、硅谷孵化器联合成立“浙江大学硅谷创业实验室”。三是建设国际产学合作平台。与 40 余家海外机构开展产学研合作，建设国际技术转移中心、国际创业孵化平台等，让学生创业走向世界。

## 四
## 探索以“开环开放 + 协同发展”为特色的高校科技成果转化创新机制

科学技术是第一生产力，是经济增长的发动机，是提高综合国力的主要驱动力，浙江大学发挥学科和科技优势，努力创新科研成果转化方式，积极提高科研成果转化率，自从《中共浙江大学委员会　浙江大学关于实施创新驱动促进成果转化的若干意见》发布以来，浙江大学依据相关规定，努力推动职务发明人作价入股递延纳税的政策落实，成功完成了多项科技成果转化教师团队获得股权奖励的个人所得税递延备案工作，充分调动科技成果职务完成人的积极性，释放高校科技成果转化活力。出台《中共浙江大学委员会　浙江大学关于全面服务创新驱动发展战略的实施意见》，全面鼓励支持师生进行科研成果转化，设立“求是特聘推广岗”，鼓励高水平教师领衔从事高科技成果转化与推广工作，专门划拨一批专项编制用于招募科技成果转化和产业化的高水平专职科研人才及创新创业团队，为创新创业教育和实践提供了坚实的支撑。浙江大学设立机器人研究院、创新创业研究院、工业技术转化研究院、新农村发展研究院、紫金众创小镇等多个成果转化平台，发挥浙江大学学科、人才和科技优势，整合汇聚校友等创新创业资源，主动服务国家创新驱动发展战略和地方经济社会发展，支持和推动广大师生和校友创新创业，统筹做好研究转化、项目策划、创新创业基金募集等工作，进一步提升学校创新创业工作层次和水平。

# 潜能培个性，创新创业教育贯穿育人全过程

中南大学

人才是强国富民的根本保障，是创新创业的第一要素。中南大学全面贯彻落实习近平新时代中国特色社会主义思想，紧扣“建设特色鲜明的世界一流大学”办学定位，切实推进创新创业教育与思想政治教育、专业教育紧密结合，融合科学研究，全方位立体化贯穿人才培养全过程，激发学生学习兴趣和潜能，培养学生个性发展和全面发展。学校获得省部级以上创新创业教育示范基地和平台 22 个，相关经验和做法被国务院、教育部等文件吸纳，面向全国推广中南模式。2013 年 11 月 4 日，习近平总书记来校调研科技创新，充分肯定了全校师生刻苦攻关、勇于创新的精神。

## 一

## 健全创新创业教育体制机制，做好人才培养顶层设计

一是将创新创业教育纳入学校总体规划，明确重要任务。学校把“为谁培养人，培养什么人，怎样培养人”的重要任务摆在突出位置。2001 年全面

推进激发学生潜能，进行个性化人才培养的工作。2002 年开始进行创新创业教育探索，逐步纳入学校总体规划。2017 年在“双一流”建设方案中提出“统筹推进创新创业教育”和“培养学生创新能力和创业意识”。

二是建立健全组织体制，落实主体责任。积极落实创新创业教育主体责任，建立校、院、班“三级”组织体制，成立学校创新与创业教育办公室（学生创新创业指导中心），在二级学院设立本科生和研究生创新创业教育专干，在学生班级设立创新创业教育委员，保证各项政策和措施的执行和落地。2017 年，学校成立全国大众创业万众创新示范基地建设领导小组，党委书记和校长担任双组长。建立了本科生院牵头，学工、团委、科研、研究生院、科技园等部门齐抓共管的联动机制，打造了“纵向覆盖至班级、横向落实到部门”的网状工作布局。

三是完善工作推进机制，提供发展保障。强化督导落实，积极推进个性化人才培养、创新创业教育纳入考核评估指标体系，作为衡量办学水平、考核领导班子的重要指标，构建协同推进的发展格局，形成了二级学院和师生共同参与的生动局面。

## 二
## 深化创新创业教育教学改革，培育学生创新创业基因

一是完善培养质量标准，促进学生发展。坚持以促进学生全面发展和适应社会发展需求为根本标准，强调办学特色与社会需求相融合、创新创业教育与专业教育相融合，将个性化培养和创新创业教育完整纳入培养计划，使创新精神、创业意识和创新创业能力成为评价人才培养质量的重要指标。2008 年在全国率先将创业选修学分纳入本科生培养方案；2015 年，创新创业教育完整纳入培养计划；2017 年，学校全面修订本科专业人才培养方案，注重学生全面发展和个性化发展；2018 年创新创业学分可转换替代全校性选修课程和课外研学学分。

二是创新人才培养机制，融入培养体系。探索建立需求导向的学科专业

结构和创业就业导向的人才培养类型结构调整新机制，促进人才培养与经济社会发展、创业就业需求紧密对接。制定本科大类招生、大类培养改革方案，出台《本科专业建设与发展规划》，推进改革专业大类选课方式和专业大类学生管理模式。2017 年出台《关于加强全员育人、全过程育人、全方位育人的实施办法（试行）》，进一步挖掘和建设人才培养工作的有效载体和鲜明特色。

三是紧密结合专业教育，健全课程体系。构建由“通识教育课程、学科教育课程、专业教育课程、个性培养课程”四个模块组成的课程体系。2006~2014 年，面向全体本科生，先后开设创业通识、技能和实训选修课程 86 门。2015 年起，在全国率先建设创新创业教育专门课程，先后立项支持建设大学科类和素质拓展类创新创业课程 72 门（项），成立创新创业教研室并开设创新创业基础类课程，推进优质课程资源开放共享。

四是改革教学考核模式，提升学生能力。推广以学生为主体、问题为导向的“开放式精品示范课堂计划”。进一步明确教师的育人职责，2016 年出台《教师课堂教学行为规范》，要求注重学生批判思维能力、自主学习能力和创新创业能力的培养。改革考试考核内容和方式，出台《本科课程考核管理办法》，探索实施非标准答案考核方式，推进破除“高分低能”积弊。

## 三

## 强化创新创业教育实践训练，激发创新创业主体活力

一是建设实践平台系统，形成实践训练的载体支撑。构筑专业支撑平台，推行“实验室向本科生全面开放计划”，促进本科教育科教结合、知识交叉融合，促进学生创新创业实践；推进科技创新资源全开放，学校国家级科技创新平台等载体成为支撑创新创业教育的试验田。鼓励本科生早期接触科研、早进实验室、早进入团队，为学生开展学科竞赛、技能训练、创新创业项目研究提供了实践平台。

二是建设项目训练系统，提升学生研究性学习能力。2005 年启动大学

生创新教育计划项目，十年来，学校累计投入 5000 多万元资助项目。推进项目管理方法创新，修订《创新创业项目实施细则》，首创整改约谈制度，完善交流和服务机制。建立“教学与科研互促、教师与学生互动、课内和课外渗透、自主与引导结合”训练模式，每年举办创新创业年会。

三是建设比赛训练系统，提升学生解决实际问题能力。将学科竞赛与学科专业建设紧密结合，重点支持跨院系、跨专业、覆盖面大、受益面广的竞赛。深度挖掘专业特色，填补相关校级比赛空白。完善比赛管理，在二级学院设立竞赛项目负责人和专干，实施责任制。

四是实施素质提升工程，构建中南特色创新创业文化。全面实施创新创业教育素质提升工程，创新创业教育与专业教育、实践教育、理想信念教育、校园活动、学生管理、就业指导等紧密结合。率先把创新创业教育与思想政治教育紧密结合。实施大学生创新创业国际跨文化交流能力培养计划，启动国际国内研习营项目，资助学生赴国内外知名高校、科研机构和企业研习训练。常年举办创新创业教育成果展、创业论坛等，营造“创新成才、创业报国”浓厚氛围，鼓励学生践行“鼓励探索、支持创新、允许失误、宽容失败”创新创业文化。

## 四

## 帮扶学生成果加速转化，培养创新创业精英

一是完善支撑条件，构建创新创业良好生态。出台《知识产权管理办法》《科技成果管理办法》等文件，积极引导科研成果及时转化进入人才培养体系，形成了院士带头、学生参与创办高科技企业的态势。出台《大学生创业园管理办法》，对具有创业意向和潜质的学生，给予重点关注，实行团队、工作室和公司备案登记制度，并提供相关配套服务。修订《中南大学本科生学籍管理规定》，休学创业学生的学习年限在学校规定的基础上延长三年。在全国率先探索了创业休学全程跟踪制、导师制和联系人制。2018 年出台《本科生创业休学实施细则》，完善本科生休学创业标准。加大经费和场地支持

力度，每年专项投入近 2000 万元，构建全方位的创业综合服务体系，支持学生科技创新和自主创业。建设创新创业导师库，将创新创业教育工作纳入国家、省、市就业创业公共服务体系和科技企业孵化器管理服务体系，推进学校教学科研资源、人才资源与社会经济发展需求无缝对接，将人才培养与公共服务、创业指导和项目孵化等紧密衔接。

二是建设孵化平台，帮扶指导学生学以致用。2002 年创办全国首家大学生创业综合服务型网站——中国大学生创业网，2008 年建立大学生创业园，实施“零租金”入驻。依托创业网、创业园建设“线上”和“线下”相结合的孵化平台，落实大学生创业引领计划，实施“百千万”帮扶工程，每年参与创新创业实践活动超过 2 万人次，创业园累计入驻近 200 家学生公司。建设中南大学科技园研发总部，打造新的师生众创空间。积极落实大学生自主创业优惠政策，先后指导学生成立公司 368 家、创办工作室 1400 多个。

# 传承红色基因，打造高校双创育人升级版

西安电子科技大学

西安电子科技大学自 2017 年 9 月获批为国家第二批、西北高校唯一的双创示范基地以来，传承“艰苦奋斗、自强不息，求真务实、爱国为民”的红色基因，广泛开展“青年红色筑梦之旅”活动，通过大学生创新创业项目对接革命老区经济社会发展需求，助力精准扶贫脱贫，打造高校双创育人升级版。“青年红色筑梦之旅”活动为大学生了解国情民情、助力老区经济发展提供了广阔舞台，为创业青年传承延安精神、涵养创业精神、坚定文化自信提供了精神盛宴，为全国高校推动创新创业教育与思想政治教育相融合、培养全面发展的合格建设者和可靠接班人提供了可参考、可推广的样本。

## 一 将红色文化资源融入双创活动

2013 年，西安电子科技大学提出了“大学文化建设”计划，挖掘西电

精神等红色文化资源，教育感染广大学生。2015 年 4 月在校长基金专项资助下，学校正式启动“走进梁家河、踏寻红色路”主题教育实践活动。这堂生动的实践课，让参加活动的同学们心灵和精神得到了洗礼和升华，学习感受了习近平总书记在梁家河留下的宝贵精神财富，充分吸收了延安精神的养分和力量。

作为第三届中国“互联网 +”大学生创新创业大赛承办单位，西安电子科技大学全面贯彻落实习近平总书记在全国高校思政工作会议上的重要讲话精神，将大赛与学校“走进梁家河、踏寻红色路”主题教育实践活动结合，将创新创业实践与精准扶贫工程结合，依托陕西红色教育资源，面向全国近 150 万名“互联网 +”大赛参赛学生，公开招募了百余支适合推动革命老区社会经济发展，创新性强、前瞻性好、落地性实（有在革命老区落地经验项目优先）的大学生创业团队，于 2017 年 4 月和 7 月分两批赴延安组织实施了大赛 7 项同期活动之一的“青年红色筑梦之旅”活动。

## 二
## 以红色之旅活动对接“创新创业”与“扶贫攻坚”

大学生“创客”围绕“青春之歌”“红色记忆”“筑梦踏实”三个主题，通过集体观影、寻访梁家河、重走长征路、参观纪念馆、走访敬老院，实地感受了老一辈革命家伟大而艰辛的创新创业史。同时，他们深入延安区县进行了对接考察，精准帮扶老区建设，开启了“大创扶贫”新模式，以实际行动为延安、为革命老区扶贫攻坚贡献了青春力量。

一是红色记忆——领悟延安精神，提升创新创业能力。为了能够更好地领悟延安精神，大学生“创客”在圣地剧院观看了中国首部大型红色历史舞台剧《延安保育院》；在南泥湾，来自全国 36 个高校的 40 余支项目团队 150 名实践队员重走了长征路，实地感受了红军长征所经历的艰难困苦，深入了解了红军长征的光辉历程，深刻感悟了不怕牺牲、前赴后继，勇往直前、坚韧不拔，众志成城、团结互助的长征精神；在八一敬老院听老红军讲述了他们的青春“创业”故事，实践团成员亲身领悟了“坚定正确的政治方向，解放思想、实事求是的思想路线，全心全意为人民服务的根本宗旨，自力更生、艰苦奋斗的创业精神”为主要内容的延安精神内涵。

二是青春之歌——参观知青据点，感受老一辈创新创业精神。大学生“创客”奔赴梁家河村学习考察。在这片土地上，习近平总书记曾深情讲道:“我人生第一步所学到的都是在梁家河获得。不要小看梁家河，这是有大学问的地方。”大学生“创客”参观了知青旧居，真实感受到了这里艰苦的生活环境——住的是最简单的土窑洞，睡的是大通铺式的土炕，大学生“创客”真实体会到了一个城市青年到农村插队的思想转变和意志磨炼过程，切实感悟到了习总书记年轻时在梁家河插队时的创新创业精神。

三是筑梦踏实——重点项目对接考察，创新创业项目落地。为推动更多优秀创业项目在革命老区落地转化、助力精准脱贫，西安电子科技大学还安排了部分重点项目深入区县进行对接考察，组织开展了“互联网 +”大学生创新创业项目落地签约仪式及青年乡村创客沙龙。

## 三
## “青年红色筑梦之旅”推动创新创业教育与思政教育融合

一是“青年红色筑梦之旅”得到领导高度认可。2017 年 8 月 15 日下午，中共中央总书记、国家主席、中央军委主席习近平给参加由西安电子科技大学承办的第三届中国“互联网 +”大学生创新创业大赛“青年红色筑梦之旅”的大学生回信。在信中，习总书记勉励实践团大学生扎根中国大地了解国情民情，用青春书写无愧于时代、无愧于历史的华彩篇章。2017 年 9 月 18 日下午，时任中共中央政治局委员、国务院副总理刘延东听取了学习习近平总书记给“青年红色筑梦之旅”大学生重要回信精神演讲报告，与参加“青年红色筑梦之旅”的大学生代表亲切交流并合影。

二是主流媒体聚焦“青年红色筑梦之旅”。中央电视台《新闻联播》、

《人民日报》头版头条、《中国教育报》头版头条、《中国青年报》头版头条、《光明日报》头版头条、《经济日报》头版头条、《陕西日报》头版头条、陕西电视台《新闻联播》、《华商报》头版头条等全国百余家媒体聚焦习总书记给“青年红色筑梦之旅”大学生的回信，对“青年红色筑梦之旅”活动进行了深入的采访报道。8月15日、16日两天，中央电视台《新闻联播》首条报道了习近平总书记给参加第三届中国“互联网+”大学生创新创业大赛“青年红色筑梦之旅”的大学生的回信。

三是“青年红色筑梦之旅”线上活动社会反响强烈。作为“青年红色筑梦之旅”的线上活动，“百万青年点亮中国”在网络平台启动后，广大高校青年学子积极响应，共有129万名青年学子通过该平台为革命老区的未来发展建言献策、加油点赞。2018年，在学校和延安市政府支持下，“青年红色筑梦之旅”实践团成员、“小满良仓”创始人西安电子科技大学校友张旺发起成立了“延安青年红色筑梦联盟”，截至目前联盟共有成员单位百余家。

四是“青年红色筑梦之旅”助推优秀项目落地。第三届“互联网+”大赛共有17个大赛项目与19个延安当地政府部门、学校、合作社、企业签订了43项落地合作协议，一批项目达成落地意向，帮助建档立卡贫困户200余户。以蒜泥科技为代表的“互联网+”创客教育项目与延安当地中小学、各区县青年驿站签订了长期支教帮扶和电商服务培训协议。

五是“青年红色筑梦之旅”推动教育部打造全国最大思政课。为深入贯彻总书记重要回信精神，努力造就理想信念坚定、专业知识扎实、具有创新创业能力、德才兼备的有为人才，2018年教育部在更大范围、更高层次、更深程度开展“青年红色筑梦之旅”活动，推动创新创业教育与思想政治教育相融合，创新创业实践与乡村振兴战略、精准扶贫脱贫相结合，以青春奋斗领航民族振兴。目前，已经有14万支团队、70余万大学生参加活动，走进井冈山、古田、瑞金、遵义、西柏坡、沂蒙山等革命老区，学习革命精神，重温革命前辈的创业史。

作为全国最大的一堂思政课，“青年红色筑梦之旅”推动创新创业教育与思想政治教育相融合，引导青年走进革命老区、贫困地区，接受思想洗礼、学习革命精神、传承红色基因，重温革命前辈伟大而艰辛的创业史，走好新时代青年的新长征路，为中国特色社会主义事业培养更多全面发展的合格建设者和可靠接班人。

# 开展科教协同，促进产业兴农，培养农村创新创业队伍

河北农业大学

河北农业大学高度重视国家双创示范基地建设工作，在国家发展改革委、教育部等领导部门的悉心指导和大力支持下，学校立足自身办学特色和优势，以服务区域创新驱动发展和现代农业产业高质量发展为出发点，以解决双创人才培养相对薄弱、科研人员创新动力不足、科技成果转移转化困难、双创支撑服务体系不完善为着力点，以建成立足河北、面向全国、服务京津冀协同发展和雄安新区建设的农业双创人才集聚区和农业科技创新策源地为落脚点，积极主动作为，大胆探索实践。

## 一

## 科教兴农助力精神脱贫和产业扶贫两翼齐飞

河北农业大学双创示范基地建设高度聚焦乡村振兴战略实施，以服务农业增效、农民增收、农村增绿为主攻方向，以打好脱贫攻坚战为切入点，以加强农村创新创业人员培训和科技成果转移转化为着力点。在产业扶贫上下

功夫，全力打造“太行山农业创新驿站”战略品牌。其中以“河北农业大学太行山道路第壹驿站”为样板，由学校为科技支撑，启动建设的一批苹果现代产业园区，覆盖全国 4 个苹果主产区的 11 个省份。

一是在精神脱贫上做功课，广泛开展对农村返乡下乡本乡人员的创新创业培训。治贫先治愚，治愚先育人。学校组建 26 支“李保国扶贫志愿服务队”，122 支服务小队，入户走访 3000 余人次，培训农民 2500 余人次。承办省级“万人示范培训”综合提升班、省直驻村第一书记精准脱贫示范培训班、石家庄市农村优秀青年研修班等各类培训班。选派“三区”科技人员 148 名，组织专家教授 2000 余人次，培训农民 2 万余人次，培训基层农技人员、青年农场主等 470 名。特别是在康保县和涞源县，实现了 45 个深度贫困村全覆盖，占全省深度贫困村的 22%。系列培训工作的深入开展，有效壮大了新型职业农民和农村创新创业人才队伍。

二是开展科技协同创新，注重人才培育培养。以创新驿站为载体，聚合河北农业大学的科技资源、人才资源、信息资源、成果资源，构建“高精尖”现代农业技术体系，使驿站成为集科研、孵化、中试、应用、推广于一体的现代农业高地。河北农业大学、现代农业园区、政府共同组建以企业为主导的农业产业创新联盟，通过共同开展科技协作攻关和申报科技项目等方式，提升农业产业结构和产品品质，增强市场竞争力和影响力。

驿站建设以高水平科学研究支撑高质量人才培养，每个驿站每年至少安排 3 个专业 3~5 个班级的本科生教学生产实习，以及 3 名硕士研究生、1 名博士研究生科研能力培养，着重提升学生创新实践能力，全面提高学生培养质量。目前，近 150 名 40 岁以下的青年教师加入驿站建设工作，800 余名本科生、79 名研究生到驿站开展教学实习、毕业设计，提升了本科生、研究生的创业能力和就业水平；部分驿站积极申报省级现代农业园区，已成为助力乡村振兴和脱贫攻坚的示范性样板。

三是在产业扶贫上下功夫，推动河北农大乃至京津更多优秀农业科技创新成果落地转化。持续深化拓展“太行山道路”，积极携手地方政府，以“六个一”的科技成果转移转化推进模式，即一个主导产业、一笔专项经费、一个承接平台、一支专家团队、一个推广中心、一批科技人才，全力打造“太行山农业创新驿站”战略品牌。联合省农技推广总站集成创新的《河北省蔬菜绿色发展十大技术》，由河北省农业厅面向全省印发，全力促进蔬菜产业转型升级。全力探索集生态建设、产业发展、脱贫致富于一体的山区发展新路径。

## 二
## 深耕“三农”领域，融入雄安新区建设发展

河北农业大学双创示范基地积极响应党中央设立雄安新区的重大决策部署，充分利用毗邻雄安新区的区位特点，深耕农村集体产权制度改革、生态环境保护、绿色生态农业、新型职业农民培养培训等与新区建设密切相关的重点领域，从服务民生、服务“三农”的实处着手，全力融入雄安新区建设发展。

一是增进民生福祉是发展的根本目的，将服务民生作为工作开展的出发点和落脚点。广泛开展以民生为重点的“雄安新区原住民需求意愿大调研”，组织 200 余名师生深入容城、安新两县 8 个乡镇 65 个村庄，完成调查问卷 3575 份，采集“乡土乡音”65 份，以及其他大量的音像资料。深入机关和社区为人民群众办实事，组建“服务雄安新区研究生志愿团”派驻容城县县委办等部门进行挂职服务；组织“服务雄安新区专项社会实践”完成农业技术推广、民生调研、环境保护等各类问卷，发放政策宣讲、科技普及等各类材料，举办夏季栽培管理技术、蔬菜病虫害防治的专题讲座和科技大集，指导农民近千人。

二是“三农”问题是关系国计民生的根本性问题，将服务“三农”作为纵深推进的支撑点和发力点。成立雄安新区发展研究院，深度挖掘整合校内科技资源，辑印《河北农业大学服务雄安新区研究成果汇编》和《河北农业大学服务雄安新区拟开展的研究汇编》，并在此基础上形成了《关于梳理整合全省科技项目资源共同助力雄安新区建设的建议》；完成雄安

新区农村集体产权改革制度设计和实施方案等 2 个主文件、9 个支持文件和 27 个操作文件的起草；参与《河北雄安新区乡村振兴行动计划》和《保定市白洋淀上游生态环境保护条例》的研究制定；发布《雄安新区主要树种选择报告》；深度参与雄安新区美丽乡村建设相关制度和具体实施方案的研究制定。

# 创新引领创业，创业带动就业，高职院校发展“双创教育”

南京工业职业技术学院

南京工业职业技术学院坚持创新引领创业、创业带动就业，以推进素质教育为主题，构建具有鲜明高职特色的双创教育体系，培养创新创业意识强、素质高、能力优的技术技能人才，不断推动高职院校“双创教育”更高质量发展。

## 一

## 构建“全面覆盖、精英带动、实践支撑”创新创业教育模式

一是开展“普惠式”创新创业教育，全面覆盖。学校将双创能力培养融入人才培养全过程，开设创新创业教育 48 学时必修课程和多类型公共选修课程，并新增第“0”学期课程面向新生开展创新基础教育，增加创新个性化课程，面向全体学生培养创新思维与方法。以专业进阶课程使专业与就业岗位紧密接轨，使学生就业与企业双创型人才需求零距离对接，全面提升学生创新素质和就业创业能力，在此基础上构建了适合高职学生的创新创业素质

评价指标体系。

二是推进精英人才培养战略，精英带动。成立创新创业学院和精英人才学校，组织学生进行双创项目课题研究，鼓励师生参加国内外一流双创大赛、学术会议和交流活动，对具有一定创新能力、创业想法的学生实施个性化培养，发挥示范带动作用。开设“创新精英班、创业先锋班、创优示范班”三个班次，探索具有高职特色的跨界英才培养模式，通过“卡魅实验室”搭建嵌入双创文化的学习交流空间。

三是打造分层分类与支撑发展结合的实践育人体系，实践支撑。依托大学生科技创新协会等创新创业类社团，开展系列创新创业实践活动；依托“互联网 +”“赢在南京”等创业类赛事，强化学生创新创业能力，扶持创新创业项目成长；依托大学生创新创业项目立项，为大学生创新创业项目团队提供专项支持；建立“众创帮扶机制”，学校每年投入学生创新项目、竞赛扶持基金和学生创业基金，支持不少于 150 项学生创新活动和创业实践项目；依托创业园、师生创新工作室等校内平台，进行创新创业项目实践训练，助力学生“创客”梦想；依托第三方专业服务机构，为创业学生提供创业辅导、人力资源服务、创业一站式集成服务、财务咨询、投融资等专业服务。

## 二
## 打造政校企行协同育人的创新创业平台

一是打造具有产学研合作、双创人才培养功能的“四类型”平台。学校与 20 余家公司签订战略合作协议，在就业、科技、创新创业等方面开展深层次的校地企合作，承担企事业委托项目 68 项。“技术联盟型”与华为等知名企业以“技术”为纽带构建“联盟”，深化现代学徒制培养；“协同服务型”与地方政府和产业园区合作，响应企业培训与服务需求；“双创孵化型”校企共建“孵化平台”，通过学生创新成果转化实现反哺，推进共赢式发展；“国际伴随型”是伴随大型企业走出国门，校企共建境外办学机构，培养当地亟须的创新型人才。

二是围绕国家创新创业示范基地建设任务，构建九大平台。学校从双创认知、双创训练、双创实践和成果转化四个环节入手，充分发挥职业教育产教融合、工学结合的优势，构建了创新思维开发双创认知平台、智能制造产教融合创新平台、智能控制工程研创平台、企业信息化创新服务平台、电子商务创新创业服务平台、绿色智慧交通虚拟仿真平台、“艺术工场”文化创意产业平台、“创客梦工场”师生双创实践平台、政校企行协同技术研发转化平台等九大平台。

## 三
## 形成具有高职特色的双创教育实效和示范引领作用

一是学生就业创业质量全面提升。近年来，学校毕业生就业率和协议就业率始终分别保持在 99% 和 97% 以上，用人单位对学校毕业生总体满意度和学生对学校就业创业工作满意度均始终高于 90%，位居全省前列。毕业生毕业半年后月收入持续提高，2017 届平均已达 4124 元，远远高于全国示范高职平均水平。毕业生自主创业率平均达 3.9%，学校创业园入园项目 60% 以上为专业技术依托型项目，创业成功率达 52%。

二是学生创新创业竞赛全国领先。近年来，我校学生在国家级创新创业重大赛事中，获得国家级一等奖 135 项；连续四年入围全国“互联网 +”大学生创新创业大赛决赛，获专家特别推荐奖 1 项、全国银奖 2 项、全国铜奖 4 项；连续三年选送学生创业项目参加“赢在南京”大学生创新创业大赛，均取得一等奖的好成绩。

三是创新成果实现转化价值。近年来，学生专利申请和授权数量领跑全国高职院校，学生申请专利 759 项（授权 353 项），申报的发明专利 168 项（授权 47 项）。其中 26 项专利产品得以转化推广，相关创业项目年经济产值逾亿元。每年，师生共同完成的创新创业科研成果百余项，纵横项到账经费超过 2000 万元；学校开设相关课程 36 门，完成 10 个专业、60 门专业课程的创新设计，出版教材和专著 15 本，20 余项发明专利成果直接运用于创新教学。2016~2018 年，我校连续三年被评为全国高职院校社会服务贡献度 50 强，蝉联“江苏省高职院校人才综合竞争力排名第一”。

四是呈现高水平示范辐射。学校获评国务院双创示范基地（高职唯一）、教育部创新创业改革示范校、教育部“全国就业典型经验 50 强高校”，连续 10 年获评“江苏省就业先进集体”，同时获评“高校学生科技创业实习基地”“江苏省大学生创新创业示范校”“江苏省大学生创新创业基地”等。学校当选为中国高校创新创业教育联盟副理事长单位，牵头成立全国高等职业院校创新创业教育联盟，并当选理事长单位。联盟与英国双创教育联盟（NCEE）等国际合作，推动高职院校创新创业教育的国际化。

# 制度先行释放科技人员双创潜力，平台善后优化核心机制服务能力

中国科学院宁波材料技术与工程研究所

自 2017 年获批国家第二批双创示范基地以来，中国科学院宁波材料所以“一所一园一基金”为中心，以“新材料 + 制造业”为特色，开展双创基地的建设。在示范基地建设的过程中，材料所立足产业特色，紧跟区域发展战略，在人才建设工作方面取得突出成效。

## 一

## 精心规划育才平台，大步推进产学融合

一是打造国科大宁波材料学院等育才平台。2015 年 12 月，时任宁波市主要领导对材料学院建设的地块选址和建设经费事宜作了重要批示。明确选址为中官路南侧地块，约 73 亩，取得土地总费用 1.88 亿元，建设经费 3.8 亿元，建筑面积 7.6 万平方米。学院将坚持小规模、高质量、科教产融合、多学科交叉、国际化视野、多元化培养的办学理念，初步规划在校学生 2000 人，全职导师 200 人，企业兼职导师 100 人，高校及科

研院所兼职导师 100 人。在 2017 年 2 月 24 日召开的中共宁波市第十三次代表大会上，市委将国科大材料工程学院的建设列为“十三五”重点项目。同时，国科大宁波材料学院与生阳新材料科技（宁波）有限公司、宁波激智科技股份有限公司、宁波韵升集团等多家企业签署《校企合作共建研究生学习实践基地协议书》，并积极遴选企业家兼职导师，启动教师队伍建设，截至目前已有 15 位企业导师，为培养双创人才做准备。材料学院建设纳入宁波市“大脚板走一线、小分队破难题”抓落实专项行动，由分管市领导直接负责，宁波市教育主管部门牵头落实，相关部门共同推进，定期检查项目进展。地块协议清零工作已于 2018 年 4 月 11 日提前完成，目前正积极推进各项基建工作。2019 年 1 月 23 日，总投资约 7 亿元的中国科学院大学宁波材料工程学院举行开工仪式。2 月 28 日全面开工建设，目前正在进行桩基施工。作为国科大的京外首个科教融合学院，项目建成后将进一步补齐宁波大院大所数量与能级短板，为地方产业发展提供支撑。

二是建设石墨烯制造业创新中心。中心确立了“宁波小核心、长三角大平台、全国大网络”的发展定位，联合国内石墨烯领域 10 家优势单位和公司，共同打造完善的石墨烯技术创新链、产业链系统和跨界协同创新生态系统，2018 年已完成入驻装修办公研发设计等工作，创新中心已到岗全职员工 24 人，其中管理岗位 18 人，研发岗位 6 人。创新中心还以创新团队方式引进技术人才，目前已入驻创新团队 8 个，研发人员 30 余人，其中包括数名来自国家级科研机构与国内知名高校的石墨烯领域知名科学家和在国外知名企业具有多年工作经验的海归人才。

三是建设新材料测试评价中心。联合宁波新材料联合研究院，注册完成新材料测试评价公司，通过整合利用股东单位现有测试评价资源，补充完善必要的检测设备，建立材料综合性能评价指标体系与评价准则，形成一支专家评价队伍，开展材料性能检测、质量评估、模拟验证、数据分析等公共服务。公司近期正在购置设备 239 台 / 套，投资估算约 30490 万元。

## 二
## 着力解放制度束缚，充分激发 双创潜能

为增强自主创新能力，继续引领在“双创”环境下的优势，最大限度解放和激发科技工作者所蕴藏的巨大潜能，宁波材料所结合实际情况，根据国家及中科院上级文件，积极推动修订并实施材料所《科技成果转移转化管理办法》《对外投资管理办法》，规范研究所科技成果转化和对外投资行为，完善对所投资企业的监管制度，促进企业健康发展，积极推动科研人员在职（限宁波行政区域）创办企业，突破在职创业模式（三年内可在职创业），通过明确转化流程、成立转化工作小组、实施转化工作制度，放宽科研人员参与转化工作，最大限度地让科研成果在宁波落地生金；成果转化后所获得的现金收益 80% 用于团队奖励，所得股权 60% 用于团队奖励；最大程度解放和激发创新者的动力和活力，实施“最多跑一次”的改革措施，简化科技成果转移转化的流程，让科研人员凭聪明才智和创新成果富起来。

## 三
## 不断强化园区管理，有效提升服务能力

宁波材料所派遣了具有管理和科研经验的研究员全职从事初创园的管理运营，并组建了一支管理团队。初创园的特色可以归纳为“专业化遴选、精准化服务、规范化发展”。一是在项目遴选时严格把关，从项目的技术先进性、市场化前景、团队投入与组合等方面，组织由来自政府部门、风险投资机构、市场客户等各方面的专家组成的讨论组进行充分论证，既淘汰一大批机会主义项目，也帮助初创项目与团队明确优劣势，从而确定未来工作的重点方向。二是在项目入园以后必须成立独立运营、自负盈亏的公司，要求知识产权清晰、股权架构合理，针对每家公司的技术和产品特点，园区管理团队通过各种渠道帮助其对接各种客户资源，争取到产品试用迭代的机会，完

成商业化验证。三是提高创业团队的人员素质，初创园对团队尤其是创始人，要求很高，注重企业家情怀的训练，通过这种训练提高企业发展愿景，规范企业日常运行，从小做到“零瑕疵”，为企业长远发展的融资、并购打下基础。

中科院宁波材料所以人为本，将发展重点落在解放制度束缚、释放科技人员双创潜力上，取得了显著成效。基地依托中科院在全球高端人才集聚和国际领先科研平台搭建的优势，集聚了新材料初创产业园的育企平台、国科大宁波材料工程学院育才平台、石墨烯等新材料行业制造业创新中心等，形成紧密的产学研互动，未来将汇聚更多创新创业资源，促进科技与经济紧密结合，形成创新创业高端资源集群效应。

# “内部创业”激发员工创新创业活力，实现创业团队与研究所双赢局面

中国航天科技集团公司第五研究院五〇八所

中国航天科技集团公司第五研究院五〇八所（即北京空间机电研究所）是国内首家从事空间技术研究的机构，我所的成立打破了我国空间事业的空白。研究所科研实力雄厚，技术装备精良，致力于航天器回收、空间光学遥感、火工装置、空间激光、航空遥感、复合材料六大领域的探索与研究，获得国家技术进步奖多项，取得重要科技成果 400 余项，成功在轨应用 100 余台光学遥感载荷，占我国所有在轨业务运行空间遥感器的 82%，成功率 100%。

长期以来，研究所主要承担宇航领域的国家任务，从事技术研究和工程化，积累了丰厚的科技成果，是我国国防工业建设的主力军。为响应国家“大众创业、万众创新”号召，贯彻创新驱动发展战略，研究所通过建立市场化的平台，鼓励核心技术人员携成果组建队伍，开展“内部创业”，将所属全资航天创智科技有限公司建设成以产业化发展为目的的技术转移和成果转化平台公司，探索建立了“内部创业”机制，激发核心技术人员创新创业的活力。

## 一

## 建立面向市场的“内部创业”机制，提高成果转化效率

航天创智科技有限公司主动将“内部创业”团队从研究所军工科研生产体制中解放出来，鼓励团队进入平台公司，深入市场前沿，开展技术转移和成果转化活动。同时以虚拟法人运行方式，引导团队立足于自身核心技术优势，围绕市场需求，专注成果转化。“内部创业”团队利用公司化平台给予的设备、设施、资金、公共管理资源等，在专注业务培育的同时，实现了自身作为经营人才的成长，提高了市场转化效率。“内部创业”机制实施一年，入驻平台参与创新创业的团队已达 6 家，成功孵化项目 30 余个，设立分公司 1 家，公司整体利润提升达 44%。

## 二

## 实施“能进能出”的人才流动机制，建立内部创新秩序

为了激发有意愿参与“内部创业”的技术人员勇敢地迈出第一步，研究所实施了“内部创业”机制，在经营风险和经济利益实现风险共担、利益共享的基本原则下，颁布实施了详细的人事关系保障性政策，保留“内部创业”人员的所内人事关系，而人力资源管理、薪酬、待遇随项目“出”。若创业失败，人员仍可“回”所，竞争上岗；创业成功，在平台获得智力增值，即业务在平台上运行时获得分红权，业务脱离平台后获得股权。“内部创业”团队在公司平台采用“独立核算、自主经营”的运行方式，两年孵化期内享受政策性支持，做到“明算账”，两年后自负盈亏。平台公司提供物理空间、基础设施、党政工团建设、“七位一体”管理、资金收入记账等各类综合管理支持，并对“内部创业”团队进行监督、审计，合理控制平台经营风险。

“能进能出、可进可退”的“内部创业”机制为拥有创业意愿的有识之士提供了可靠的政策保障，同时平台的存在又为初次参与创业的科研人员提

供了良好的发展空间，激发了体制内众多研究人员的创业热情。科研人员在进行技术研发时开始深入考虑其在市场上的应用点，形成众多创新创业想法，并积极参与“内部创业”计划，目前已有50余人次向平台公司递交了创新创业申请，创业领域覆盖遥感载荷制造、遥感应用、电子技术等行业，平台公司成为研究所技术转移和成果转化的主战场。

## 三
## 立足研究所核心优势，聚焦发展商业遥感

研究所作为具有悠久历史的航天军工单位，从事了60余年的航天遥感载荷的研制生产，是研究所的核心能力优势，因此技术转移和成果转化应一脉相承，才能保证源源不断地迸发创新活力。技术转移和成果转化、市场竞争、产业化发展必须要面向长远竞争，因此研究所明确平台瞄准商业遥感产业为主营业务的发展方向，已先后入驻了商业遥感器技术事业部、电子技术事业部、信息技术事业部、数据应用技术事业部，实现了商业遥感载荷、地面站建设、信息化处理、遥感数据应用为整体的商业遥感“云一网一端”建设能力布局核心竞争力，引导大众创业万众创新活动始终围绕核心技术领域开展，助推产业升级。“内部创业”团队运用在国家级宇航项目积累的丰富技术和工程经验，已完成了面向商业应用的遥感载荷研制并成功发射；自主研发多款可广泛应用于城市、野外装备和无人机平台的具备大动态昼夜成像功能的高性能微光图像产品，并在2018年成功服务于“博鳌亚洲论坛”的会议安防工作；同时“内部创业”团队积极助力智慧城市建设，已在电力巡检、破雾导航、森林防火、水体监测、农林牧业、文化遗产数字化等领域开发了“水生态监测系统”“卫星遥感火情监测平台”等精准服务于民生需求的产业项目，服务于西安、南京、五常等地方政府，为助力新型城市建设发挥了积极作用。

一方面，平台中商业遥感的发展在市场化应用过程中可以形成新的技术需求，引导研究所技术研发的持续升级；另一方面，技术转移和成果转化所

形成的产品与业务可以在商业化市场获得收益，反哺研究所的技术创新，真正实现研究所与民用产业发展主体平台公司间技术、成果及资源的有效运转，推动技术和成果的双向转移，加快创新动力。

北京空间机电研究所推出的“内部创业”机制，有效推动了“双创”工作在研究所内的发展，点燃了科研人员参与创新创业的热情，实现了对研究所“休眠”产能的挖掘，提升了技术转移与成果转化效率，打通了从基础研究到技术研发和成果转化的通道，形成商业遥感产业布局。“内部创业”机制既满足了员工的创业欲望，又实现了研究所与创业人员的风险共担、利益共享，有效激发了研究所内部创新活力，优化分配机制，实现了团队与研究所的双赢。

# 深化“一体三环三纵”内部创新体系激励全体员工参与众创

中国移动通信集团公司

中国移动通信集团公司（以下简称“中国移动”）认真贯彻党中央、国务院关于大众创业、万众创新的部署，承接创新驱动发展战略，围绕资源共享、能力开放、生态连接等核心环节，以集团自身 IT 开发能力、智能网络能力、复合渠道能力为基础，积极开展组织型创新、全员型创新、开放型创新，逐步形成“一体三环三纵”创新机制，构建包括和创空间、5G 联创中心开放实验室、创新基地、高校联合实验室在内的立体式双创孵化载体体系；建设涵盖通信、物联网、互联网、数字家庭等八大特色能力开放平台的创新支撑平台，全面构建和创生态，赋能产业创新。

## 一

## 强化顶层设计，通过“一体三环三纵”实现多元驱动发展

中国移动紧密围绕集团战略方向与资源优势，打造“一体三环三纵”双创体系，依托“一体三环”的研发布局，推动全局资源统筹与业务破界，通

过“三纵”创新机制，强化开发能力，促进成果转化。

组织型创新以重大科技攻关、产品研发和协同运营为主要代表，解决中国移动发展方面重点、难点重大技术攻关。全员型创新以自发式创新、悬赏式命题、在岗技术革新和自主开发大赛为主要代表，调动和激发创新活力，促进人才结构转型与调整。开放型创新以 5G 联创、和创空间、创新基地、创客马拉松等载体和活动为代表，面向社会接入优质项目与创孵资源，打造贯通公司内外的创新转化通道，全方位构筑创新生态。

通过打造“一体三环三纵”双创体系，中国移动丰富创新模式、完善创新布局、优化创新管理，进一步增强创新内生动力，有效推进企业创新创造，带动社会创新创业，同时也为大型国有企业转型发展探索新路径。

## 二

## 优化双创环境，通过培育“四众机制”激发创新创业动能

中国移动以调动员工创新积极性、释放员工创新动能为核心目标，积极围绕四众机制开展全员创新，激发创新末梢的动能。众创——面向内部，员工根据自身能力领域或当期热点自发申报创新或创业项目；面向外部，学生、社会开发者、初创团队也可通过入孵中国移动双创平台接入中国移动特色能力体系进行创新创业。众包——面向内部，通过“大命题”及“小命题”活动形式，集众智慧解决企业生产运营中实际问题；面向外部，集团积极探索在线服务众包模式，实现中国移动客户服务及营销工作通过众包形式完成，带动社会就业。众扶——设立创投基金、产业基金，结合和创空间、5G 联创中心、创新基地等提供多种合作模式支持中小微企业创新创业。众筹——自创“和米”双创投资代币，鼓励员工参与双创项目并分享项目成果收益。

中国移动积极推进“四众机制”，面向内部创新，最大限度优化创新创业氛围，起到人才培养、人才聚集与人才挽留作用，同时提升新技术、新产品迭代效率与集团优势资源内部配置效率；面向社会赋能，有利于进一步扩大就业规模，大幅提升企业服务能力和普惠程度，促进社会纵向流动和公平正义。

## 三
## 开放能力平台，通过“线上线下贯通”构建合作创新生态

中国移动发挥产业龙头引领带动作用，搭建开放式产业创新平台，开放核心资源、共享创新能力、集聚创新要素，全面降低产业创新门槛与创新成本。

一方面，以双创线上平台为门户，强化双创在线服务能力。以中国移动能力开放商店为入口，依托物联网，及 3 个产业联盟和 9 大能力应用，将公司研发能力、通信能力、数字家庭、业支能力、数字内容、互联网服务、物联网能力、行业能力 8 大垂直领域能力共享平台资源进行集成，向业界开放调用。搭建“万物互联创客马拉松”创新孵化平台，吸引近千支创业团队参赛，营造创新创业氛围。另一方面，和创空间、创新基地、5G 联创中心开放实验室协同发展，提供内外部创新创业服务，共建繁荣生态。其中，和创空间依托各专业公司资源优势，聚焦数字家庭、物联网、互联网等特色方向，提供入驻孵化、创业指导、资源申请等差异化、多元化、市场化的服务，构建成熟创业氛围、无忧灵活机制和独特服务体系。创新示范基地与政府、企业紧密协作，拓展创新创业服务辐射范围，推动智慧城市、大数据、金融服务等创新发展，助力青年创业就业。5G 联创中心联合实验室面向 5G 发展，联合各行各业合作伙伴，依托分布于全球的 22 家开放实验室，共同推进基础通信能力成熟，孵化融合创新应用和产品。

通过一系列积极的举措，中国移动创新能力显著提升，创新动能得到全面释放，已开展四期内部项目孵化，超过 90% 的单位参与其中，在线服务众包平台，注册用户数超 15 万人，月外呼任务次数高达 9000 万次；开放式创新平台能力显著增强，八大能力开放平台调用超 3300 亿次，聚集 600 万名开发者，孵化超过 10 万个应用，带动约 300 万个社会就业，支撑 30 万家小微企业发展壮大，促进超过 23 万家传统企业转型升级；双创载体平台迅速发展，已建成 5 个和创空间、5 个创新基地，支撑 99 个项目 500 名人员入孵；经过扎实建设，中国移动双创示范基地服务体系基本成型，释放创新动能、引领产业创新的成效初步显现。

# 实施三层人才激励体系，实践“企业再创业、全员再创新”的发展方向

## 秦川机床工具集团双创工作案例

自 2012 年以来，国内机床工具行业逐年探底，传统产品市场需求急剧萎缩，企业经营困难加大，员工收入难以增长，企业难以补充新的技能工人。这些都对企业转型升级造成了巨大的困难。秦川机床工具集团（以下简称“秦川集团”）认为要解决这些困难，走出发展困境，关键在于要改造企业的组织结构，改变企业传统的作战样式。国家“双创战略”的确定，为秦川集团再造装备制造产业新优势的想法指明了方向，企业提出了“企业再创业，全员再创新”的新任务。

“企业再创业”，就是要让有 52 年发展历史的老企业放下曾经的荣耀和矜持，放下自我感觉良好的传统产品和成果，在自己熟悉的产品领域否定自我，把自己看作市场的一个新的进入者，以追赶超越为引领，寻找国际标杆企业、标杆产品、先进技术，进行精准对标，全面学习，力求形成后来居上的后发优势，为企业注入可持续发展的新基因。在“企业再创业”的使命感召下，公司掀起了以创新、创造为主题的“全员再创新”热潮，依靠员工、组织对机械制造技术条件的感知和把握，转换为全新的创新战斗力生成模式，

形成了包括“双革四新五小”活动、技能大师工作室、企业项目经理制在内的独具秦川特色的“三层级创新体系”。

## 一
## 第一层级——扩基础，增奖励，继续强化“双革四新五小”活动激发全员活力

“双革四新五小”活动最早是由工会系统发起的创新革新活动，在秦川集团得到了长期的坚持和实践，有着良好的群众基础。为做到全员参与创新，公司扩大了“双革四新五小”活动的覆盖面，以班组为双创单元，凡是在自身工作岗位上有小革新、小改进、小窍门、小发明、小会诊等，都可以申报成果，让创新成为员工的工作习惯；同时大幅度提高成果的奖励幅度，鼓励申报成果。

## 二
## 第二层级——强标杆，攻难题，建立技能大师工作室提升装备品质

技能大师是机械制造队伍中的“特种兵”，他们拥有日积月累练就的绝技绝活，这种绝技绝活能够在机器制造的科学性、精确性基础上，实现差异化、个性化的提升，从而支撑高端用户个性化定制的需求。公司先后建立了田浩荣、杨忠州、侯海峰三个省级技能大师工作室，并特别组建了钟建强技能大师研磨工作室，将一批优秀的技术工人选配到技能大师工作室工作，一方面承担解决关键加工难题的攻坚任务，另一方面在工作中学习、传承大师的绝技绝活，使“工匠精神”持续传承，正因为有这样的队伍存在，公司才能够做到为更多的用户定制化设计、制造装备。

## 三
## 第三层级——抓突破，重管理，推行“项目经理制”落实权责一致

从实际情况来看，不光是绝技绝活的传承、高技能工人的培养存在困难，高水平技术人员的“选、育、用、留”也存在问题，由于空间地域的限制、行业报酬的差别、内部激励的不足，企业在技术人员的“选、育、用、留”上面临很多问题，比如“招不来、留不住、用不起来”，即使是培养出来，用起来了，也存在“能用起来、却容不下、更留不住”的问题，一方面是劣币驱逐良币，另一方面是外部诱惑太多，这就需要企业改变思维惯性，在全体研究院“一盘棋”的基础上，改变研发组织模式，进行研发机制的创新。

秦川集团根据机床工具行业的特点，从实际情况出发，通过推行“项目经理制”，在传承原有技术课题组的优良传统的同时，对管理模式和流程进行了创新，突破了管理层级束缚，提升了工作效率，改变产品主任设计师终身制，给年轻技术人员提供了脱颖而出的机会，形成了独立的“创新作战单元”。在主机装备、“三航 / 两机”、工业机器人减速器等方面，已设立 5 个项目组，突破了一批关键技术，形成了一批研发专利，集聚了企业发展新动能。通过工作目标设定、人员择优选拔、责权统一、考核激励等措施，调动了员工工作的主动性、积极性。

秦川机床工具集团作为大型传统国有企业，发力“双创”，优化业务模式，采用定制化生产方式，为“双创”提供了肥沃土壤。集团按照总理考察秦川时提出的“集众智，聚众力”要求，在工业互联网技术深入发展的新形势下，激发新活力，培育新动能，通过对广大员工的“双创”成果和“外智”进行价值评估并奖励，激励员工在各个岗位上继续创新创造，让双创精神落实到企业生产的每个环节。秦川集团传承工匠精神，树立“劳动光荣，技能宝贵，创造伟大”的企业风尚，充分激发调动广大员工的创新创业热情和创造活力，为大企业双创提供宝贵实践经验。

# 第三部分

# 加快科技成果转移转化

科技成果转移转化是促进科技成果持续产生，推动科技成果扩散、流动、共享、应用并实现经济与社会价值的生态系统，是实施创新驱动发展战略的重要任务，是加强科技与经济紧密结合的关键环节。加速科技成果向现实生产力转化，重点在于释放高校、科研院所以及科技人员成果转化的积极性和主动性，并且加强产业、财税、金融、人才等相关领域政策配套衔接；增强创新型企业引领带动作用，推动高校科研院所创新创业深度融合；落实科技成果转化所有权、处置权和收益权，开展科技成果的评估、确权、交易，激活形成产业资源的有力集聚，建立完善知识产权管理服务体系，促进科教资源开放共享等，一些单位在此方面积极探索新机制、新模式。

# 探索和完善科技成果转化的利益分配机制，打造成都模式

成都市

成都市是西部唯一获批国家知识产权的强市，也是国家知识产权运营服务体系建设的重点城市。落实十九大“深化科技体制改革，建立以企业为主体、市场为导向、产学研深度融合的技术创新体系”要求，贯彻成都市十三次党代会“加快完善创新创业成果转移转化机制，组建柔性产学研联盟”会议精神，结合“利益主体多元化、主体利益多元化”特征，寻找利益结合点，协调利益冲突点，以跟进市场需求为导向，以厘清成果权属为前提，以利益动态平衡为核心，以强化配套改革为保障，构建“需求联动、权属明晰、分配多元化、社会效益提升”的利益协同机制，全面提升城市创新力、创业力、创造力，为成都市打造全国重要的科技中心奠定基础。

## 一

## 完善利益分配顶层设计，强化科技成果转化的制度保障

以明确利益分配原则、利益分配核心依据、利益主体权责为根本，引导

利益主体建立健全利益冲突协调机制，完善成都创新创业成果孵化及转化利益协同机制顶层设计，统筹各方推进利益协同体制机制改革。

一是明确利益分配原则。以“投入与收益相一致、公平与效率兼顾、利益主体相对最满意”为原则，明确各主体在科技成果转化过程中取得的收益与投入和贡献相一致，保证各主体具有平等参与利益分配的权利，兼顾公平与效率，找到利益平衡点。

二是明确利益分配核心依据。以“资源投入、贡献大小、风险因素、能力重要性”为主要依据，对各主体投入的人力资源、技术标准、实验设备、办公设施、创新资金、信息等有形与无形资源进行第三方评估，协商之后计入要素投入。根据各主体对成果的贡献大小，即产生的实际利益为分配核心依据。综合评估科技成果转化过程中各主体承担的风险，进行合理补偿后进行利益分配。综合评判各参与主体的核心能力、管理能力、创新能力、综合影响力，评估各利益主体的作用，给予相应的利益补偿。

三是明确利益主体权责。政府层面，充分发挥政府在产学研协同创新中的正向推动作用，为科技成果转化创造良好的转化环境；高校院所及科研人员层面，主动寻求与市场需求的对接，转变“重学术而轻应用，重合作而轻效率”的思想，达到学以致用的目的；企业层面，与政府、科研机构及高校保持主动且紧密的联系，结合企业自身资金及营销渠道的优势，争取充分互补资源和能力，进一步稳固合作关系；中介服务机构层面，提高服务质量和水平，适应市场化需求以及产业发展需求，提供优质、高效、多元化服务。

四是建立利益冲突协调机制。建立利益冲突协调机构，通过协调机构建立无障碍沟通机制、激励约束机制，搭建平等的沟通平台，对各主体积极沟通的行为进行强化，对利益冲突不进行沟通的企业进行必要惩罚，减少个体利益最大化和共性技术外部性导致的内部冲突，确保将投入的知识、资金、人员等利益敏感资源的预期分歧降低到最小；加强创新协议的约束作用，增强各主体对知识产权的保护意识，避免创新过程中知识逃逸风险，通过对利益冲突进行剖析、总结和规范化之后，逐步将其纳入正式协调范畴，获得法律保障，避免各利益主体因利益冲突和成果纠纷导致合作中止；建立容错助改机制，明确机制改革的容错范围，给予改革创新过程中的“试错”机会，建立有效的容错机制，消除改革创新者的后顾之忧。成立助改基金，整合成都市行业专家库，建立由行业领军人物组成的助改小组，为机制改革提供技术和资金的支持。

## 二

## 厘清成果权属关系，引导优化利益协同路径

以促进“政产学研金介用”需求联动、厘清成果权属关系为重点，引导利益主体根据孵化模式选择最佳分配方式，实施奖励和补偿为主的利益再分配，切实优化利益协同路径，形成创新成果转化利益协同的成都模式。

一是促进“政产学研金介用”需求联动。以“产”为主导、“学、研”为基础，突出“用”字当头、“介”来服务、“金”为动力，促进成都市“政产学研金介用”需求联动。发挥财政科技经费引领、带动、吸附和集聚作用，引导企业、高校院所积极参与科技创新。

二是厘清成果权属关系。首先明确权属划分依据，由成都市科技局制定确权评议实施细则，督促各高校院所按照该细则建立科学、精准的评价指标体系，在职务科技成果转化前对成果进行合理评价、科学确权，根据成果形成过程中利用财政资金和使用公共资源的情况，明确各大类资源占比系数，制定涉及职务科技成果的权属分割、评估作价入股、二次研发、产业化等一系列具体实施办法，形成科学、标准、规范的操作细则。其次鼓励成果权属买断，由第三方专业评估机构根据使用财政资金和利用公共资源情况，对科技成果进行初步估价，鼓励职务发明人按照公开公正公平原则，采取一次性付款或者分期付款的方式，买断高校院所权属部分进行入股和转化，买断价格必须大于高校院所投入该成果的知识产权申请、维护及奖励的费用。

## 三
## 根据孵化模式选择最佳分配方式

采取固定报酬支付、提成支付、混合支付、按股分利等方式，最佳利益分配模式因合作模式而异。当协同创新形成阶段性成果时，由投资方（政府、风投机构或企业的一种或几种）、研究承担方（高校院所和职务发明人）、企业（成果需求企业）三方共同协商或聘请专业评估机构对阶段性成果进行定价，共同盘点可供分配利益，对研究承担方阶段性绩效进行评价，按照合同约定的分配方式明确分配的依据和算法，形成初步分配方案，三方对初步方案协商调整后，对研究承担方进行利益分配。

## 四
## 实行奖励和补偿为主的利益再分配

一是实行奖励机制。鼓励创新职称评审和业绩评价制度，建立以科技成果实际应用价值、行业贡献度和社会影响力为主要指标的科研人员绩效评价体系，由科技成果完成单位对完成、转化该项科技成果做出重要贡献的人员给予奖励和报酬，给予成果转化职业经理人股权激励。职务科技成果转让、许可给他人实施，科技成果作价投资，或者科技成果自行实施的，从净收入中分别提取一定比例奖励科技人员。

二是实行利益补偿。对各主体因环境变化或突发状况而增加的资源投入，以及协同创新合作过程中收益贡献大小难以计量的部分实行优惠待遇等利益补偿方式，帮助各方形成理性预期，解决各方因利益摩擦和平衡产生的心理和实际上的利益差异，保障利益分配的动态公平，同时要加强对利益补偿的监管，杜绝利益补偿过程中再次出现利益分配不合理。

# 立足科研院所优势，链接全球双创资源，支撑科技企业“瞪羚式”发展

湖北省武汉市东湖新技术开发区

为推动科技成果转化与产业化，打造科技创业新阵地，东湖高新区围绕特色优势产业，联合在汉高校院所，整合相关优势学科资源，共建了8家新型产业技术研究院。通过高校院所提供科技成果，政府为转化创造便利条件，并吸引社会资本投入，加速转化效率。制定研究院管理办法，系统推进研究院完善科技成果转化、技术创新、创业孵化等服务功能。

## 一

## 以市场化为导向，探索研究院各具特色发展模式

东湖高新区支持各研究院按照“经营市场化、管理企业化、服务专业化”的原则，以市场化为导向，探索各具特色的发展模式。其中，光电工研院打造了集共性技术研发、中试熟化对接、高端产业孵化、企业研发服务等功能于一体的协同创新平台，探索出“科研人员创新—科技成果转移转化—成果产业化—实体经济发展—再创新”的闭环发展模式。生物技术研究院探

索持股孵化模式，建立持股孵化项目库，与部分入驻企业建立起牢固的股权关系纽带，实现“同发展、共进退”。地质工研院打造技术转移与应用技术研发、产业孵化基地和营运支持、产业金融和投资等五大科技产业服务平台，创新知识产权管理运营模式，成立知识产权与技术转移中心，实现知识产权与转化平台无缝对接。在体制机制创新、科技成果转化、新兴产业培育等方面开展率先探索，围绕高新区主导产业，建设技术创新平台和公共服务平台，完善产业发展生态，促进科技资源优势转化为现实生产力，取得明显成效，具有推广意义。

## 二
## 着力打造科技金融生态圈，加快建设光谷金融谷

东湖区着力打造科技金融生态圈，加快建设光谷金融谷，大力引进各类金融服务机构，深入推进国家投贷联动试点，探索实施股权与债权相结合的科技投融资服务模式，鼓励企业利用多层次资本市场融资，建立起覆盖科技型企业全生命周期的融资服务体系。成立光谷金控集团，设立 500 亿元光谷产业基金，广泛吸引社会资本合作，打造覆盖天使投资、VC、PE、Pre-IPO、并购等全生命周期的股权投资集群。推进金融产品创新，深入实施投贷联动试点，建立覆盖 500 多家企业的投贷联动项目库，推出保证保险、税易贷、三板贷等系列产品，推动科技保险创新发展。建设“一谷多中心”，打造光谷金融谷，建设光谷金融港、光谷资本大厦、光谷基金港、一站式金融服务中心、金融大数据中心、金融开放中心、金融展示中心等多个中心。通过深化科技金融改革创新，建立起覆盖科技型企业全生命周期的融资服务体系，为区内创新创业提供了有力的资金支持。

## 三
## 链接全球双创资源，支持高端技术创业，培育高质量企业快速成长

一是链接全球创新要素和资源，大力建设国际化双创平台。搭建光谷与全球创新创业资源互通的桥梁，促进海内外高层次人才、创业项目、资金集聚流动，推动光谷创新与全球同步。与硅谷共同发布《双谷宣言》，建设硅谷离岸创新中心、百创汇海外孵化器、硅谷新思科技光谷产业园等国际化平台载体，引进 Founders Space 等硅谷知名孵化器，开展楚才回家硅谷站、光谷瞪羚企业硅谷交流等国际活动，硅谷知名天使投资人多次来光谷演讲，双谷人才、资源等加快流动。在全球创新创业高地布局海外双创平台，与海外机构联合在光谷建设孵化器、众创空间、研发中心、科技园等高位势国际合作平台，吸引国际知名创业服务机构落户，实现光谷与全球创新资源互联互通。武汉锐科光纤激光技术股份有限公司自主研发出国内首套具有自主知识产权的光纤激光器并已产业化和国产化，使中国成为全球第三个掌握光纤激光器核心技术的国家。锐科激光已成为国内最大、全球有影响力的光纤激光器研发和生产基地，主要产品占国内市场份额的 40% 以上，并已出口至欧洲、美洲、亚洲和中东等 20 多个国家和地区，2018 年实现 IPO 上市。

二是加大前沿技术、创新模式支持力度，助力技术创业和高端创业爆发式成长、颠覆式发展。东湖高新区高新技术产业的发展，起步于高校院所的科技成果转化和科研人员下海创业，比如光通信、激光、北斗等优势产业的发展。成立成果转化局，支持高校院所科研人员、大企业技术人员创业，推动高成长科技型企业发展，制定瞪羚企业、独角兽企业引育计划等，助推企业实现爆发式成长。注重研究和把握科技型企业创业成长各阶段发展需求，逐步完善针对瞪羚企业、独角兽企业的分层次政策链。大力支持瞪羚企业发展，发布“瞪羚十条”，设立 10 亿元的瞪羚基金，每年遴选“光谷瞪羚企业”，从并购融资、管理优化、国际交流等方面给予支持，打造“光谷 · 瞪

羚塬”品牌。搭建独角兽企业发现平台，实现自主培育和招商引资双管齐下，提高政策的针对性，加强对独角兽企业的精准支持。目前，东湖高新区有斗鱼网络、奇米网络、斑马快跑、安翰光电、直播优选 5 家独角兽企业，数量居全国高新区第四位，元光科技、极验验证、安天信息、青藤云安全、迈异信息、初心科技等准独角兽企业不断涌现，成为光谷新模式、新业态发展的引领者。

# “联合共建类科研机构”发力推创新，“校地合作办公室”聚能促转化

清华大学

清华大学在国内高校中较早地建成了完善的技术转移体系，2015 年以来，成立了知识产权管理领导小组，以及成果与知识产权管理办公室、技术转移研究院、校地合作办公室等促进科技成果转化的专门机构。作为国内顶尖高等学府，清华大学在双创示范基地建设中，进一步明确了基于“人才培养”“科学研究”“社会服务”“文化传承”四位一体的清华创新创业使命与“学生双创”“教师双创”一体两翼实施路径的创新创业理念，彰显了清华双创工作中“国际化”与“引领性”的两大特色，通过建立国际化教育、科研成果转化机构、双创人才培养体系和高水平科研成果开放平台，聚合社会双创教育资源，为高校创新创业提供有力支撑。

## 一

## “联合共建类科研机构”建立和产业界的密切联系，促进创新创业全面发展

“联合共建类科研机构”是学校以协议形式与校外独立法人单位联合建立的科研机构的简称，是清华大学自 20 世纪 90 年代起开始探索的一种通过学校与企事业合作建设科研机构从而构建科研和产业界之间紧密联系的方式。联合共建类科研机构定位于“友好合作、互惠互利、优势互补、共同发展”，根据产业界对科技创新的需求，依托相对稳定的科研经费支持，将学校科研成果转化与国家技术创新人才培养紧密地结合起来，为提升企事业单位自主研发能力做出贡献。目前有“与国内企事业单位或国（境）外企业合作建立的联合科研机构”和“与国（境）外大学、研究机构或组织合作建立的联合科研机构”两种，共新建（续签）联合共建科研机构 58 个，协议经费约合 12.3 亿元，合作范围覆盖全国 15 个省、直辖市、自治区、特别行政区以及美国、日本、英国、德国等 7 个国家，合作领域涉及建筑、环保、人工智能、核技术和新材料等多个领域；联合共建科研机构共开展项目合作 112 项，发表论文 238 篇，培养本科生 12 名、硕士生 73 名和博士生 76 名，举办学术活动 47 次，申请专利 32 项，获 2016 年教育部自然科学奖一等奖 1 项，极大地促进了创新创业全面发展，推动了学校相关学科的建设与发展，提升了学术影响力，并为我国区域经济的发展做出了贡献，实践了大学服务社会的职能。

## 二

## 建立清华大学技术转移体系和技术转移研究院，聚焦国家战略需求与国际技术前沿

为推动重大创新成果的产业化，建立充分面向市场、多要素深度融合的

科技成果转化机制，有效提高科技成果的转化率和成功率，清华大学于2014年6月成立了技术转移研究院（以下简称“技术转移院”），旨在聚焦国家战略需求与国际技术前沿相结合，集聚资源促进重大技术创新。2015年11月，学校出台《清华大学科技成果评估、处置和利益分配管理办法（试行）》，技术转移院和成果知产办一起梳理了从成果评估、协议签订、投资入股到股权管理的知识产权股权投资流程，形成了知识产权股权投资、管理和退出的完整模式，为知识产权股权投资的全生命周期管理奠定了坚实的基础。

依据学校正式颁布的科技成果评估处置管理办法，技术转移院与成果知产办等相关部门紧密配合，不断遴选具有产业化前景的学校优质科技成果，开展转移转化工作。完成知识产权成果转移项目29余项，扶持了智中能源互联网、天银星际、广华精容、天健惠康、蜂鸟发现、快乐世界等多家科技成果转移后的市场化运营公司，实现了学校电机、电子、生命、精仪、心理学等多个学科的科技成果转移，涉及学校知识产权投资近1.2亿元，学校股权价值超过4600万元。

## 三

## 成立校地合作办公室服务区域和地方双创发展，精准布局推动科技成果落地

清华大学校地合作研究院作为校地合作的桥头堡，积极契合地方发展需求，利用清华大学自身学科研究资源优势，以促进科技成果在当地产业化为重点，为地方“双创”与产业升级提供支持。“地方研究院”是指由清华大学与地方政府联合共建的具有科技创新、技术转移和技术服务等综合职能的独立的事业单位法人。清华大学目前建有6个地方研究院。“派出研究院”是指由清华大学依托所属院（系、所）等二级实体机构，在地方政府的支持下，在校外独立设立的事业单位法人。清华大学目前建有8个派出研究院。各校地合作研究院稳扎稳打，精准布局，取得多项进展，其中，北京院推动清华科技成果在京落地转化11项，推进公司自主研发成果在京落地转化5项，通

过对科技成果的深度孵化和精准投资服务，北京院培育出一批行业领先企业，相继进入快速、良性增长期。

近两年，学校年均有近 20 个作价入股的项目，科研成果转化在两年间提高了 5 倍以上，90% 的核心团队能以上限拿到科研成果转化现金收益或股权的 70% 作为奖励。在 2017 年首届“中国高校科技成果交易会”期间，清华大学有 10 个获国家科技进步奖或国家技术发明奖的项目参加了交易会。清华大学充分发挥学校人才和科研优势，探索形成具有全球视野、中国特色、引领示范的高校创新创业模式和制度体系，建设了领跑国际“双创”的研究型大学，为全国高校“双创”提供具有成功实践经验的典型做法，进一步推动双创工作上新台阶。

# “政府—高校—企业—团队”协同创新，“四级跳”模式促进科技成果转化

华中科技大学

华中科技大学自获批国家级双创示范基地以来，学校紧扣“立德树人”根本任务和“双一流”建设部署，深入落实《国务院办公厅关于深化高等学校创新创业教育改革的实施意见》（国办发〔2015〕36号）、《国务院办公厅关于建设第二批大众创业万众创新示范基地的实施意见》（国办发〔2017〕54号）等文件精神，不断提升双创工作意识，强化责任担当，围绕示范基地建设目标，扎实推进创新创业教育改革，不断强化创新创业平台载体建设，着力破除科技成果转化体制机制障碍，探索教师科技成果转化“四级跳”模式，探索完善校地合作的模式与机制，与地方共建了14个研究院，推动工研院与产业化、人才培养、国际化的深度结合，转化科技成果，孵化高新企业，促进学科建设和科技成果产业化，延伸科技平台，推动优质资源向全国辐射，服务区域产业和科技创新。

## 一
## 以“政府—高校—企业—团队”协同创新模式，服务区域经济发展

一是模式创新。构建“研发基地—孵化器—加速器—产业园”成果转化链融合模式。引入国家级研究平台，共享科技资源。广东工研院引入华中科技大学制造学科的6大国家级研究平台，在东莞建立分中心/分室，平台中的专家团队常驻东莞开展工作，2018年新增科研平台共计10个，其中国家级2个、省级4个、市级4个。合作孵化企业，发展新兴产业。武汉光电工业技术研究院通过体制机制创新与高端产业孵化两大路径，提供平台、集成、孵化3类服务，孵化项目超过120项，培育企业超过80家。推进国家级研究成果工程化应用，将实验室成果变成真正的生产力。广东工研院根据广东省发展RFID产业的战略需求，将国家“863”“973”项目成果引进广东开展转化，将RFID封装设备从原型机变成完整产品，实现RFID从标签、读写器、应用系统到装备的系列化开发，并在华为、美的、格力、TCL等行业龙头企业实现批量应用。依托项目与企业共建创新平台，建立产业集群。华中科技大学无锡研究院与江苏省、无锡市、惠山区有关企业合作共建了航空动力、机器人、智能制造等10多个产业联盟、公共技术平台、联合研发中心等。

二是技术创新。围绕产业需求，开发拥有自主知识产权的关键核心技术和功能部件。通过组建产学研联盟，整合高校、科研院所以及行业重点企业各方的优势创新资源，开展制约产业发展的关键共性技术公关，为整个产业技术进步和优化升级服务，如工研院针对制约广东省制造业发展的关键核心技术问题，围绕无人自主技术、激光技术及装备、数字化设计、智能传感、智能控制、工业大数据等方向开展技术研发，开发出拥有自主知识产权的关键核心技术和功能部件，并成功应用于轻工制造、3C电子制造、汽车模具制造等主要行业。

三是服务创新。坚持双创理念，服务重点领域，打造有影响的技术服务体系。通过建立一系列技术服务中心，为地方各优势行业企业提供从产品设计、产品加工、产品检测到应用管理等全过程的一站式技术服务，有效提高了服务效率，节约了企业成本。与企业和镇街共建研发中心、工程中心、实验室等技术创新平台，不仅为区域发展和企业成功解决技术难题，开发新产品、新技术、新工艺，也为企业培养技术人才，促进以企业为主体的技术创新体系的建设。

## 二
## 以“校内研发—周边孵化—大学科技园成长—产业园规模发展”探索科技成果转化四级跳模式

依托学校科研、人才优势，架起高校和市场间的桥梁，深化产学研、产业链上中下游、大中小企业的紧密结合，探索形成“四级跳”模式。第一级跳，在校内构建产品研发平台，形成市场需求和产品开发的对接，提供有产业化前景的创新成果，孕育高新技术产业化的“种子”。第二级跳，在学校周边建立科技企业的孵化基地，提供企业孵化环境，营造良好的创业氛围，推进科技企业快速成长。第三级跳，在科技园内建立产业园区，采取资产重组、引资扩股的办法，形成大规模的高新技术企业群。第四级跳，通过股权转让及资源优化，有计划地将企业的股权转让给更有利于企业发展的股东；同时实现学校资本的战略性退出，用于支持新一轮的产品研发和企业孵化，形成新的高新技术企业。

## 三
## 为师生创新创业提供全方位服务和全链条支撑，破除科技成果转化体制机制障碍

一是提升科技成果转化服务能力。学校成立了科技成果转化工作领导

小组和科技成果转化办公室、科技成果转化服务中心，建立了科技成果转化集体决策制度和分级授权制度，以及科研项目数据库和专家信息库，编制了《产学研合作对接服务手册》，实行转化申请一张表，着力提升成果转化团队业务能力，积极服务教师科研成果转化。2018 年，完成审批、签订合同的各类科技成果转化项目 21 项，合同金额达到 5495.16 万元，成果转化呈现良好发展趋势。

二是探索多模式成果转化路径。学校围绕“企业合作、区域合作、驻外研究院”三大板块，探索完善科技成果转化校地、校企合作模式。立足湖北，分别与武汉、宜昌市、黄冈市、荆门市、襄阳市等湖北省多个地方政府建立了科技合作关系。走向全国，与山东、浙江、云南、江苏、福建、广东等地方政府合作交流，加强我校科技成果与地方经济对接，协助举办首届中国高校科技成果交易会，与湖北技术交易所共同承办华中科技大学服务湖北企业技术需求对接会。促进校企合作，加强与华为技术有限公司、腾讯、东方电气、中车永济电机、潍柴动力、南京富士通等国家重大重点企业和行业龙头企业的深度合作，与国内重点企业新建校企共建技术中心（实验室）24 个，新增 1000 万元以上项目 8 个。学校不断探索与完善驻外研究院管理体系，以“政府—高校—企业—团队”协同创新模式对 14 个驻外研究院进行管理和服务，成为学校融入区域创新、实施科技成果转化的重要平台。

# 科技创新与社会价值交相辉映，打通从实验室到市场的“绿色通道”

上海交通大学

自2016年入选首批国家双创示范基地以来，上海交通大学持续推进双创示范基地建设，坚持创新引领创业、创业带动就业，激活学校科技、人才和资源优势，推动科技成果有效转移转化，积极建设发展高校创新创业生态体系，不断探索、实践和交流促进高校科技成果转化的新机制、新模式。

学校进一步加大了深化创新创业人才培养、加速教师科技成果的转化、完善大学生创新创业支持体系、凝聚创新创业导师、推进高校新型孵化器建设、提高创业研究影响力等方面的力度，双创示范基地的建设稳步向前推进。学校始终将科技创新能力的提升与国家战略发展方向紧密结合，特别是在推动科技成果转化方面，学校始终坚持在机制体系完善上不断下功夫，以期形成“科技创新实现社会价值，社会价值促进科研创新”的良性循环，进一步打通从实验室到市场的“绿色通道”，为服务国家、服务社会做出更多贡献。

## 一
## 加快学、政、产资源整合，建立创新创业生态体系，集聚多层次的培育主体

为打造区域内创新创业服务能级，更好地帮助上海南部科创中心的初创企业迅速成长，市场化运营主体的高效率模式成为工作试点，由上海市闵行资产投资经营有限公司、上海地产（闵虹）集团（即国家级上海闵行、上海虹桥经济技术开发区）以及上海交通大学共同组建了上海零号湾创业投资有限公司（以下简称“零号湾创投”），负责零号湾综合孵化器的日常运营管理，对初创创新创业企业提供创业指导、创造良好的孵化环境。一是支持高校科技成果顺利向产业转移、知识创新能力为产业服务，促进创新创业要素在产业与高校之间双向流动，提高创新创业资源配置效率；二是通过完善的创新创业服务吸引、支持合作高校的老师、学生、校友在示范基地内集聚、创业；三是培育产业创新平台和科技服务机构，提升基地内产业创新的能力和能级。

## 二
## 深化大学生创新创业实践体系的建设

“创新引领创业”和“科技创业”是我校创新创业人才培养的主旋律。2017 年创新创业实践体系建设的重点是强调科技创新、科技创业，以及创新与创业的联动与贯通，将科技创新活动向后延伸到创业实践，创业实践向前端拓展到科技创新活动，使实验室科技成果通过学生创业市场化，学生的创业项目更多来源于学生科技创新成果；科技创业人才的培养定位在硕士和博士，本科生的培养更多的是聚焦在创新精神和创业意识方面。“学生创新中心”实现创新与创业无缝连接，包括创新能力训练和创新孵化两个平台，建成了机器人、无人机、IT 和智能制造四个专业实验室，提供 7×24 小时开放服务；与致远学院、环境学院等联合成立了致远创新研究中心（ZRIC）和 Eco-Tech“绿色与生态科技”创新中心两个交叉创新平台并进入试运行阶

段，为学生跨学科交叉创新提供了平台；统筹规划了无人机 Fab-Lab、机器人 Fab-Lab、绿色科技与材料创新中心、医学院实验室等 14 个项目；与 IBM、Intel、Adobe 等合作伙伴举办讲座。50 个学生科技创新工作室，是学校利用高水平科研带动高水平创新人才培养的重要载体，是高水平赛事中优秀作品的重要孵化基地。丰富创业实践和实训体系，持续举办丰富的创新创业大赛、创业训练营、创业训练计划、创业见习等实践活动，营造校内创新创业氛围。推进科技创业导师库的建设，校内科技创业项目不断增加，对技术导师和技术产业创业导师的需求明显增加，目前国家千人学者、长江学者、“四青”人才，都已成为学生科技创新导师，来自业界创业者和风投人士组成的创业导师人数已达到 300 人。

## 三

## 创新科技成果转化模式，制定规范操作流程

为健全我校科技成果转移转化工作机制，学校成立了上海交通大学科技成果转化领导小组，组长为主管校领导，下设办公室挂靠先进产业技术研究院，负责全校科技成果转化统筹工作。为落实国家和主管部门关于促进科技成果转移转化法律和政策，促进学校科技成果服务国家和地方经济发展与科技进步，加强知识产权的创造、运用和保护工作，学校在陆续出台“1+3+6”（实施意见 + 管理办法 + 实施细则）科技成果转移转化系列文件的基础上，经过一年多的探索，完善设计了知识产权转让、知识产权许可、知识产权作价投资、知识产权自主转化、专利直通车共五种科技成果转化操作模式。自 2015 年 9 月教育部正式批准上海交大知识产权公司成立以来，知识产权公司致力于搭建上海交通大学技术持股平台，以科技成果作价投资促进科技成果市场化，建立新型校企合作机制。同时为降低市场风险、维护高校知识产权权益、规范交易流程，学校与上海知识产权交易中心合作，将学校科技成果转化项目在上海联合产权交易所采用公开挂牌形式试点交易，上海交通大学成为上海首家与技术交易中心合作采用挂牌方式推动科技成果转化的高校。

上海交大积极推动科技成果有效转移转化，通过校企合作机制，打通知识产权作价入股通道；通过完善传化的方式、路径和流程，加大对科研人员股权激励力度；通过推动相关机构的建设和发展，打造高校科技成果转移转化服务平台；通过发挥各类创新创业培育多主体的集聚效应，在学校政策和实施操作上打通科技成果转移转化路径，规范高校知识产权交易流程，真正推动高校科技成果的社会价值实现。

# 实施“两双”融合战略，创新人才智力成果流动和评价机制

南京大学

2016年5月国务院办公厅发布了《关于建设大众创业万众创新示范基地的实施意见》，南京大学成为首批28个国家双创示范基地之一。两年多来，双创示范基地建设已成为南京大学服务国家创新驱动战略、培育双创主体、激发创新活力的重要抓手。南京大学不断探索形成具有南大特色、可复制、可推广的高水平综合型大学双创模式和经验，努力把人才优势和科技优势转化为产业优势和经济优势，促进新技术、新产品、新业态、新模式发展，为促进社会经济发展、实施创新驱动发展战略提供有力支撑。

## 一

## 实施“两双”融合战略，打造人才和技术“双要素”转移模式

南京大学“十三五”发展规划和“双一流”建设方案明确，创新创业将作为学校未来建设发展的重要内容。《南京大学“五四三”双创示范基地工作方案》《南京大学关于推进国家双创示范基地建设指导意见》等双创政策文件

都将双创工作作为学校“双一流”建设的重要内容。

在顶层设计上，南京大学将国家双创示范基地建设内嵌到“双一流”建设之中，明确双创是“双一流”的重要内容和组成部分，全力构建双创嵌入“双一流”的长效机制。一方面，以“双一流”建设目标和任务为双创发展提供引领，另一方面，以“双一流”建设为双创的可持续发展提供强有力的支撑。

在组织机构上，2017 年 5 月成立全国高校第一家创新创业与成果转化工作办公室（简称“双创办”），作为专门机构统筹组织全校双创工作和双创示范基地建设。结束双创职能条块分割状态，便于统筹协调和管理，形成合力，全面做实双创工作。

在政策举措上，南京大学以清障搭台、激活主体为主线，深入调研双创师生，掌握真实需求，找准障碍堵点，注重政策的前瞻性、协调性，将国家和地方已出台的有关双创的政策进一步具体化和可操作化，构建双创政策矩阵。围绕完善创业人才培养和流动机制、加速科技成果转化、构建大学生创业支持体系、建立健全双创支撑服务体系等方面实行一揽子政策措施。在科技成果处置方面，提高科研团队成果转化收益分配比例，加大股权激励力度。重点突破制约大学生与科研人员投身双创的政策障碍与制度瓶颈，为参与双创的广大师生“建跑道”，切实解决双创政策“最后一公里”问题。

打造“双要素”转移模式，助推地方经济发展。南京大学探索破除高水平原创科技成果转化的体制障碍，将“问题导向、原创科研、学科交叉与创新链建设”作为源头技术供给侧的改革重点。围绕经济转型升级、社会民生需求，加强与地方和企业的合作，加速科技成果转移转化。在校内，协调、整合、开放学校各类创新资源和基础设施。在校外，携手地方政府与行业骨干企业，通过人才和技术“双要素”转移模式，建设产学研合作平台，形成“高校—地方—企业”横向协同互动辐射机制，探索出了具有南京大学特色的政产学研合作经验，助推地方经济发展。

## 二
## 内培外引、激活主体，创新人才培养和流动机制

在人才培养方面，将双创教育融入人才培养方案，《南京大学关于制订2017版本科人才培养方案和指导性教学计划的意见》将强化创新创业教育作为新版人才培养方案和教学计划修订的7项原则之一，完善以学生为本的课程、讲堂、训练、竞赛、成果孵化“五位一体”的创新创业教育体系，整体优化了双创教育模块。拓展双创教育对象和渠道，实施《南京大学深化创新创业教育改革实施方案》，深入院系扶持一批创新创业教育培育点，推动双创教育与思政教育、专业教育和就业指导等相结合；扩展大学生创业训练计划至硕士生和博士生，将双创训练贯通本硕博各个年级。以“拓宽基础与强化实践融通”的人才培养理念为指导、以培养学生创新能力为核心，制定《南京大学关于加强和改进新形势下本科实践教学工作的意见》《南京大学本科实践教学五年发展规划（2018~2022年）》，强化本科生双创实践能力，促进创新创业教育改革深入推进。

在完善人才流动机制方面，培养和引进一批在国际学术前沿、满足国家重大战略需求的高层次双创人才。自2012年开始实施《南京大学“登峰人才支持计划”实施办法》，逐步深化海外招聘机制，不断加大人才工作的宣传力度，拓展高层次人才招聘渠道，搭建院系与海外高层次青年人才的交流平台，各类人才入选人数位居全国高校前列，队伍水平与创新能力显著提升。已拟南京大学高层次人才聘期考核暂行办法，以考核促发展，完善高层次人才的评价与考核体系，促进学科和队伍建设。

## 三
## 更新人才智力成果评价体系，构建高校双创动力长效机制

南京大学在完善中文学术期刊评价系统的基础上，建成中文学术出版物

评测发布系统，以期刊、图书、集刊、研究报告、电子出版物等类型的中文学术出版物的原始采集数据为基础，通过出版机构、作者机构在线填报为辅助，设计、开发完成中文学术出版物的信息管理系统，为学术界提供以文献计量学指标为导向的人文社科学术统计报告。2017 年 12 月，中国人文社会科学综合评价研究院在南京大学成立，“中文学术图书引文索引”成果同时发布。该索引填补了中文学术图书评价的国际空白，为中国人文学科的学术评价赢得了话语权。同时，平台建成中国智库评价系统，推进其平台化、产业化运营，目前系统已收录来源智库 600 余家，拥有专家数据 9000 余条、智库活动数据 10000 余条、成果数据近 60000 条。2016~2018 年分别在南京、北京成功举办三届中国智库治理论坛，来自中央部委及各省市智库管理部门、中国智库索引来源智库、智库研究界、思想理论界的专家学者 2000 余人与会，发布的智库评价报告受到广泛关注。

# 完善与优化科技成果转化制度，产学研深度融合加速科技成果转化

华南理工大学

华南理工大学长期以来坚持贯彻落实党和国家的教育方针，矢志不渝建设世界一流大学。在新的历史时代，全面服务国家创新驱动发展战略更是华南理工大学责无旁贷的光荣使命。华南理工大学凭借办学实力和鲜明的工科特色，在成果转化推动地区产业升级发展中，展现出卓越的服务社会的能力。一方面坚持“顶天”，以高水平科研深化产学研合作；另一方面坚持“立地”，以科技成果转化输出服务地方区域经济社会发展。

## 一

## 紧密围绕产业需求，深化产学研合作<br>协助建设以企业为主导的技术创新体系

学校积极通过大规模选派科技特派员入驻企业、共建校企联合研发机构、共建产业技术创新联盟等推动学校优势学科对接国家、地方重点产业，促进学校科技成果在企业直接得到应用，不断深化与企业、地方的合作。学

校联合相关行业龙头企业在互联网 +、智能制造、绿色低碳、精准医学等领域建立 14 个省市级产业技术创新联盟，增强了科技创新对相关产业发展的影响力。2018 年学校共派出 82 名科技特派员，深入广东各地区企业开展技术创新，将科研论文写在生产一线。先后推动了校内智能与新能源汽车、智能装备及机器人、新一代信息技术、人工智能、先进材料、生物医药与健康医疗、新能源等国家重点关注的领域高新技术研究成果，与埃克森美孚、联想集团、京信通信、金山办公、唯品会、广州数控、维汝堂等规模以上企业共建 27 个校企联合实验室，投入经费近 7000 万元，平均单个实验室企业投入超过 250 万元。

## 二
## 创新与完善成果转化体制机制，优化科技成果转化的制度环境

学校积极推进科技成果转化的“放管服”改革，完善科技成果转化制度体系，明确科技成果收益分配机制，创新与完善成果转化体制机制。一是深化成果转化“放管服”改革，解决促进科技成果转化工作过程中在科研管理、资产管理、资产经营、科研财务等方面遇到的问题及困难，成立科技成果转化办公室、科技成果转化及企业国有资产管理领导小组等，扎实推进学校科技成果转化工作。二是完善学校科技成果转化制度体系，制定《华南理工大学知识产权管理办法（2016 年修订）》，加强知识产权创造、运用和保护工作，鼓励师生员工积极从事发明创造及智力创作，促进科技成果转化和创新创业，完善学校知识产权管理审批环节，加大了知识产权运用与科技成果转化奖励的力度；修订了《华南理工大学横向科研项目经费管理办法》，研究制定了《华南理工大学科技成果转化管理办法（试行）》，起草了《华南理工大学科技成果资产评估项目备案实施暂行办法》，优化了科技成果转化管理流程，明晰了科技成果转化路径，鼓励以技术合同、技术入股创办企业或合办企业等方式开展成果转化，根据成果合同定价或评估价值设置了分段审批

流程。三是创新科技成果收益分配机制，以技术转让或者实施许可方式转化科技成果的，成果完成人可按横向科研项目进行管理，扣除 5% 的学校管理费后由项目负责人自主支配；以技术入股创办企业的，学校可将技术入股所得股权的 70%~95% 奖励给科技成果完成人及其团队，其中科技成果评估定价在 800 万元以下的、所对应的股权 95% 可用于奖励，由科技成果完成人及其团队直接持股。

## 三
## 设立科技成果转化试验区，加快推动科技成果落地，打造支撑区域创新驱动发展的新引擎

打造“五院一园”科技成果转化的试验区，进一步完善“应用成果培育—科技成果转化—科技企业孵化”全链条转化模式，通过提供资金、场地、专业化服务等支持，加速科技成果的落地与产业化，助推产学研深度融合的技术创新体系及现代产业体系建设，全方位支撑国家“一带一路”建设、粤港澳大湾区建设、广深科技创新走廊建设。国家大学科技园顺德创新园，结合顺德产业特色，从校内省部级以上实验室，遴选机器人、虚拟现实、人机交互、云计算、功能性高分子材料、节能减排、新型软件、水处理、芯片等领域 40 多项估值近 3000 万元的专利技术并引入园区，吸引社会投资超过 4000 万元。华南协同创新研究院 2016 年获批广东省博士后创新实践基地，2017 年获批东莞市名校研究生培养（实践）基地和国家级孵化器培育单位，获批东莞市“倍增计划”专业服务资源池专业服务机构，2017 年培育了广东省创业团队 1 支、东莞市创新团队 2 支。中新国际联合研究院重点引进新加坡南洋理工和华南理工以及国内外的顶尖团队，加速国际先进、成熟的技术和产品落地转化，2017 年引进中科院院士 1 名、长江学者 1 名、“杰青”获得者 2 名等国际高层次人才。

## 四
## 鼓励科研人员技术入股创办高科技企业，多元化推进科技成果转化工作

精准的产业对接、灵活的转化机制、宽松的创业环境与政策，华南理工大学以推进科技成果转移转让以及作价入股等方式，成功解锁与打通科技成果转化之路的“最后一公里”。一方面，推进专利、知识产权的转移转让，2018 年共签订专利、计算机软件版权转让 / 许可合同 64 项，涉及专利 114 件，合同金额 1386.1 万元。另一方面，联合大中型企业，推进以科技成果作价入股方式的产业转化，新型显示技术入股与创维集团合资建立新视界公司，芳纶纸相关技术入股与株洲时代新材料科技股份有限公司、株洲中车时代高新投资公司共同成立合资公司，印刷 OLED 显示技术作价增资入股广东聚华等，行业龙头企业先后合办了 10 家高技术企业，涉及专利及计算机软件版权共计 87 件，技术作价出资超过 1 亿元，吸引社会资本 1.5 亿元。学校知识产权管理工作获得社会各界的广泛认可，入选“国家知识产权战略实施工作先进集体”，获得来自广东省集成电路产业、高性能油墨行业、广东省绿色建筑材料产业、广东省先进金属材料产业等的荣誉称号。

# “校友经济”拉动“资智回汉”，全面助力高校科技成果转移转化

武汉大学

武汉大学双创示范基地全面贯彻党的十九大精神，以习近平新时代中国特色社会主义思想为指导，面向国家和地方重大需求，围绕学校双一流建设目标，坚持以提高质量为核心，紧紧围绕学校“顶天立地”发展战略和“以贡献促共建、以服务求支持”的社会服务理念，充分发挥科技桥梁与纽带作用，促成学校与地方政府或企业共建了一批新型研发机构和学生实习实践基地，形成了科技成果转移转化与人才培养相结合的模式。以“凝聚校友力量，服务学校、服务校友”为根本宗旨，努力构建“大校友”工作格局，全面提升创新创业支撑服务能力，为学校加速创新创业、人才引进、人才培养、科技成果转化等核心中心工作做出了突出贡献。

## 一

## 坚持“以贡献促共建、以服务求支持”的理念，推进科技成果转移转化

近年来，为贯彻执行《国家技术转移体系建设方案》(国发〔2017〕44号)，推动科技成果加快转化为经济社会发展的现实动力，武汉大学技术转移中心积极响应武汉市提出的力争五年内在汉高校院所科技成果就地转化率达到80%的号召，总结在各地分中心的经验和模式，进一步加强在湖北武汉市的技术转移工作力度，重点推进以下五项工作。

一是设立武汉大学技术转移光谷分中心。受学校党委高度重视，光谷分中心建设被列入武汉大学2018年党委工作要点。为推进中心建设，基地自筹了一部分资金、联系了办公场所，在武汉市、东湖新区暂时还没有支持的情况下，开始了工作，包括：2017年基地联合光谷留创园举办了首期武汉大学海外引进人才创新创业项目投资路演；积极组织我校相关学院与武汉的工研院开展产学研对接活动，促成了我校电气学院与武汉市新能源研究院共建无线电能传输工程中心并成功获批省级能源(电力)互联网工程中心等。

二是共建武汉城市圈技术转移中心。基地围绕国家双创战略和武汉城市圈发展规划，与武汉市武昌区达成合作意向，初步商定以武昌环珞珈创新经济带和武汉大学“双一流”建设为契机，共建武汉城市圈技术转移中心，发起设立科技成果转化专项基金、湖北省(武汉大学)博士后创新创业基地、国家发改委双创基地、教育部高校科技成果转化基地、珞珈协同创新科技产业发展联盟以及共同推进武昌中小企业“步步高计划”。

三是全力支持武汉市开展北斗产业园区创新发展试点。2017年，国家发改委为贯彻落实中央领导关于强化北斗产业园区创新发展的重要批示精神，决定组织实施北斗产业园区创新发展专项行动，以北京、上海、广州、武汉等8个城市作为试点。武汉大学相关学院、重点实验室、工程中心和武大科技园、武大吉奥、武大卓越、武汉立得、武汉导航院、武汉六点整等一批机

构，为武汉市列入国家试点城市提供了重要支撑。为此，武汉大学整合各方资源，全力支持武汉市试点工作。目前，武大科技园牵头成立了北斗产业联盟；科技园孵化的武汉六点整、珞珈德毅等企业已入围国家北斗产业园区发展专项；武汉六点整与武汉大学经管院保险系共建 UBI 数据模型联合实验室；刘经南院士给王晓东省长写信，建议多方合作设立北斗产业基金。

四是筹建武汉市文化创意设计研究院有限责任公司。文化创意产业一直是武汉市武昌区着力打造的支柱性产业。武汉大学人文社会科学综合实力位居全国前列，为学校、政府、企业多方合作，共同发展文化创意产业提供了有利条件。目前，基地以武汉大学文化创意设计中心人才与技术为支撑，拟与武昌区共同打造产学研用协同创新的产业化平台。

五是加大以作价投资方式转化科技成果工作力度。基地重点协助推进了我校电气学院王军华、电信学院郑宏、物理学院付德君、计算机学院胡瑞敏、网络安全学院陈刚、动机学院杨兵等教授团队在武汉开展产学研合作。其中，王军华教授团队拟与东湖开发区新能源研究院、光电工研院及武昌区珞珈创谷围绕电动汽车无线充电产品、无人机无线充电产品和机器人无线充电产品，以武汉大学科技成果作价入股产业化组建公司；胡瑞敏教授团队拟与武汉福星银湖控股公司合作，围绕可信人脸识别闸机系统，拟以武汉大学科技成果作价入股产业化组建公司。

## 二

## 搭建校友“资智回汉”平台，促进产教融合发展新格局

基于近年来的不断探索和实践，武汉大学“校友—母校”发展共同体的理念、模式和架构逐渐清晰，助力创新创业发展。基地成立武汉大学校友企业家联谊会，并陆续成立了泛珠三角分会、环渤海分会、长三角分会、中西部分会等分支机构形成全国布局。联谊会团结了一大批优秀商界校友精英，形成校友间交流合作的主阵地，并推动校友们凝心聚力、共同发展。在校友的推动下，2019 年 4 月 7~10 日，首届世界大健康博览会在武汉盛大举办，

受到国内外高度关注。

首创“城市 + 母校 + 校友”发展新模式，“校友经济”开始辐射至武汉乃至中部地区，服务于地方经济社会发展，在 2017 年的“资智回汉工程”中，武大校友企业累积投资武汉签约金额 3254 亿元，成为拉动武汉经济发展的新引擎。武大、校友和武昌区政府共同发起成立了首期 1.5 亿元的珞珈天使基金、“珞珈创谷”和“创业投资联盟”，推动学校技术创新型科技成果、创业项目与校友资本、资源、深度孵化服务的对接。近年来，校友为学校陆续捐资助建了博物馆、体育馆、文科楼、研究生楼、科技楼等多栋大楼，积极为母校改善办学条件和基础设施，设立讲席教授基金，支持学校的师资队伍建设，围绕学校人才强校战略，设立人才引进基金，仅用短短一年多的时间募资超过 5 亿元，为学校引进海内外高层次人才提供了强有力的财力保障，为创新创业产教融合发展搭建了新格局。

# 塑造“硬科技”品牌，积极探索“科技＋”融合发展新模式

中国科学院西安光学精密机械研究所

中科院西安光机所成立于1962年，50余年来，圆满完成了以“两弹一星”、载人航天和月球探测等为代表的国家重大战略科研任务，为国防安全和科技进步做出了突出贡献。近年来，西安光机所积极面向国民经济主战场，坚持“拆除围墙、开放办所”，率先提出并塑造“硬科技”双创品牌，积极探索“科技＋金融、科技＋服务、科技＋市场、科技＋社会”融合发展新模式，将“硬科技”品牌做大做强。

## 一

## “科技＋金融”：为硬科技企业提供“第一桶金”

西安光机所定义的“硬科技”，是指以航空航天、光子芯片、新材料、基因技术、脑科学、人工智能等为代表的高精尖科技。区别于由互联网模式创新构成的虚拟世界，属于由科技创新构成的物理世界，是需要长期研发投入、持续积累才能形成的原创技术，具有高门槛、难以被复制和模仿的特点。由于其

高门槛、高投入、高风险的特性，社会资本往往不愿在“硬科技”领域的早期项目中投入资金，在该领域“第一公里”难以起步的情形下，西安光机所大胆尝试，成立中国第一个由研究所发起的“硬科技”成果产业化天使基金——西科天使基金，主要投资拥有核心技术和高成长潜力的种子期和初创期的“硬科技”中小企业。从初始 1.3 亿元规模的西科天使一期开始，现已管理西科天使二期、西科天使三期、陕西省大数据产业基金、先导光电集成基金、军民融合基金、中科院成果产业化基金等专业化基金，基金总规模已拓展至 51 亿元，为不同专业领域的创业者提供金融服务，实现科技与金融的深度融合，有效解决了科技成果产业化的“第一桶金”问题。

## 二
## “科技 + 服务”：为“硬科技”研究者点亮“灯塔”

科研人员擅长技术研究开发，但在创业过程中面临企业经营、市场运作、财务法务、人力资源等诸多现实短板往往束手无策，为解决科研人员离岗创业的现实困境，西安光机所创建了国内第一家“硬科技”国家级科技企业孵化器——“中科创星”，为在孵企业提供财务法务、人才招聘等孵化服务。依托西安光机所研究生部、中科院大学等机构，培养了一批在科技领域有新建树、新发现、新发明的创新型科学家和科研工作者。在研究所推进人才分类评价及考核制度，为人才培养营造宽松的制度条件，面向全球招揽高层次创新人才，在政策、资金、生活等方面予以持续支持。同时，西安光机所打造了国内首个专注于硬科技创业的培训服务体系，创办“硬科技创业营”，邀请来自世界顶尖的硬科技企业高级管理人员、创业 CEO 及实战咨询师共同探讨创业经验，形成以“硬科技创业训练营 + 创业公开课 + 创业大讲堂 + 创业沙龙 + 创业精品课”为主的全体系硬科技“双创”教育模式，通过人力识别与团队搭建、战略规划、财务规划、商业逻辑及模式、股权激励与分配、商业运营六大板块课程，帮助科研人员少走弯路，快速转变角色。中科创星被科技部认定为“国家级科技企业孵化器”，于2015年、2016年，连续两年在国家级孵化器考核中被评定为A类（优秀）。

## 三
## “科技＋市场”：为“硬科技”产品开辟“蓝海”

从实践经验来看，企业主体往往具有敏锐的市场眼光，能够紧密把握市场的需求，从而布局研发方向。西安光机所改变了传统的科研价值观，从以往根据国家项目要求决定科研计划、关起门来搞研究转变为“把企业搬进研究所”、把科研任务与市场需求相结合，通过与企业共建工程中心或者联合实验室，搭建起研究所与企业之间的桥梁和纽带，从而牵引研究所的科研立项与规划，科研选题、科研方法和计划按市场需求变化确定，企业通过研究所的科研平台、仪器设备、人才技术等支撑，双方合作开发，实现产学研的深度融合，助力企业可持续发展。为解决科技成果转化后培育企业和科研人员在创新创业过程中遇到的诸多难题，西安光机所搭建了“一站式”全方位服务模式，为在孵企业提供战略规划、市场对接、技术支撑、设备共享、财务法务、人才招聘、品牌宣传、投融资对接等全方位的孵化服务，打通资本、研发、技术、市场、渠道等环节，为中小型科技企业快速发展提供可靠支撑。

## 四
## “科技＋社会”：为“硬科技”创业营造“生态圈”

西安光机所利用自身基础，建成了“众创空间＋孵化器＋加速器（产业基地）”的全链条孵化载体，构建了“研究机构＋天使基金＋孵化器＋创业培训”的贴身孵化环境。结合择机退出和反哺接力机制，打通了科技成果转移转化的“接力棒”体系，实现了集科技创业者、投资人、工程师、创业服务者为一体的热带雨林“硬科技”创业生态圈。引导社会从关注互联网创业、急于赚快钱、急功近利等风气转变为关注“需要长期研发投入、持续积累，有技术门槛、技术壁垒，能够对人类经济社会产生广泛而深远影响”的“硬科技”创业。西安光机所主动与社会机构深度合作，发起成立首个“硬科技创新联盟”，主动承担中央电视台国内首档聚焦智能科技挑战类节目——《机智过人》的策划与组织，参与湖南卫视原创科技秀节目《我是未来》，通过多种形式积极参与科学技术的普及工作，致力于构建“硬科技”全产业生态环境。

西安光机所从十年前就开始探索科技成果转移转化体制机制改革，通过“拆除围墙、开放办所”，面向国民经济主战场领域“先行先试”，真正实现了产学研深度融合，初步形成了独具特色的“西光模式”，促进了科技成果加速转化为生产力，全方位推动了创新创业工作，塑造了“硬科技”品牌，目前已经初步形成了高端装备制造产业集群、光子集成芯片产业集群、民生健康产业集群和军民融合产业集群等四大产业集群，充分发挥了国立研究平台和科技资源在中国经济转型升级中的积极作用，让传统研究所增添了活力、再焕生机。

# 充分发挥航空航天科研领域独特优势，积极实践科技成果转化新机制

中国科学院长春光学精密机械与物理研究所

长光卫星技术有限公司（以下简称“长光卫星”）是由中国科学院长春光学精密机械与物理研究所孵化培育的科技尖端型创业企业，成立于 2014 年 12 月 1 日，是吉林省航空航天遥感领域的龙头企业，也是我国第一家商业遥感卫星公司。公司由中国科学院长春光学精密机械与物理研究所、吉林省中小企业和民营经济发展基金管理中心等 6 个股东单位和 32 名自然人组建而成，拥有国际领先的自主研发技术及硬件设施。2015 年 10 月 7 日，由公司自主研发的“吉林一号”组星成功发射，开创了我国商业卫星应用的先河，目前“吉林一号”星座数量已经达到 12 颗，是国内最大的商用遥感卫星星座。公司秉承“团结、创新、拼搏、务实”的“一箭四星”精神，以“用空天地一体化遥感信息产品服务全球 70 亿人”为使命，依托吉林遥感信息综合运用平台，打造线上线下一体化的遥感数据信息服务及应用领域的创新示范基地，为推动吉林省产业转型升级，带动东北老工业基地振兴并谱写中国商业遥感卫星的辉煌明天而全力奋斗。

## 一
## 打造“吉星客”专业孵化载体，助力航空航天科技成果转化

长光卫星技术有限公司按照“大众开发、万众创新”的发展思路，与吉林省政府、长春市政府联合成立总规模5亿元人民币的“吉林省航天信息创新创业投资基金”，在占地面积约21.6万平方米的“航天信息产业园”内建立了“吉星客”创客空间。“吉星客”创客空间是以促进航空航天遥感信息产业应用以及其他科研成果转化、创客创业加速、培育科技型中小企业和企业家为宗旨的投资促进型科技企业众创空间。“吉星客”创客空间不仅为空间内创客提供办公场所，而且为其提供了航空航天遥感数据及相关技术支持等服务，同时在高新技术集中区域营造了创业氛围，组织创业活动与指导，为其提供了对接国内外多方创业资源，通过培训辅导、融资对接、活动沙龙、财务及法律咨询等基础服务帮扶创业，同时配合专项创业基金，帮助了初创企业提供全方位的创业及创新服务。2017年1月，“吉星客”创客空间获批省级专业型孵化载体，已完成投资金额58.9万元，设立专项预算资金676万元，依托单位长光卫星技术有限公司的技术和资金支持，合作开发了遥感信息软件应用平台，其中10项已获批软件著作权。目前“吉星客”创客空间在孵团队有4个，分别为农业遥感团队、遥感API团队、遥感电商团队和宜居测算团队，在孵人数共计97人。

## 二
## 积极探索“揭榜挂帅”机制，释放“产学研用”协同创新的中坚力量

长光卫星技术有限公司在基础、前沿和颠覆式创新领域，一直坚持对外开源开放理念，充分利用社会资源，积极探索揭榜挂帅机制，加强与科研机构、非公经济中小微企业、高校院所等多方科研力量建立更深层次的合作

机制，形成聚焦在产品、项目和产业上的战略合作平台、攻关平台，真正实现习近平总书记提出“谁有能力谁揭榜”的口号。围绕国家重大战略需求和重点发展方向，采用揭榜挂帅的方式，不仅可以引入社会各类创新主体，带动上下游中小企业，推动人才、资金、岗位、任务、技术等要素协同创新，更能通过协同创新的带动作用，加强在战略、技术、标准、市场等层面的沟通协作，共同创新攻关、研究开发，推动科技成果的转化、应用、推广，释放产学研用协同创新的中坚力量。

## 三
## 聚焦科技、经济与人才建设紧密结合的成果转化机制

一是鼓励多样化科技成果转化机制。鼓励成员单位内部、成员单位之间以及向社会的成果转化，鼓励采用多种形式进行转化，包括自行投资实施转化；向他人转让科技成果；许可他人使用该科技成果；以该科技成果作为合作条件，与他人共同实施转化；以该科技成果作价投资、折算股份或者出资比例等。二是制定针对性的成果转化激励机制。针对衔接技术产业链及价值链关键的核心技术，建立科技成果转化收益分享激励机制，根据项目中各项转化成果对利润贡献所占比例，每年从实施该项科技成果营业利润中提取一定比例，对科技成果的完成和为成果转化做出重要贡献的人员进行奖励。

## 四
## 立足聚天下英才而用之的思想，为卫星研制技术创新提供源头活水

一是建立高层次人才、急需紧缺人才职称直聘制度。对于稀缺的高端人才、重点领域急需紧缺的高层次人才，建立职称直聘制度，制定相应标准条件，直接聘任为高级工程师或高级工程师（研究员级），推动对高层次人才、紧缺人才的培养。二是构建双创人才的双向流动机制。针对青年双创人才面

临创新创业的普遍顾虑，按照“组建一支创新团队、孵化一个科技项目、兴办一家高新企业、带动一个新兴产业”链式发展路径，建立双创人才的双创流动机制，制定科研人员和企业间合理流动机制，促进科技成果有效转化。三是改革科技人才评价标准。深入研究不同类型人才特点，完善公司高层次科技人员考核评价办法，将能力和项目作为科技人才评价的基本要素，针对技术研究类、工程产品类等不同类型科技人才分类制定考核评价标准，做到“不唯学历、不唯论文、不唯资历”。

长光卫星始终将科技创新作为企业发展的不竭动力，坚守“责任、创新、卓越、共享”核心价值观，围绕“科技、人才”两个要素，创造有利于创新人才快速成长、聪明才智充分施展的良好环境，致力于打造一整套适应现代创新型企业的成熟、定型、可复制的科技管理和运行机制，进一步打通科研和产业之间的通道，加速双创示范基地科技成果转移转化。长光卫星双创示范基地将结合区域相关配套政策，充分调动公司内外双创的积极性与主动性，激发创新活力，允许基地各双创平台、双创中心享受长光卫星及所在地最优惠的成果转化、人才激励等科技创新及双创政策。

# 构建价值共享的科技成果转化生态圈，探索国有科技成果转化新路径

中国航天科工集团公司

科技成果转化是实现从科学到技术、从技术到经济“并驾齐驱”支撑高质量发展的“关键环节”。目前，科技成果转化方面还存在双创成果完成周期长、科技成果早期估值难、无形资产作价入股难、科技成果权属分离难、创客团队出资难、内部量化确权难、奖励及时发放难、成本精准核算难等难题，亟须加快创新成果转化应用，彻底打通关卡，破解实现技术突破、产品制造、市场模式、产业发展“一条龙”转化的瓶颈。

航天科工集团顺应时代潮流，积极响应国家“大众创业、万众创新”号召，始终秉承“科技强军、航天报国”的企业使命，积极推动内部双创、支持外部双创，构建了“体系与大系统主体创新 + 专业技术多维度双创”的科技创新体系，形成了“线上与线下相结合”的双创服务体系，推动形成了“企业有组织、资源无边界”的共享型双创新生态。航天科工形成了“三期三池”的内部双创推进模式，即按照项目“培育期、孵化期和加速期”分别进入“创意池、种子池和产品池”，针对不同阶段提供不同的政策、资金与其他资源支持，更加全面、系统、持久地支撑我国科学技术创新、商业模式创

新、管理创新能力的提升，广泛吸引、撬动并整合社会双创资源，共同推动产品与产业结构调整优化，不断探索实践有特色、可复制、能推广的特大型工业企业双创建设之路，努力成为国家双创工作的领头羊和主力军。

航天科工集团以航天二院二〇六所为探索主体之一，构建了“航天原点创客”成果转化平台，率先开展了高价值科技成果量化激励模式的探索，在军民融合科技成果转化方面取得了突出成效，打通了国有企业创新到创业的“最后一公里”。通过组建专业的成果转化团队，辅导科研人员将设备精灵科技成果作价入股，成立了航天极创物联网研究院（南京）有限公司，开启了航天央企首单科技成果量化“知本”投资的双创示范项目，实现了国有企业科技成果持有权、使用权、收益权的“三权分离”。通过“成果知本券”和“内创业合伙人”机制，进行量化确权激励，把科技成果转化成收益，合法合规地分配给单位和成果创造人，回答了科技成果归谁的问题，有效缩短了成果转化周期，让成果增值和创新更有活力。

## 一

## 搭建创新创业平台，勇做科技成果转化破壁人

2016 年，航天原点创客响应“大众创业、万众创新”号召系统开展双创工作，搭建航天原点创客空间，为创客们开展创新创业活动赋能。

在创业支撑方面，充分调动所内科研生产和管理资源，组建由产业、技术、财务、法务、风控等专家组成的科技成果转化专业辅导团队，提供系统性的政策解答、技术咨询、概念验证、中试、检验检测、投资融资、产业对接等成果转化服务，承担起科技成果转化破壁人的责任，帮助科研人员将创新项目从技术实现向市场应用转变，加速成果转化。

在成果验证方面，借鉴国内外先进模式，打造双创成熟度概念验证开放平台，对双创成果技术成熟度、市场成熟度、团队成熟度进行量化评价，为双创项目的孵化提供了一套科学性强、指导性强的工具和方法。

在价值评估方面，依据国家标准 GB/T22900-2009《科学技术研究项

目评价通则》，通过技术、法律、市场、战略、经济等多维度测评，筛选出高价值创新成果，将双创活动中形成的专利、软件著作权等成果转化为经济效益，打通技术与市场结合的通道，提升成果转化的效率，促进科技成果资本化，助力创新团队打通从创新到创业的“最后一公里”。

## 二
## 实施高价值科技成果量化激励，调动创新创业热情

航天原点创客建立健全科技成果转化激励分配机制，以双创成果转化产生效益为导向。

采用“成果知本券”的形式，根据价值贡献度进行量化确权，对创业合伙人（包括创客团队、战略协同团队等所有创新创业参与方）的成果转化收益进行确权，兼顾“离岗创客”和“在岗创客”的利益，建立符合科技创新规律和市场经济规律的科技成果合作模式和转化流程。

在制度允许范围内，充分利用项目收益分红、转让收入分红、成果作价入股等方式奖励创客，让创客“在岗创新、在职创业”享受双创成果红利，实现“知识 IPO”，真正得到实惠，持续激发创客创新创业活力，激发全体员工推动创新创业事业、参与创新创业活动的热情，形成良性循环，建立长效机制，2018 年科技成果转化增收达到数千万元。航天原点创客科技成果转化流程如图 1 所示。

## 三
## 积极探索国有资产创新创业实施路径，打通双创成果转化“最后一公里”

二〇六所通过作价入股、转让、许可、自行实施、合作实施等多种渠道，搭建双创成果转化模式。其中，“设备精灵”双创项目成功孵化形成了航天科工首个双创项目公司——航天极创物联网研究院（南京）有限公司，引

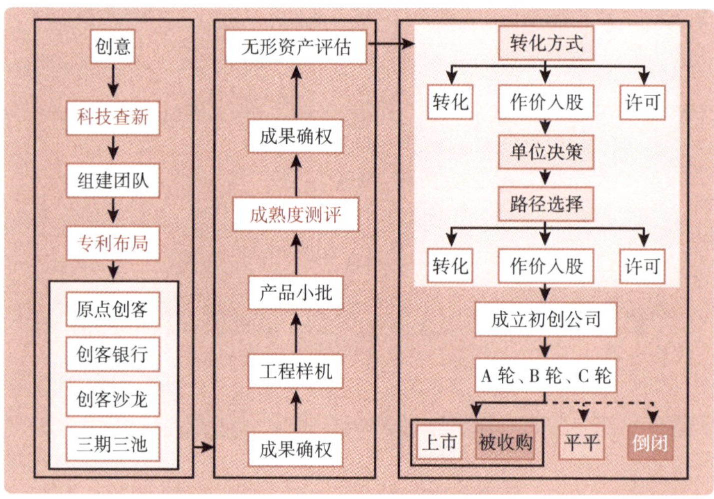


**图 1　科技成果转化流程**

入外部基金，并按照市场化手段对成果进行定价，以独占许可转化方式，实现了双创成果持有权、使用权、收益权三权分离，为双创项目企业化发展探索出了一条道路。此外，“单兵空调”双创成果技术市场公开挂牌转让，实现收益逾 200 万元；“灯塔”全景相机、“生命卫士”呼吸面罩等军民融合产品以“研发许可一体化”模式实现产业化发展，助力小微民企产业结构升级，目前已批产销售近万套。

## 四
## 以双创成果转化构建协同发展的产业生态

在产业生态建设方面，航天原点创客以双创成果转化为契机，联合航天云网、航天科工工研院、中国技术交易所、北京股权交易中心、律师事务所以及外部创业公司，围绕产业链构建创新链，推动跨领域跨行业协同创新，加强行业共性关键技术研发和推广应用，探索联合攻关、利益共享、知识产权运营的有效机制与模式。

在支持小微企业双创方面，通过双创成果输出模式支持民营小微企业产业升级，通过技术授权方式将双创成果许可小微民企，实现高新技术供给；民营小微企业利用成本和运营灵活优势，快速实现双创成果产业化、企业化、市场化，并依托双创成果转化，开发新产品、开拓新产业，以航天先进技术加强自身竞争力，提升产品附加值，形成差异化竞争，实现产业升级，提高发展质量，通过市场收益反哺创新产品研发。

在经验积累推广方面，航天原点创客组建了精干高效的成果转化团队，形成了《科技成果转化政策宝典》和《高价值科技成果量化激励实操手册》等知识清单，建立符合科技创新规律和市场经济规律的科技成果转化流程。通过线上“航天原点创客科技成果转化专家系统”和线下“双创成熟度概念验证开放平台”，已辅导航天科工内外部 180 多个双创项目。接下来，航天原点创客将进一步探索基于价值共享的科技成果转化生态圈，形成双创成果向产业化发展的“接力棒”模式，逐渐实现从单点创业创新向产业链协同创新创业转变，从单纯的技术创新向以技术、商业模式和管理的综合性创意创业创新转变，从个体创新创业向范围更广的科技人员群体协同创新创业转变，实现创新创业从局部到整体、从现象到机制的跨越，让适合创业的创意真正实现创新。

# 全力打造“工业资源精准配置平台”提升航空工业科技成果转化率

中国航空工业集团有限公司

为贯彻落实国家创新驱动发展、军民融合发展、“大众创业、万众创新”等战略部署，中国航空工业集团有限公司（以下简称“航空工业集团”）充分利用自身资源优势，以“创新创业＋军民融合”为切入点，通过打造线上线下双创支撑平台、构建全面政策保障体系、树立双创品牌等方式，打造面向全社会开放的创新创业生态体系，推动航空优势技术与民用产业需求相融合，与全社会创新创业主体一道联合创新、联合创业、联合创造，助力大中小企业融通发展。

## 一 “一个组织体系、多项政策支撑、多层次试点”打造双创政策保障体系

一是实施科技成果转化指导意见，促进航空工业科技成果转化。航空工业集团制定下发《中国航空工业集团有限公司科技成果转化管理办法（试

行）》，规范并促进航空工业科技成果转化活动，激发广大科技人员的创新活力和创造潜能，发挥科技资源对航空工业集团发展的支撑和引领作用，让科技成果存量转变为经济发展的增量，实现航空产业与非航空产业相互促进，推动航空工业集团的快速发展；创新性地提出“建清单、选方式、定比例、做转化、兑奖酬”五步实施法，在转化项目选取、转化方式选择、约定利益分配比例、实施转化、兑现奖励等各环节提出明确要求，为各单位实施科技成果转化给出了全过程操作指南。按照前期已下发的指导意见，2017年、2018年均选了14家单位试点，分别奖励764名和742名科研人员，奖励金额分别为1482万元和1163万元。

二是出台中长期激励办法，激发人才双创活力动力。强化政策指引和推动，出台《中国航空工业集团公司中长期激励暂行办法》（以下简称《中长期激励办法》），积极支持发展混合所有制，实施股权多元化、参股不控股等灵活合作模式。探索创新人才激励机制，构建市场化薪酬体系，采用鼓励管理层和技术团队出资入股、核心高管股权期权激励等措施，让创新人才在科技成果转化过程中得到合理回报，激发人才创新创业活力，推动企业不断加强自主创新，提高科技创新能力。

三是制定下发军民融合系列文件，建立开放性系统创新体系。出台《关于深入贯彻落实国家军民融合发展战略的决定》《航空工业军民融合发展行动纲要》《航空工业军民融合产业拓展行动指南》《航空工业全面深化改革 军民融合发展“1+N”改革任务分工》等军民融合发展系列文件，加快航空科技创新，推动建立开放性科研生产体系和军民科技协同创新体系，将航空工业集团创新需求与社会创新资源对接，实现军民资源互通共享和相互支撑转化，推动军民融合深度发展。

四是出台容错纠错办法，为创新松绑。下发了《关于激励干部改革创新、担当作为、干事创业建立容错纠错机制的实施办法（试行）》，进一步明确容错纠错的认定标准及使用条件、实施主体和程序，宽容干部在改革创新中的失误错误，在思想上为勇于创新的干部松绑。

## 二
## 打造立体化多维度创新创业支撑平台

一是围绕科技创新和军民融合，打造多维互联网双创平台。2014 年推出“中航爱创客”平台，持续加强互联网双创平台建设，在优化完善“中航爱创客”平台的基础上，鼓励所属单位利用互联网开展双创相关工作，航空工业综合所利用自身标准资源，聚焦军民融合，倾力打造了“融融网”；同时，航空工业集团积极推动“中航爱创客”与“融融网”建立协同机制。

二是打造“1+N”双创基地网络布局，强化技术创新与成果转化。航空工业集团统一部署，依托航空工业多地协同的产业基础，结合各地资源基础和创新形势，规划布局地方创新中心，以市场需求为牵引，开展产学研一体化建设，促进航空科技成果转移转化，培育军民融合项目。同时鼓励所属企业利用自有面积，设立孵化器和众创空间，打造资源展示、供需对接、成果转化与交易平台，提供面向地方企业、创业团队的咨询、人才培训、投融资等“双创服务”，目前这些双创基地已累计入驻初创企业和团队 249 家，服务创新创业人员 2190 人。

## 三
## 探索双创体制机制“特区”

航空工业集团以中航联创为试点，积极在体制机制创新方面寻求突破，经过一年的探索，在骨干人员激励和混合所有制改革方面取得了突破，为后续将双创打造为体制机制特区积累了经验：2018 年，中航联创员工股权激励顺利实施，员工持股平台认缴 3000 万元；2018 年 6 月，中航联创公开挂牌募集资金，引入 3 名战略投资者，出资 5825 万元，合计持股 36%；中航联创牵头组建小规模创投基金，为创新创业项目提供专业、快速的资本服务。

## 四
## 拓展创新创业领域、打造双创生态

航空工业集团在打造双创生态的基础上，鼓励所属单位通过多种方式拓展创新创业领域，将各类创新创业主体吸引到航空工业双创生态中来，将创新创业实践拓展到更多领域。

一是推广产业联盟模式，建立内外协同机制。与高校、研究机构、企业等开展协同创新；2018 年，通过航空工业虚拟现实产业联盟，与外部企业、高校协同开展桌面虚拟显示系统工程验证等工作，新成立了通用航空空管系统产业联盟。

二是试点科研人员和科研团队离岗创业。航空工业集团在内部研究所集中的直属单位，试点鼓励科研人员和科研团队离岗创业，目前已形成一批代表性的产品和公司：智能外骨骼机器人已完成样机试验，正在进行医疗取证；“国画”激光投影机公司、空管系统公司、“天芯互联”平台成立，一批科研管理人才投身创业。

三是塑造航空工业双创品牌影响力。通过展览、论坛等活动，展示航空工业集团双创典型做法和创新创意产品，与地方政府、企业共同探讨科技创新、航空先进技术应用等议题。2017 年，参加中央企业双创成果展和央企创新成就展，向李克强总理汇报航空工业集团双创成果；2018 年 6 月，在重庆高交会设置航空工业双创走廊；2018 年 10 月、11 月，先后在成都、苏州举办军民融合科技创新论坛。

四是提升内部创新活力。航空工业集团通过创新创业训练营、“劳模”创新工作室、职工“五小”创新、青年创新论坛等活动，在内部营造创新创业氛围，创新创业活力大大提升。“鲁宏勋技能大师工作室”“万胜强技能大师工作室”等 11 个工作室被评为国家级劳模创新工作室；2018 年航空工业青年创新奖评选出 6 个金奖、13 个银奖；2018 年 11 月航空工业集团在苏州举办了首届航空工业创新创业训练营。

五是举办创新创业大赛。航空工业集团系列化举办创新创业大赛，旨在积极贯彻落实国家创新驱动发展、军民融合发展等战略部署，依托航空工业高科技优势，充分发挥中航爱创客创新孵化、创业加速和联合创新的平台效应，整合创新创业要素，营造“鼓励创新、支持创业”氛围，激活内部潜力、协同外部资源，促进航空科技成果转化，实现军民深度融合发展。大赛已成功举办两届，由最初的仅在集团内部举行发展为面向全社会创新创业者，聚焦虚拟现实、健康医疗、电子信息、无人机、大数据等多个新兴产业方向，吸引了各地政府部门、投资机构和企业的广泛关注。第二届航空工业“联创杯”创新创业大赛带动 60 余家投资机构及 20 余家战略合作企业参与其中，30 余家媒体对比赛活动进行了报道；网络带动近 70 万人次投票，300 万次关注。

# 发掘“师徒创业”新模式，打造科技成果转化新机制

中关村软件园

高校是基础研究的主力军，是高新技术产业化的重要力量，也是创新创业的重要源头。中关村软件园通过双创教育、专业共建、大学生创业园运营，有效整合高校人才、项目和资源，并充分依托高校产学研创新资源，探索发掘出“师徒创业”崭新模式，即高校老师提供科研成果以及持续的技术支持，交由学生进行商业化运营，充分调动了参与各方积极性，带动科技成果有效转化，有效激活了高校、科研院所闲置的科技成果资源。同时，借鉴国际领先的双创体系，设计出针对“师徒创业”独有的双创教育体系，通过不断实践，充分验证“师徒创业”模式的可行性，有效提升科技成果转化的成功率，探索出一条创新性的科技成果转化新路径。科研人员的研究指向性大大增强，更多关注产业应用需求，极大地促进了科技成果和产业需求的紧密结合，打通了科技到产业的转化通道。从创业孵化到人才培养、科技金融等体系化的创新生态系统构建为“师徒创业”提供了项目落地和培育的土壤，有力地支撑了“师徒创业”模式的实施，解决了科技到产业的“最后一公里”。

## 一
## 构建“师徒创业”服务网络，打造科技成果转化新体系

为进一步推动以“师徒创业”模式带动科技成果转化工作，汇聚中关村软件园人才、产业、资本等优势资源，构建从技术中试到产品化、商业化、资本化和规模化的全流程、多层次服务网络，根据项目特点，构建立体式的“师徒创业”服务网络，为不同阶段项目提供点对点的专属培育服务，打造全新的科技成果转化体系。

一是为“师徒创业”项目提供免费的空间载体，确保项目顺利落地。根据大学生创业园（软件园）的产业定位，从多支优秀“师徒创业”团队中，重点筛选出 10 支优秀创业项目入园孵化，促进最具潜力的科技成果得以落地转化。

二是帮助“师徒创业”项目对接政策资源。挖掘具有潜力的“师徒创业”项目，提供“大学生创业园”免费办公场地、政府项目申报、政策咨询、知识产权及政府资金申请等一系列服务，省去“师徒创业”的后顾之忧。

三是提升“师徒创业”项目商业运营服务水平。缺乏商业运营经验是“师徒创业”项目团队的短板。为此，中关村软件园整合中关村软件园优势资源，搭建了从知识产权、营销推广、人力资源服务到企业战略等完整的培育服务体系。配备股权融资、债权融资、融资租赁等多层次的科技金融服务，为不同行业、不同阶段项目提供点对点的专属培育，实现精细化的科研成果孵化。

四是提供独立的价值评估、股权运营服务。科技成果价值评估以及“师徒创业”中的股权运营是科研成果转化的核心难题。中关村软件园引入第三方价值评估和股权运营专业机构，为“师徒创业”项目中存在的问题提供专业化咨询服务，帮助项目明晰权责利分配，解决项目长期发展的隐患。

## 二
## 不断优化提升“师徒创业”模式，有效解决科研成果转化难题

目前高校的评价机制中，纵向课题仍然占据较大比重，导致高校老师普遍存在“重纵向、轻横向”的问题。“师徒创业”模式促进高校科技成果与产业的互通互联，发挥产业对科技成果转化的导向作用，极大地提升了创新创业资源要素的利用效率，使成果得以迅速落地，实现产业效益、经济效益和社会效益，解决“技术距离产业很远”的难题。通过中关村软件园双创教育体系的培养，进一步调动高校老师成果转化的积极性和主动性，激发大学生创新创业热情，夯实大学生创新创业基础，提升大学生的创新意识、创造精神和创业能力，为科研成果转化和国家创新战略提供重要的人才支撑。

一是继续在其他区域复制“师徒创业”的成果转化模式。通过走进校园、与高校科技成果转化中心对接等方式，挖掘更多有潜力的科技成果，以成熟的“师徒创业”模式进行转化，并与中关村软件园企业进行对接，让技术离产业更近。

二是继续优化“师徒创业”服务模式。完善科技成果转化新体系，汇聚高端人才资源，形成专家智库，为“师徒创业”团队提供更有针对性的咨询服务。针对不同产业领域，建立完善的产业库，帮助“师徒创业”项目从产业链角度实现有效对接。

三是继续加强产学研的深度合作。依托“师徒创业”模式和服务体系，推动园区企业与国内高校开展各种形式的产学研交流，对接成果与需求。依托中关村软件园产业服务经验及优势资源，围绕技术服务、科技金融服务、国际化服务、联盟协会、高校资源等服务，打造高效专业的产学研促进平台，推动科技成果高效转化。

# “软硬”结合打造知识产权保护高地，保障创新成果真正落地

深圳市南山区知识产权保护中心

南山区双创示范基地通过构建知识产权一站式综合服务平台及知识产权综合管理体系，建设南山知识产权保护中心，软硬结合打造知识产权保护高地，加快科技成果转移转化，促进新技术、新产业、新业态蓬勃发展。

## 一

## “硬”以知识产权保护中心为核心：构建一站式综合服务平台

南山知识产权保护中心于 2017 年底成立并开始试运营，并引进 6 家保护机构、4 家行业自律组织和多家大型知识产权服务机构，打造全国首家“6+4+N”知识产权一站式综合服务平台，集“保护链、运营链、转化链、协同链、支撑链”为一体的一站式服务为全国首创。

一是强力打造保护链，筑牢权益保护防线。多重保护，深圳市仲裁院、南山法院、南山检察院、南山公安分局、南山司法局、市市场监管局南山分局等 6 个行政、司法、仲裁部门和 4 个行业自律组织（深圳专利协会、著作

权协会、版权协会等）联合执法，强力保护。多元调解，设立行政调解室、司法调解室、人民调解室、仲裁调解室和远程调解室，多渠道调解纠纷，为权利人提供多元化争议解决途径和维权选择。快审快结，设立知识产权互联网法庭和驻点巡回审判法庭，网上和现场受理办案，快审快结。维权支持，设立知识产权海外维权补偿基金，帮助企业应对知识产权诉讼、维权。

二是强力打造运营链，促进发展深度融合。国内外顶尖机构进驻，全国规模最大知识产权服务商中细软、全国首家知识产权管理体系认证机构中知认证和美国著名知识产权布林克斯律师事务所等 14 家国内外顶尖机构提供全链条服务。同时，组建由中兴、腾讯、大疆等 80 多家知识产权优势企业共同参与运营管理。知识产权事项一门办理，开设 38 个窗口提供“一站式”服务，知识产权申请、审查、鉴定、评估、交易、预警、技术转移、质押融资、公证服务和境内外法律服务一应俱全，做到“有权威、高质量、速度快、服务好”。线上线下互动创新，线上链接 7 号网、汇桔网等 19 个国内知名线上平台，构建线上运营网络；线下统筹全国首家知识产权管理体系认证机构中知认证和美国著名知识产权布林克斯律师事务所等 14 家国内外权威机构，打造线下运营平台，形成覆盖专利、商标和版权的运营服务大平台。

三是强力打造转化链，激发社会创新活力。举办创业之星大赛和“T 台秀”路演。创业之星大赛三年来吸引超过 17000 个海内外项目参赛和超过 42 亿元的社会投资，带动成果转换 600 多项。定期举办“T 台秀”路演，鼓励中小企业原始创新，支持大企业并购投资。设立财政专项资金，发挥基金引导作用。每年投入超过 1 亿元财政资金，开展“成长贷”、“孵化贷”和知识产权质押融资等特色金融服务。知识产权风险投资基金也正在积极筹备中。集中展示优秀成果，长期集中展示 100 家优秀科技创新企业创新专利产品，促进成果转化为社会生产力。

四是强力打造协同链，引导社会力量参与。建立政企联席会议制度。强化政企沟通互动，优化知识产权软环境，帮助解决问题困难。成立企业知识产权联盟，组建由政府职能部门和中兴通讯、腾讯、大疆、大族等 80 余家知识产权优势企业共同参与的南山知识产权联盟理事会，围绕产业链上下游共同打造专利池和专利集群。设立联盟海外维权基金，以政府引导、市场参与的方式发起成立知识产权海外维权基金，帮助企业共同应对海外知识产权纠纷和诉讼，提高企业风险应对和处置能力。

五是强力打造支撑链，增强综合保障力量。成立南山区知识产权领导小组，党政齐抓，部门履责，社会协同。聘请国家著名知识产权专家担任顾问，把知识产权人才纳入南山“领航人才”计划，建立知识产权人才信息库，实施知识产权人才动态管理，推动知识产权人才优化配置。出台支持国家级高新企业和成长性较好中小企业聘请知识产权顾问扶持政策。保护中心于 2017 年 11 月 15 日开始运营，截至目前，共接待来访 675 批次、18952 人次，办理业务数 6530 件，业务咨询 7901 人。

## 二

## “软”以决策服务运营为核心：构建三位一体综合管理体系

南山区创新“决策机制（南山区知识产权联席会议）+ 服务平台（深圳市南山区知识产权保护中心）+ 运营载体（南山区知识产权联盟）”的三位一体南山知识产权综合管理体系。

一是南山知识产权联席会议。在南山区委、区政府领导下，由区委书记任总召集人、区委政法委书记任执行召集人、15 家行政职能部门组成，负责全区知识产权工作的组织协调，指导深圳南山知识产权保护中心运营和发展，对南山区重大知识产权侵权案件进行督导和督办，维护知识产权人的利益。联席会议决策中心强化决策机制执行力，解决统筹执行问题。

二是南山知识产权保护中心。践行国家创新驱动发展战略，致力于为企业解决知识产权的创造、保护、运用以及运营全过程中遇到的问题。

三是深圳南山知识产权联盟。由 100 余家大型双创企业和 50 余家社会服务机构发起成立，聘请知识产权知名专家吴汉东教授、刘春田教授作为南山知识产权顾问，30 余位行业知识产权领军人才组成战略、维权和运营三个专家委员会。联盟致力于实现知识产权业务流、信息流、资金流的互联互通，打造开放、多元、融合、共生、协同、互利的知识产权运营生态体系，实现业务市场化导向，解决企业需求问题。

以三位一体的知识产权综合管理体系，实现知识产权“企业维权、行业自律、行政执法、司法保护、社会监督、公共服务”全覆盖，打通知识产权“创造、运用、保护、管理、服务”全链条，推动政府、市场、企业知识产权综合管理能力同步提升。南山区国家双创示范基地深入实施自主创新知识产权战略，经济总量和质量跨步提升。2019 年 1~2 月，南山区国内专利申请 12303 件，占全市的 29.3%；国内专利授权量 5551 件，占全市的 21.5%；PCT 国际专利申请量 732 件，占全市的 37.8%，占全国的 12.2%。

# 第四部分
# 搭建创新创业支撑平台

全国各类孵化器和双创平台在经过数量爆发式增长后，构建功能全覆盖的“双创”平台与服务体系，持续推进双创平台多元化、集成式发展，开始进入量质转换阶段，规模扩张、资本赋能、作用增强、模式创新、政策加码等举措是升级“双创”平台的关键，势必发挥平台载体高质量服务“双创”的基石作用。提升孵化平台和众创空间服务水平，能够推动政策、技术、资本等各类要素向创新创业平台集聚，促进培育孵化、知识产权、创业投资、资源共享等新型服务模式创新发展，完善“互联网 +”创新创业服务体系等范畴，相关单位在此方面为更多社会主体投身创新创业提供了全面化、多样化的平台载体和服务。

# 立足校院地协同创新平台，推动高校科研院所创新创业深度融合

四川天府新区

天府新区是以政产学研用协同创新和军民融合创新为特色的国家双创示范基地。天府新区全面落实 2018 年 2 月 11 日习近平总书记视察天府新区重要讲话精神和 2016 年 4 月 25 日李克强总理视察天府新区重要指示精神，建设全面践行新发展理念的公园城市、新的增长极和内陆开放经济高地，积极发挥辐射引领作用，加快发展新经济，着力培育新动能。近年来，天府新区瞄准科技前沿，汇聚创新平台，深化“人才 + 项目 + 资本”协同引才模式，引进培养一批高端科研人才、管理人才带技术、带项目、带资金到新区创新创业，为新经济发展提供人才和智力支撑。引进清华四川能源互联网研究院、中国科学院成都科学研究中心、中国科学院大学成都学院、上海交通大学四川研究院等 30 个校院地协同创新项目，近 1000 项科技成果在新区转移转化，引进各类高层次人才约 3000 名，初步形成了“基础科研 + 应用技术研发 + 成果转化”的创新链，有效优化了政产学研协同发展的生态圈。

## 一
## 强化人才支撑，优化创新生态环境

一是完善要素供给，优化校院地协同创新发展环境。先后出台了支持科技创新实施意见、支持创新创业若干政策、加快科技创新和高技术服务业产业发展政策28条等政策文件。实施“天府英才计划”，设立10亿元人才发展专项资金，用于人才奖励补贴和人才项目资助扶持。引进中航联创、百创汇等建立社会化专业孵化机构和技术转移转化基地，打造天府北美创新中心，建立天府新区海外离岸创新创业孵化基地。大胆探索创新“五证合一”、企业集群注册、“容缺后补”等行政审批模式，联合知识产权和技术转移等专业服务机构，推行“政务+中介”的一站式协同服务。

二是强化资本支撑，设立15亿元产业引导基金。与国内外知名投资基金合作设立14支专项子基金，天府国际基金小镇引进股权投资机构190余家，管理资金规模突破2000亿元，为校院地协同创新发展提供多维度金融服务。打造天府国际基金小镇，聚集IDG、赛伯乐、洪泰基金、英特尔投资等国内一流创投机构180余家，管理资金规模达600亿元；建立并推动首期3000万元的科技债权融资风险担保资金池，累计发放担保贷款1.2亿元；推进天府新区高端产业引导基金与国内知名股权投资基金合作，累计设立子基金9支。

三是促进人城产融合发展，推进103万平方米国际社区及人才公寓建设。推出“天府英才卡”，完善科学规范、开放包容、运行高效的梯度人才发展治理体系，最大限度激发和释放人才创新创造创业活力，让人才“引得进，留得住”。

## 二
## 推进协同创新，打造双创特色

一是搭建校院地协同创新平台。依托清华四川能源互联网研究院、中国科学院成都科学研究中心、北航西部创新港等校院地协同创新项目，以及工业大数据应用技术国家工程实验室、先进微处理器技术国家工程实验室等一批国家工程实验室、交叉学科研究平台项目，加快建设各类协同创新平台，围绕创新平台建设、高端人才引育、科研成果转化等方面开展合作。加强顶层设计，成立天府新区校院企地深度融合发展工作推进小组，搭建了“领导小组 + 主管部门 + 园区”三位一体的组织架构和搭建“功能区管委会 + 平台公司 + 运营基金”的管理构架，健全完善管理体制，促进高等院校、科研院所与新区产业功能区形成有机联动，催生一批变革性新技术。

二是支持高校院所科技人才创新创业。优化政策环境，出台《促进高校院所科技企业成果转移转化的若干政策》，推进科技成果共享，校院地协同创新项目的科研成果归天府新区与合作高校院所共同享有，并优先在新区转移转化，校院地协同创新项目的科研设备对企业开放共享。同时，积极推动科技成果“三权”改革，支持创新创业的高校院所与知识产权发明人及团队自主进行分割确权，充分调动科技人员及团队的积极性、创造性。打通人才培养通道。充分发挥校院企地协同创新平台人才聚集效应，探索政产学研用背景下的人才培养模式，支持清华四川能源互联网研究院、上海交通大学四川研究院、北航（四川）西部国际创新港科技有限公司 3 家单位获得首批省校院（企）产学研协同创新平台人才引进培养项目。

截至目前，已落地 30 个校院地协同创新项目，总投资超过 150 亿元，培育 100 余位高校科研人员在新区创办领办企业，近 1000 项科技成果在新区转移转化，引进各类高层次人才约 3000 名，孵化培育科技型企业 40 余家。涌现出电子科技大学机器人研究中心常务副主任程洪教授通过分割确权科技成果作价入股创办了布法罗机器人科技（成都）有限公司等典型案例，其康复医疗外骨骼机器人是国内首个自主研发的、具有国际先进水平的外骨骼机器人，实现了科技助残的理念，填补了国内产品空白，打破了国外技术壁垒。

## 三
## 培育创新文化，营造良好氛围

一是引进承办 2017 年腾讯全球合作伙伴大会、2017 年小米投资生态年会、2017 年全国双创活动周四川活动暨成都主会场活动启动仪式、“菁蓉联创”创新创业大赛等大型活动，持续营造创新创业热潮。二是推广新区本土品牌，打造“创业天府”新媒体平台，举办“问道讲堂”“黑马成长营”“创享面对面”“寻智校园行”系列活动，吸引 5000 人次参与，为企业和人才提供创业培训、资源对接和交流平台，培育新区特色的优质创新创业文化。同时，联合高校等举办大型科技成果对接活动，搭建科技成果转化“供、需、服”多方对接协同平台，建立高校院所与新区科技成果转化对接长效机制。

# 组建一体化混合所有制形式研发机构高效支撑创新创业发展

江苏省南京市雨花台区

江苏省南京市雨花台区聚焦营造良好创新创业生态环境，以企业服务为核心，以软件和信息服务业为主导，通过完善双创政策体系、设立双创服务中心、实施分级分类服务、构建实时沟通渠道等措施，推动创新创业助力现代产业城建设，在推动大众创业万众创新向纵深发展、实现再升级的过程中，采取针对性措施解决了自身区域科技企业集聚实现高质量发展等实际难题，该区大胆探索并取得良好效果，形成了有特色可复制的双创经验。已集聚涉软企业 2400 多家、涉软从业人员 24.5 万人。2018 年实现软件业务收入 1550 亿元，全年净增高新技术企业 156 家，增幅达到 79%；全年初创企业股权融资金额近 150 亿元。优质高效的创新创业服务已成为该区高质量发展的一张名片，同时雨花台区组建一体化混合所有制形式新型研发机构，推进落实市委市政府“两落地一融合”（科技成果项目落地、新型研发机构落地，校地融合发展）工程的创新举措，把一批优秀的科研人才和含金量高的创新成果用全新的方式推向市场，实现企业化和产业化。

## 一
## 让服务成为促进创新创业的核心竞争力

雨花台区根据自身软件和信息服务业高度集聚的特点，针对性建立完善创新创业政策体系，涵盖技术研发、融资信贷、知识产权、人才激励、商事制度等各个方面，帮助初创企业做大做强。出台了《关于建设具有全球影响力创新名城的若干政策措施》《雨花台区关于进一步加快软件及信息服务业发展的政策意见》《关于深化人才发展体制机制改革　打造国际化创新创业人才高地的若干政策意见》《雨花台区高层次创业人才引进计划》《关于扶持股权投资机构发展促进科技创新创业的实施办法（股权投资十条）》《关于鼓励和扶持科技创业企业融资贷款的实施意见》《南京市工商局关于连锁经营科技服务企业办理工商登记的实施细则》《雨花台区“不见面审批”改革实施方案》《雨花台区告知承诺制改革试点方案》等一系列政策。2018 年区财政拿出 1.54 亿元资金扩大科研经费支出，支持创新创业，惠及企业 428 家。实施分级分类精准服务。针对创新型企业初创、成长、壮大等不同阶段，将其划分为旗舰总部、重点培育和成长创业等三类，系统研究、全面落实激励创新的各项措施，在土地楼宇、资本信贷、人才人力、研发技改、科技专项、资金配套等要素保障方面分类给予支持。对上市公司、独角兽等知名度较高、体量较大的旗舰总部企业，建立党政主要领导挂钩联系机制，实行“一企一策”，针对企业发展每年专门制定工作方案，主动靠前服务，帮助企业攻坚克难，引领区域产业发展。对拟上市、准独角兽等潜力较大、资本市场密切关注的重点培育企业，建立党政分管领导挂钩联系机制，以培育新的独角兽企业、上市公司和总部经济企业为目标，实行“一事一议”，把脉企业成长、上市等关键过程，按照企业需求菜单实行“点单式”服务。将初创的高新技术企业、双软认证企业等具有核心技术储备、资金需求明显的成长创业企业，纳入全区经济部门组成的企业服务机制，建立以所在产业园区和属地街道（园区）为主、相关职能部门为辅的复合服务体系，做到“一问一答”，快捷妥善解决好企业提出的问题诉求，助力企业提升发展能级。

## 二
## 打通成果转化渠道，组建一体化混合所有制形式研发机构

雨花台区内没有一所高等院校，持续创新的科研支撑、智力支撑、人才支持基础薄弱。针对这一问题，区政府积极推动新型研发机构落地，取得了良好成效。

一是严格条件标准，强化高质量要求。新型研发机构是孵化高新企业的“老母鸡式”的孵化器。需具备六个方面的条件：①必须依靠高水平的学术平台，重点是国家级平台或者国家级人才；②这个平台上的技术成果是可以产业化的，是有市场需求的；③必须通过多元所有形式、混合所有形式来组织一个企业化的运营公司，参与市场竞争；④要充分发挥核心团队的作用，技术核心在团队，团队必须占大股；⑤要引进社会资本；⑥政府要帮助新型研发机构开拓市场、提供服务。

二是聚焦功能定位，强化高质量成效。新型研发机构需具备四个方面主要功能：①开展关键共性技术、支柱产业核心技术研发，解决产业发展中的技术瓶颈；②以技术成果为纽带，联合产业基金和社会资本，积极开展科技型企业的孵化和育成；③构建专业化技术转移体系，完善成果转化体制机制，开展技术服务，加快推动科技成果向市场转化；④吸引高端人才团队在我市创新创业，培养和造就具有世界水平的科学家、科技领军人才和创新创业人才。

三是挖掘比较优势，强化高质量发展。①新的体制机制打通成果转化新通道。新型研发机构的“新”体现在体制机制的创新上。借鉴企业管理架构，以事业部等代替传统的课题组；在激励机制上，广泛采用动态考核、末位淘汰等制度；在用人机制上，不以年龄资历、学位论文论英雄，打造有活力、有冲劲的研发团队；在融资机制上，广泛借助多元化的资本市场，推进科技

与金融的深度融合。真正立足市场需求出成果，市场真正需要什么，就重点研究和转化什么技术，优先开发什么产品、创新什么服务，真正打通从科研到产业再到市场的通道。②多元化股权结构激发各方积极性。新型研发机构集聚一批院士、长江学者、国家千人等顶级专家高端人才，由人才团队持大股，有利于激发核心技术团队的积极性。同时在多元所有形式运作中企业、社会资本、政府各司其职，在投融资、产业化运作、开拓市场方面形成合力，可提升科技成果转化效率、促进知识产权创造等向高端迈进。

# 打造双创支撑平台，激发创新乘数效应，促进基地高水平发展

河北省保定国家高新技术产业开发区

保定高新区自获批国家双创示范基地以来，在国家、省、市相关部门的强力支持下，不断探索构建以企业为创新主体，政、产、学、研、资、介、金多方力量共同参与的创新模式，打造独具特色、体系完整、功能完善、结构合理的双创支撑平台，激发创新的乘数效应，在高端创新发展道路上抢占先机、赢得主动，努力开创双创工作新局面。

## 一
## 通过双创支撑平台增量提质，激发创新主体活力

一是双创平台数量不断增长。保定高新区自获批国家双创示范基地以来，双创支撑平台数量以每年二十余家的速度快速增长。2018 年新增河北省首家国家标准创新基地，新增同光晶体碳化硅单晶材料制备等 4 个省级技术创新中心，新增 1 家省级企业技术中心、1 家省级工程研究中心、3 家省级众创空间、5 家市级工程技术中心、3 家市级企业技术中心、2 家市级工程实验

室，7 家市级众创空间、2 家市级科技孵化器，保定高新区同时获批全国首批“科技资源支撑型”创新创业特色载体建设单位，保定中关村创新中心获批工信厅河北省小型微型企业创业创新示范基地，3S 双创社区被评为人社厅省级示范性创业就业众创空间。

二是双创平台质量不断升级。截至 2018 年末，保定高新区省级以上双创平台已过百家，主要包括：7 个国家级企业技术中心，7 个国家级重点实验室，省级技术中心达到 19 家，省级工程技术中心（工程实验室）11 家，省级产业技术创新联盟 5 个，多项技术成果已经达到国际、国内领先水平，建有科研成果转化中试基地等一批新型科研机构；拥有 7 个院士工作站，获批多个博士后流动工作站。

三是企业创新能力不断提升。基地已形成创新型龙头企业带动、高成长性科技型中小企业紧密跟进、战略性新兴创业企业不断涌现的梯次发展模式，在创新主体培育上取得了可喜成绩。2018 年高新区高新技术企业数量超过 300 家，较上年实现大幅提升；科技型中小企业达到 682 家，再创新高；新增科技小巨人 2 家，总数达到 17 家；全区万人发明专利拥有量达 57 件，远远高于省定目标要求。

## 二
## 以双创公共服务平台为依托，营造双创氛围

保定高新区坚持以政府为主体、以市场为导向，面向企业创新创业需求搭建公共服务平台，助力科技成果转移转化，引导社会资源向自主创新的产业倾斜。

一是创新创业政策形成完整体系。2018 年，高新区先后出台了《关于鼓励企业引进高层次人才优惠政策的实施细则（试行）》《关于建设国家双创示范基地 促进民营经济高质量发展的若干意见（试行）》两部鼓励性政策文件，与原有的《关于加快科技创新促进产业发展的实施意见（试行）》《关于鼓励金融业发展的实施办法》《关于加快推进企业上市的实施意见》等文件互

为补充，形成了保定高新区国家双创示范基地的政策体系，为打造“双创”升级版、提升高新区双创能力奠定了政策基础。

二是建设京津保创新创业大街。2015 年京津保创新创业大街正式启动，为高新区的创新创业载体建设搭建了全新的平台。目前双创大街沿线已经建成和启动了保定 · 中关村创新中心、国家级大学科技园、豆芽创客空间、中关村亿蜂 · 汇博创新创业基地等多个不同层面的孵化器、加速器。建成和在建孵化器、加速器面积超过 300 万平方米，形成创业苗圃—孵化器—加速器—专业化园区四级创新创业孵化链条。保定高新区目前拥有国家级大学科技园 1 家、国家级孵化器 1 家、省级孵化器 7 家与国家级众创空间 7 家、省级众创空间 12 家，成为产学研合作示范基地和战略性新兴产业培育基地。

三是建设科技创新超市。创新超市以“汇聚创新要素、提供创新服务”为理念，以项目申报、科技活动、技术转移、人才猎聘、知识产权、科技咨询等一站式服务中心为目标，打造一个“立足高区、面向雄安、辐射全国”的线上线下互动融合服务平台，满足科技企业对场地、技术、人才、资金、项目等需求，活跃高新区创新创业氛围。

四是发行科技创新券。2018 年通过发行高新区第一批科技创新券，支持创新创业团队与创新服务提供机构合作开展测试检测、合作研发、委托开发、研发设计、购买知识产权及知识产权服务、技术评估等创新活动。创新券共注册企业 186 家，团队 6 家，注册服务提供机构 83 家，为 114 家企业、团队成功发放创新券 433 万元，受到科技型中小企业和服务机构的普遍好评。

五是举办系列活动，营造双创氛围。2018 年成功组织全国大众创业万众创新活动周河北分会场系列活动。通过举办“1+7+8”系列活动（召开 1 场“活动周”启动仪式、布置 7 个创新创业成果专题展、组织 8 场主题活动），打造“双创”升级版，培育壮大新动能。组织召开科技创新表彰大会，对创新平台、创业载体、科技服务机构予以重奖，总金额达到 1255 万元，极大地激发了创新活力。成功举办“创响中国”高新区首届创新创业大赛，总奖金达 335 万元，吸引了一批优秀项目和一批拥有较高水平核心技术团队落户高新区，成为创新创业和经济发展新的核心力量。

## 三
## 打造区域协同创新平台，助推产业创新升级

保定高新区不断推进与中关村以及深圳的区域合作，打造协同创新共同体，有效根植北京、深圳创新基因，吸引高端技术和人才，丰富产业格局，在高新区乃至保定市的创新驱动发展中积极引领示范，促进产业升级，助力新经济崛起。

一是保定中关村“一中心、一基地、一园区”高端聚集效应凸显。作为中关村首家在京外设立的创新中心，保定 · 中关村创新中心和创新基地已汇集 229 家知名企业和机构，其中半数以上来自北京，中国信息通信研究院保定分院、浪潮集团、“863”项目易度机器人等知名企业和高科技项目落地入驻；中关村创新产业园 5 平方公里用地规划获得批复，为“中国制造 2025”与“德国工业 4.0”战略对接提供空间。

二是对接深圳湾科技公司。采取托管共建的方式建设 10.2 万平方米的保定 · 深圳湾创新广场，引进深圳湾高端创新资源，助推保定高新区产业升级和园区高质量发展。

## 四
## 出台鼓励人才创新创业政策，完善双创人才平台支撑

一是创业就业孵化基地培育。高新区积极引导区内创新平台建设创业就业孵化基地。3S 双创社区被评为省级示范性创业就业众创空间，获得 100 万元奖励资金。

二是提升就业质量。高新区通过以培训促创业、以创业带就业，2018 年至今城镇累计新增就业 1190 人；下岗失业再就业 360 人，其中城镇失业人员实现再就业 105 人；就业困难人员实现再就业 200 人，城镇登记失业人员实现再就业 160 人，城镇登记失业控制在 4.5% 以内。

三是制定高端人才引进激励优惠政策。2018 年保定高新区在已经出台的一系列人才政策基础上，再次制定了《关于鼓励企业引进高层次人才优惠政策的实施细则》，对创新创业企业引进各类高层次人才给予资金和政策支持。

## 五
## 建设现代金融服务平台，拓宽创新创业投融资渠道

一是设立保定国家高新区天使引导基金。基金规模为 3000 万元人民币，目前已与河北省天使投资引导基金管理部门签署了合作协议，正在进行注册等相关手续。二是设立“知识产权质押保证金”。额度为 500 万元，目前已与河北省科技银行签约，下一步进入实质性运作。三是构建“助保贷”公益性服务平台。高新区管委会出资 500 万元，促进政银企合作，破解中小微企业融资难、融资贵问题。四是大力发展政府支持的融资担保机构。高新区管委会出资 3 亿元成立高新区电谷融资担保公司，多家企业在担保公司的支持下取得了高速发展。五是参与设立全国首支区域协同投资基金（中关村协同创新投资基金）。高新区管委会出资 5000 万元，参与由中关村发展集团联合 14 家地方政府和金融机构共同发起设立的总规模达 100 亿元的国内首支区域协同投资基金，在保定率先开展创新政策交叉覆盖和共享试点。六是坚持政策引导，出台了《关于鼓励金融业发展的实施办法》。吸引张家口银行、天津银行、民生银行、邯郸银行、燕赵财险等金融机构落户保定高新区；出资 3.7 亿元增资入股保定银行，融资实力进一步壮大。七是创新金融服务产品。设立“中小企业应急转贷基金”，坚持“封闭运行、专户管理、有偿使用、注重安全”的原则，为符合产业政策和信贷政策的中小微企业提供过桥垫资资金，解决企业燃眉之急。

# 打造各类特色支撑平台，集聚优质双创资源

广东省中山火炬高技术产业开发区

近年来，中山火炬高技术产业开发区（以下简称“火炬区”）以习近平新时代中国特色社会主义思想为指引，认真贯彻落实国务院《关于推动创新创业高质量发展打造“双创”升级版的意见》《关于建设第二批大众创业万众创新示范基地的实施意见》和上级工作要求，着力探索双创资源支撑平台体制机制创新，全面提升科技金融服务水平，大力开展现代产业技术研究，不断深化拓展粤港澳大湾区双创合作，有效形成政府与市场“灵活互补、资源共享、协同创新”的长效机制，切实推动科技、产业、金融、人才等融合发展，全力打造“双创”升级版。

## 一
## 创新科技金融体制机制，高标准建设科技金融服务中心

作为体制机制创新建设的标杆，火炬区第一家法定机构——科技金融综合服务中心于 2018 年 3 月正式揭牌运营，迈出了实体化运作的第一步。依托火

炬区完善的政策体系，中心充分发挥政府、企业和银行间的桥梁和纽带作用，促进“产业资本、金融资本、科技资本”三资融合发展，并通过产业链、创新链、人才链、资金链、政策链“五链”统筹，致力打造企业孵化、科技信贷、创业投资和上市培育的一站式服务体系，为企业提供涵盖“种子期—初创期—成长期—成熟期”全生命周期、差异化的扶持及各类金融服务解决方案。

目前，中心在设立风险资金池、股权投资基金，以及开展企业上市培育、投融资专题辅导等方面取得了明显成效，并助力火炬区成功获批财政部、工信部、科技部“专业资本集聚型特色载体”立项。一是有效降低融资门槛。截至 2019 年 2 月，省市区联合设立 2.5 亿元科技信贷风险准备金，撬动社会资本 50 亿元服务实体经济；已纳入 12 家科技支行作为试点银行，全区确认入池企业 256 家，有效项目 449 个，涉及贷款总金额达 23.56 亿元。二是促进基金集聚发展。全区共有私募股权基金公司 28 家、基金管理人 11 家，是中山市私募股权投资类企业数量最为集中的地方，约为全市的 50%。全区私募股权投资机构管理基金规模超过 71.57 亿元，其中区管委会投入 10 亿元设立科创产业母基金，成立规模 2.5 亿元的健康产业二级母基金，成立 6 亿元的中山火炬智能科技产业发展基金，成立 5 亿元的区内首家上市公司产业基金——联合光电人工智能产业投资基金；已投资区内 18 家企业，投资额达 4.32 亿元。三是加大上市支持力度。完善出台《企业上市扶持专项资金管理暂行办法》，鼓励企业上市挂牌，其中上市企业最高可获奖励 450 万元，新三板挂牌企业一次性奖励 200 万元，成功培育 43 家企业上市挂牌。四是丰富金融服务内涵。先后举办 98 场火炬沙龙活动，5800 余人次参会，活动主题涵盖股权投资基金、上市培训、路演实战培训等，充分发挥金融对实体经济的资源配置作用，持续深化科技与金融的融合发展。

## 二

## 构建产业公共服务平台，高起点打造现代产业工程技术研究院

立足“虚实结合、只养项目不养人”的创新机制，中山东部组团（火

炬）现代产业工程技术研究院于 2018 年 9 月正式挂牌运营。依托组团内综合实力和科技创新能力较强的骨干企业和国内外高水平大学及重点科研机构，研究院以高端装备制造、健康科技、光电信息三大主导产业为重点，以产业需求为导向，以应用研究为抓手，增强资源整合能力，致力于开展产业关键技术、共性技术、重大技术、核心技术攻关、科技成果转移转化、高新技术企业孵化、人才引进与培养等科技活动，为东部组团和火炬区的创新发展提供技术支撑和智力支持。

一是有机整合创新资源。目前，研究院已与广东工业大学、中山市光电产业协会、中山洪力健康食品产业研究院有限公司签订 3 个科技合作框架协议，推动政、产、学、研等资源融合发展。二是加强政策支持保障。2019 年 1 月，正式出台《现代产业工程技术研究院创新中心建设与发展专项资金管理暂行办法》，计划每年列支 1000 万元，主要用于建设产业创新中心，解决制约区内产业发展的行业关键、共性和重大技术难题，建设以支撑引领产业转型升级、服务全产业为目的的产业公共技术研发、服务平台。三是发展壮大平台队伍。2019 年 3 月举行研究院创新平台授牌仪式，3 个技术开发类产业创新平台和 5 个创业孵化类产业创新平台获批为首批授牌单位，为推动创新创业资源支撑平台建设再添新动力。

## 三
## 积极参与粤港澳大湾区建设，高水平搭建大湾区创新创业合作平台

认真贯彻落实《粤港澳大湾区发展规划纲要》，以落实“中央要求”、瞄准“湾区所向”、迎合“港澳所需”、尽“火炬所能”为工作新格局，主动吸引和承接港澳地区优质双创资源要素溢出，加快推动三地之间优势资源要素充分流动，实现特色产业优势互补、互利共赢，全力推进粤港澳大湾区建设。

一是合作建设粤澳青年创新创业基地（中山）。3 月 29 日，在澳门特区行政长官崔世安、国家科学技术部部长王志刚、澳门中联办副主任姚坚等领

导见证下，火炬区管委会与澳中致远投资发展有限公司在澳门签署《关于建设粤澳青年创新创业基地（中山）的合作框架协议》，标志着火炬区与澳门合作示范添加新载体。协议聚焦打造澳门中山两地青年创新创业基地、葡语系国家特色商品展示中心、澳门及葡语系国家企业与中山企业互动投资的服务窗口、中山特色小镇及澳门与中山项目合作成果展示中心、澳门中山科研成果转化中心、传播火炬创新创业精神文化实践与展示基地等，致力于把基地建设成助推澳门青年创新创业的经济引擎、粤澳繁华盛景的商贸门户和展示中葡多彩文化的城市客厅。目前，该基地建设已完成选址。火炬区将以此为抓手，不断推进与澳门各领域深入合作。同时，依托澳门作为中国与葡语国家商贸服务平台的优势，加强与“一带一路”沿线国家或地区的交流交往，努力形成全面对外开放新格局。

二是合力打造广东药科大学—香港大学中山生物医药创新平台。充分发挥香港大学科技创新引领作用和广东药科大学技术开发及成果转化链接作用，结合火炬区载体资源和政策优势，依托区内国家健康基地，合作共建国家级生物医药孵化器、国家级联合实验室和技术转移中心，重点打造新型单抗平台和抗代谢病产品，以及食药安评、保健食品、化妆品、光与健康、医疗器械等工程中心。计划促成国家重点实验室分室、省工程中心等平台，港大、广药大和国内外高新技术的科创团队人才与项目以及亿元以上规模生物医药投资基金公司等落户该创新平台。目前，已成功引进香港大学“体外诊断试剂”研发项目。下一阶段，火炬区将聚焦生物医药领域的高端项目和高层次人才，不断开拓港澳地区和国际合作新领域，以更广阔的视野谋划中山健康医药产业的新未来。

# 以区域创新中心为抓手，聚集全球化高端服务平台

山东省威海火炬高技术产业开发区

近年来，威海高新区全面实施创新驱动发展战略，以“发展高科技、培育新产业”为方向，坚持科技创新和制度创新双轮驱动，坚持强化科技引领、实施工业倍增“563”战略，按照“产业集群化、园区专业化、发展差异化”的工作思路，着力打造国家区域创新中心，集聚全球化链接的高端服务平台，完善多元化的双创生态体系。目前，威海高新区已成为产业集群发展、优势特色鲜明的经济强区，新旧动能转换的引领示范区，创新资源集聚、创业活力迸发的双创高地。

## 一 打造国家（威海）区域创新中心

发挥高新区科研人才、高校院所、高新技术企业聚集优势，充分整合科技园区、大学校区、产业园区“三区”叠加资源，重点推进双创示范基地创新中心“一中心”，医疗器械与生物医药产业基地、电子信息与智能制造产

业基地、科技创新园“三载体”，工信部威海电子信息技术综合研究中心、哈工大威海创新创业园、国家制造业（高性能医疗器械）创新平台、国家医疗器械技术创新平台、浪潮医疗大数据平台等“多平台”建设，围绕医疗器械、电子信息、机器人与智能装备、时尚创意等优势产业，提升知识创新和源头创新能力，培育创新型企业，率先探索依靠创新驱动经济社会发展的新模式，增强创新示范引领和辐射带动作用。目前，组建成立了威海区域创新中心有限公司，引导创新平台加入并相互参股，国家（威海）区域创新中心“1+3+N”平台体系已经形成资源共享、优势互补、深度融合的发展格局。

## 二
## 打造校企地联动发展的双创孵化链条

按照“高校院所育苗、政府孵化加速、企业园区产业化”的思路，深入探索政府与企业、高校、科研院所协同发展机制，搭建各类双创资源互通的载体，到 2020 年全区各类双创孵化载体面积将突破 100 万平方米。

一是支持驻区高校建设高校育苗器。引进国内外高校科研院所的技术转移机构，作为整个双创孵化链条的前端，培育优质初创期项目。支持驻区高校总投资 9 亿元，建设 35 万平方米的创新孵化载体，目标是打造科技创新与技术转移中心、创新与创业孵化基地、高端人才聚集基地。依托工信部电子信息技术综合研究中心、北京化工大学技术转移中心等院所机构，引进工信部电子信息产品实验检测中心、中威北化等平台和项目 30 多个，实现“1 拖 N”式增长。

二是加强政府孵化器建设。官办孵化器设置产业加速区、高校加速区和跨境技术转移加速区，作为整个双创孵化链条的中端，明确加速器的功能定位。政府发挥着引导示范作用，吸引社会力量广泛参与孵化器、加速器的建设。目前，官办孵化器入驻孵化加速项目 270 个，累计毕业项目 120 个。

三是引导企业建设专业加速器。市场化运作建设科技产业园，以低成本、便利化服务推动创新项目快速实现产业化。采取“园区共建、平台共用、设施共享”模式，建设100多万平方米的医疗器械与生物医药、电子信息与智能制造两大专业科技园。积极鼓励企业兴办创新创业大赛，成立各类天使投资基金，采取收购、给予股权等方式，支持科技型企业快速壮大。

## 三
## 建设两大市场化主导的专业产业园区

按照“园区共建、平台共用、设施共享”的思路，建设了面积达18平方公里的医疗器械与生物医药产业园、9平方公里的电子信息与智能制造产业园，同步配置研发、生产、检测、认证等公共服务资源，打造各类创新资源共生的新型园区。目前，两大园区实现销售收入500亿元，到2020年将集聚创新项目500个以上，产业规模双双突破1000亿元。

一是园区共建。政府主导成立运营公司，以打造整体上市的新型科技园为目标，面向海内外创新项目提供“厂房定制、租售灵活、拎包入驻”的便利化服务。目前，已获得国家“双创”专项债券18亿元，50多个项目签约入驻。

二是平台共用。政府主导、企业以联合创建和“创新券”等方式共用创新创业平台。目前，工信部电子信息及智能装备发展研究院、山东医疗器械产品质量检验中心、山东省高端医疗器械创新中心等一批高端平台已入驻园区。其中，工信部电子信息及智能装备发展研究院是全国第一个国家部委、企业、地方政府、研究中心联合共建的研究机构。

三是设施共享。园区集中配套研发中心、动力中心、灭菌中心和人才公寓，实现创新项目的“拎包入驻”，为入驻项目节约创新创业成本30%以上。

## 四
## 集聚三大全球化链接的高端服务平台

一是研发创新平台。这是以企业为主导建设的平台，目前威高集团、迪尚集团成功获批国家工业设计中心。威高牵头的国家制造业（高性能医疗器械）创新中心、迪尚牵头的中国服装设计师创业平台、海富光子牵头的军民融合智能光电创新研究院等行业平台加速推进，将引领行业发展方向，向全行业开放共享。

二是公共服务平台。重点是政府主导建设的服务型平台。集聚了工信部电子信息技术综合研究中心、中物院军民融合协同创新中心等 30 多个国家级、省级平台，发挥了立足威海、辐射全省乃至全国的作用。

三是产学研合作平台。重点是与高校科研院所共建科技创新机构和成果转化机构。目前驻区高校建有各类科技创新机构 135 个，引进成果转移机构 21 家，依托北京化工大学技术转移中心、工信部属高校科技成果转化中心等机构，已落地项目 30 多个，投资 15 亿元的中威北化已经投产、投资 20 亿元的神舟科技完成注册。

## 五
## 完善四位一体多元化的双创生态体系

积极整合政策、资本、人才、文化等保障要素，统筹推动服务链、资金链、人才链、文化链的深度融合，形成有利于大众创业、万众创新的生态体系。

一是完善试点政策。威海市出台一系列文件对双创基地给予“2 号公章”、差异化考核、自主设岗、推行清单管理等体制支持，对基地内的双创活动给予基建、科技、改革等政策支持。

二是发展科技金融。启动“融资超市计划”，全面发展天使基金、产业基金、专业债券、资本市场融资，为双创主体提供定制化的金融服务。目前，区内各类基金总量超过 30 亿元，扶持双创项目 80 多个。力争到 2020 年各类基金规模超过 50 亿元，新三板挂牌企业达到 50 家，上市企业 5~10 家。

三是培育立体人才。实施“英才计划”，推行柔性引人，给予人才创新支持、创业扶持和住房、子女教育等保障，全面集聚高层次人才和高技能人才。目前全区集聚“千人计划”（“万人计划”）专家 4 人，“泰山产业领军人才”等重点人才 47 人，省市首席技师、高级技师 48 人。力争到 2020 年集聚高端人才 110 人以上、高技能人才 1500 人。

四是营造双创文化。实施“领航计划”，充分发挥区内高校和科技型企业集聚的优势，依托创业大学等载体，举办各类双创活动。通过政府主办、企业承办的“威高杯”“北洋杯”“迪尚杯”等全球创新创业大赛，60 多个双创项目实现了“全球孵化、跨境转移”。与中国赛宝实验室、深交所等合办的“引智强企”系列工程，已培训创业者 300 多人、为双创主体免费诊断 20 多例。力争到 2020 年，国家级品牌双创赛事达到 5 项，“引智强企”服务双创主体达到 300 家以上。

# 加速双创载体在产业生态和国际合作中实现新拓展

深圳市腾讯计算机系统有限公司

2011 年，深圳市腾讯计算机系统有限公司（以下简称“腾讯”）提出打造创新创业生态开放战略，从最早流量开放、底层技术开放到平台开放、服务开放，建立从线上到线下全方位开放体系，对外开放腾讯技术能力、应用服务能力，依托于腾讯众创空间创业服务，从线上到线下，为合作企业赋能。至今腾讯众创空间已在 30 个城市落地。腾讯众创空间聚集创业孵化、创业服务、创业投资、创业教育多维度、立体化、全要素孵化空间，助力创新创业，扶持企业快速成长。以腾讯众创空间为核心，按照“瞄准全球趋势、聚焦优势资源、打造本地特色”基本理念，实现众创空间在物理空间、产业生态等方面的新拓展，为不同阶段创业者提供全周期、全流程、全链条创新创业服务，助力初创企业成长，力求构建服务全球创业者开放平台。凭借资源、服务和技术等优势，平台旗下的双百计划，先后孵化出拼多多、映客、微盟等多家上市公司。

同时，腾讯围绕聚合用户升级两大核心产品平台，坚持“做好用户连接、提供内容服务”战略定位，以丰富应用场景、扩大服务范围、增强服务能力为切入点，加速产品升级，充分挖掘和发挥微信支撑双创、QQ 聚合用户的功能。

## 一
## 立足现阶段公司情况，大力实施“一横两纵”发展战略

“一横”，即腾讯创业开放平台。将平台打造成吸引创业者线上入口，同时将创业者相关项目、投资、内容、研发等优势资源输送到各地线下空间。“两纵”，即围绕产业互联网和文化创意两个垂直赛道，通过核心资源和优质能力输出，带动腾讯众创空间紧跟互联网发展最前沿。文创领域是增强我国经济竞争力和创新力的重要因素，腾讯众创空间的丰富创造力源自文创创新，铸造新时代新力量，推动文化行业发展，实现丰富“大内容”生态、模式多元化、升级多样化的路径。

## 二
## 鼓励片区一体化运营，构筑腾讯众创空间运营联盟

以开展项目孵化、汇聚商业资源、加强社群建设为重点，鼓励片区一体化运营，促进腾讯平台资源与本地特色资源交互，提升腾讯众创空间运营能力。以“海量、优质与高增长”为目标，不断提升本地创业项目覆盖量，提高项目评估筛选能力，以项目孵化拉动估值增长。加强线上线下互动，链接创业者、投资人与服务商。

## 三
## 搭建汇聚全球创新创业者的交流分享合作平台，举办腾讯全球数字生态大会

突出“最科技、最产业、高规格、国际化”特色，在全国创新创业热点

城市举办腾讯全球数字生态大会。以产业互联、文化创意为主要内容，借助项目展示、投资交流、经验分享等形式，搭建汇聚全球创新创业者的交流合作平台。

## 四 充分挖掘微信支撑双创的功能，将微信打造成为中小创业者的重要辅助工具

顺应越来越多创业者利用公众号、小程序等渠道和形式承载用户、传递资讯、提供服务的大趋势，将微信打造成中小创业者的重要辅助工具。继续强化微信为城乡居民提供医保缴费、政务办事、交通出行、法律援助等 30 类便民服务，覆盖 362 个城市、服务人群 1.8 亿人次的优势，链接线上线下服务，为助力草根创新创业、优化社会治理提供平台。

更加重视优质内容生产，允许内容生产者自主决定采用付费阅读模式，引导微信公众号更加垂直化、分层化，鼓励真正有价值的服务出现在微信公众平台。发挥腾讯云在服务器开发方面的优势，把小程序开发作为发展和完善微信生态圈的重要支点，提升小程序兼容性和 APP 多样性，挖掘小程序垂直社交潜力，突出小程序实现用户轻量体验的价值。

## 五 继续增强腾讯双创内核的驱动力，打造双创升级的示范场景和典型案例

腾讯在发展新经济、培育新动能和推动实体经济转型的同时，着力构建创新创业新生态。产业生态丰富使运营体系具备自主创新性，通过深入推进腾讯双创小镇项目（青岛、西安）落地实施，有效整合平台资源在当地形成产业聚集效应。腾讯双创小镇是以产业为核心，以项目为载体，以科技为动力，生产、生活、生态相融合的智慧产业生态园区；是以腾讯为龙头，与合

作伙伴共同组成的科技产业生态森林。腾讯双创小镇将集合腾讯发展产业互联网和内容产业升级战略目标，在项目所在地重点打造基于大数据、云计算的 AI 科技产业和以视频为重点内容的制作产业基地。同时，腾讯在集聚人才、技术、资本、市场等方面有巨大优势，并且拥有创新创业服务先进经验，作为互联网领军企业，将积极践行大众创业、万众创新社会责任，不断夯实创新创业生态链，为广大创业者开辟一片创新创业的“试验田”，起到积极示范和龙头带动作用。

## 六
## 打造文创社区和产业升级的优质场景

腾讯通过线下空间和线上社群，聚集全国最优秀创业群体，打造双创升级。开放的腾讯云、社交广告、腾讯支付等技术能为创新创业者提供专业服务。同时，腾讯内容平台、腾讯众创空间有效帮助初创企业，提供“互联网 + 文创”产业生态社区服务支持，助力初创企业快速成长。未来文创社区为新经济的创造者、为新时代的奋斗者做好服务和助手，也为“大众创业、万众创新”国家战略继续贡献力量。科技推动文化发展，文化则让科技更有温度。科技与文化融合，既可以创造商业价值，也可以创造社会价值。腾讯双创服务生态链建设是实践“大众创业、万众创新”发展战略的重要举措，致力于为创业者提供系统化、专业化创业服务，对促进创业企业高效、良性发展，以及推动区域经济社会发展有着深远意义。

## 以百度云为核心，打造“技术支撑 + 融资对接”的创新中心

北京百度网讯科技有限公司

百度是国内领先的互联网企业，在网络服务、云平台、孵化投资等方面具有较好基础。近年来，百度积极完善双创体系架构，优化现有平台运行模式，切实解决创新创业过程中的各类问题。通过全面优化升级运营服务标准与管理规范，对百度创新中心项目进行全方位的统筹管理和本地化的灵活调配，提升本地企业孵化服务水平和技术需求的协助处理水平；通过给予更加丰富的扶持和加速政策与支持手段，继续加大对优秀项目团队和开发者团队的支持力度；通过加强与外部资源特别是品牌服务商的合作，为扶持企业与项目提供更加全面的资源对接和学习提升的机会；通过激发项目团队和开发者的热情及创造力，推动 ABC 等技术向更广阔的领域发展应用，从科研走向民生，从尖端走向普及。

## 一
## 实时整合以百度云为核心的各类生态资源，建设开放性创新中心，实现线上线下高效互动的技术服务

近年来，百度将创新中心作为 ABC 创新孵化工程（A:AI，人工智能；B:Big Data，大数据；C:Cloud Computing，云计算）的首要任务。百度创新中心整合并汇聚了百度体系和生态资源，借助本地的中心空间载体，打通并落地线上的技术与服务，配合本地和区域的生态资源，共同打造围绕人工智能、大数据、云计算的全产业链创业体系和生态。百度根据整体规划和各地的实际状况，实时整合百度云及生态资源，为本地双创企业、开发者、传统企业提供更为全面的产品服务与技术方案。

截至 2018 年 3 月底，百度创新中心累计落地 23 个，累计入驻企业超过 226 家，入驻办公人数超过 2350 人。百度开发者中心目前已有超过 450 万名注册开发者，其中不乏技术大咖、程序牛人、软件学霸等，百度创新中心已成为百度开发资源与社会创客对接的重要枢纽。

## 二
## 整合技术教育资源，开展技术培训交流，专注技术人员专业技能深度学习和实操实战能力

百度在专业技能与人才培养方面始终践行开放共赢的理念。整合百度云智学院与百度技术学院，联合高等院校、培训机构（经过认证）等合作单位的技术教育资源，依托专业领域专家和百度资深讲师，设计出 AI、Web 技术、工程师进阶、百度方法 +、云计算、大数据等专业课程体系，通过线上与线下相结合的方式对学习人员输出技术培训；通过百度技术沙龙、开放百度云智课程培训、百度云 ABC 赋能培训等多种形式，对学习人员进行高强度、有针对性的实战训练。

目前百度对外提供的课程受到了开发者、技术人员和企业团队的高度认可。其中百度 AI 课堂开设了 5 大类 30 多门课程，对百度 AI 技术和应用进行全方位介绍，百度研发的开源开放的深度学习平台 PaddlePaddle 包含图像、语音、自然语言处理、AI 高性能硬件等百度核心 AI 技术以及度秘（DuerOS）等 AI 应用，课堂中除概念、技术、应用案例讲解外，更重要的是对百度开源开放的 AI 平台、API、SDK 的使用进行深度解析，最大化地降低企业、机构、创业者、开发者的应用成本。

## 三
## 依托百度云 AI 实验室，提供技术资源支撑，帮助双创企业降低创业技术门槛

初创科技型企业往往在基础技术资源、专业服务资源等方面存在短板。百度通过搭建双创平台，依托百度云 AI 实验室，将丰富技术积累和实施经验向创新创业者开放，为其提供技术资源支撑，大幅提升初创企业技术创新与研发的效率。同时，根据初创企业的技术服务与资源需求，百度依托百度云、百度开发者中心等技术平台，整合内外部创新体系和创新生态中的技术和服务资源，帮助双创企业降低创业技术门槛，特别是从 0 到 1 的底层技术研发的时间和投入成本，大大增强技术创新的成效。

目前，百度正在紧锣密鼓地推进百度云 AI 实验室在重点项目中心的筹建。在技术积累方面，将人工智能技术从应用层、技术层和平台层三个层次，并围绕百度现有数百项技术和前台应用，以及平台建设方面的丰富经验开展工作。在技术生态搭建方面，通过联合本地的高校和科研院所合作共建百度云 AI 实验室，将百度在深度学习领域的技术和经验，以及人工智能底层技术能力开放给初创企业、项目团队、开发者、科研院所、企业客户等，并为客户研发人工智能技术，打造人工智能应用，提供平台支持，首个百度云 AI 实验室已经落户百度（北京）创新中心并投入使用。

## 四
## 配置创投基金，开拓多维度企业融资渠道，打造全流程融资服务对接平台

百度创新中心也为更多的优质双创项目和企业提供全流程的融资服务对接平台。一方面，在百度创新中心建设过程中，相关合作伙伴共同配置了创投基金；另一方面，积极通过多方面的企业融资渠道，构建更加全面的双创支撑体系，为入驻团队和优质项目提供天使轮投资。

目前，百度风投一期基金规模 2 亿美元，专注于投资人工智能领域的早期项目，覆盖智能底层技术、智能机器平台、行业智能化三层生态。根据对外的公开报道，百度公司在 2017 年通过百度风投、百度资本、百度 M/A 投资了近 40 家公司，涵盖了从 Pre-A 与 A 轮以及 B 到 E 轮等多个阶段，为创业公司提供多样化的融资支持。

# 打造“产业资源＋资本扶持”平台模式，推进双创循环发展

招商局集团有限公司

招商局集团有限公司（以下简称“招商局”或“集团”）是国家首批7家企业双创示范基地之一。2016年5月以来，招商局紧紧围绕加快建设具有自身特色的“四全（全链条、全流程、全周期、全要素）、四加（线上＋线下、空间＋资本、资源＋机制、境内＋境外）、四化（专业化、特色化、协同化、产业化）”双创示范基地的建设目标，打造“产业资源＋资本扶持”平台，持续推进资金链引导创业创新链、创业创新链支持产业链、产业链带动就业链的双创循环发展理念，取得了较好的工作成效。

## 一

## 深化基地建设模式，打造双创平台集群

四全（全链条、全流程、全周期、全要素）、四加（线上＋线下、空间＋资本、资源＋机制、境内＋境外）、四化（专业化、特色化、协同化、产业化）这一模式是招商局结合自身优势，从推动资金链、创新链、产业链

深度融合的角度提出的。“四全、四加、四化”的建设模式既可以有效解决双创主体在发展过程中面临的空间、资本、资源和市场等问题，又可以加快双创成果与终端用户的直接对接，提升成果产业化转化效率和产品创新更迭速度，能够真正实现金融资本、创业资源、产业资源的有机融合和高效配置。

“四全”是建设重点。建设包括众创空间、孵化器、加速器、产业园等在内的全链条双创空间载体；对接从项目入基、项目孵化、项目提升到项目孵出的全流程创业综合服务；提供覆盖天使投资、VC、PE、上市服务和债务融资的全生命周期创新创业投资金融服务体系；构建包括空间、资本、人力、技术、服务、市场等在内的全要素创新集聚平台。

“四加”是运营模式。建设线上虚拟空间与线下实体空间相结合的专业双创支撑平台；利用招商局产融兼具、产融结合优势，提供孵化空间与金融资本的融合服务；发扬招商局改革创新的优良传统，利用双创示范基地和国有资本投资试点公司契机，先行先试，探索双创体制机制改革，推动双创资源释放最大价值；发挥招商局作为驻港央企的独特优势，打造服务境内与境外双创主体的载体。

“四化”是体系特色。打造面向集团内部、中央企业与社会大众的专业化创新创业平台；发挥招商局综合金融服务优势，打造针对双创的特色化金融服务平台；积极整合央企双创资源，打造协同化的央企资源整合平台；开放招商局核心产业资源，打造产业化的成果转化平台。

## 二
## 立足产品化思维，<br>实现产业资源和创新需求的有机融合和高效配置

中小微企业通过对接大企业丰富的产业资源，既可解决发展初期迫切所需的种子客户问题，还可加快产品与终端用户的直接对接，提升产品创新更迭速度和市场竞争力，更能够真正实现产业资源和创新需求的有机融合和高效配置。

招商蛇口是招商局集团旗下承担招商局双创示范基地建设任务的主要业务公司。招商蛇口双创团队在双创示范基地建设过程中，立足中小微企业对空间、运营、数据等的需求，发挥招商局的产业资源优势，引入产品思维，将双创示范基地所涵盖的建设内容赋予不同的产品属性，提炼为对应空间的、对应运营的、对应数据的产品概念，打造出由“招商创库”“小招通”“招商双创云”构成的双创产品体系。

招商创库是双创团队按产品化思维打造的一个以“智能化联合办公空间”为基础，包含联合创新中心、联合实验室、联合办公、创新联盟等功能，融合办公、生活、娱乐等多种业态，实现智能化管控和精细化运营的创新空间产品。招商创库通过空间的智能化改造，实现了门禁控制、访客管理、办公桌升降、会议室预定、隔空投屏、远程打印等空间的智能管理；通过线上线下一体化服务模式，实现了在线咨询对接和线下服务受理，为客户提供双创政策对接、导师辅导、创新成果展示、“工商财税法”企业服务、产业生态对接等系列服务，帮助入驻企业成长。

小招通是采用物联网、移动互联网等技术构建的空间智能化运营管理平台，不仅满足单体空间的智能化管理，还能支撑空间的异地复制、远程管控。小招通作为招商创库智能化运营的核心平台，通过小招通 APP、微信公众号、小招通 Web 端等面向客户的前端产品，为客户预定及使用创库空间、实现在线服务获取、构建在线社群等提供了解决方案。同时，小招通已实现业务流、信息流、财务流的在线打通，为空间运营管理者提供了良好的信息化管理工具，使运营人员实时、有效地开展空间管理和业务管理，提升效率的同时降低了运营成本。

招商双创云是一套按照公有云建设和运营标准建设的为双创企业服务的云平台及运营系统，包含 IAAS、PAAS 和 SAAS，具有“持续运营、合规运营、效益运营”的特点，面向招商系用户、产业园区客户、“一带一路”升级出海用户上云的整体需求，提供“一站式购齐”“拎包入住”的便捷云服务。招商双创云于 2018 年 11 月在招商局集团信息中心落地，共计上架 39 个机柜、417 台机器，支持 3600 台标准化云主机，为客户的云基础设施建设提供安全保密、丰富快捷、资源独享、专线直达的驻地云、专属云交付方案。招商双创云弥补了产业园区缺失的价值含量高的数字租赁服务，例如云计算存储、容灾备份、研发软件云等，为入驻的中等规模研发类企业提供了除空间租赁之外的黏性增值服务。

## 三
## 打造全生命周期综合金融服务
## 提升资本扶持的供给力度

招商局在服务创新创业企业的过程中，深刻认识到资金来源匮乏、融资渠道狭窄、融资结构不合理是制约中小企业发展的首要因素。针对这一问题，招商局充分发挥自身产融兼具、产融结合的优势，形成了天使投资、风险投资、私募股权投资、上市融资和银行等涵盖创新全链条和全生命周期的综合金融服务，并推出了一系列特色化双创金融产品，在为中小企业嫁接资本动力的同时，也实现了自身金融业务的拓展。与此同时，双创孵化与资本投资的有机结合也是推动创新创业企业快速发展的重要路径，既可摆脱传统孵化平台只提供空间租赁和孵化服务的局限性，又可通过投资业务吸引更多优质项目入驻孵化，有效弥补了孵化器的盈利短板，增强了孵化器的可持续性。

深圳招商启航互联网投资管理有限公司（以下简称“招商启航”）成立于 2015 年，是招商局旗下唯一的国家级互联网创业孵化器与天使投资平台，是招商局集团打造全国双创示范基地的重点建设工程单位。招商启航立足深圳，并设有南京、西安、漳州、蕲春等分部，拥有超过 20000 平方米的孵化空间、3 亿元种子及天使基金，同时背靠 50 亿元母基金、2000 亿元产业基金和 1 万亿元产业资源，集创业孵化、天使投资与基金管理于一体。

在双创建设方面，招商启航采用“孵化 + 投资 + 基金”三轮业务驱动的做法，通过提供三个月免费孵化，快速筛选优质的创新创业项目，通过投资为优质项目提供资本赋能及资源（招商局强势产业资源）赋能。一方面扶持创新创业企业快速成长，另一方面通过挖掘、培育、对接创新模式及创新企业，助力招商局持续进行产业创新，促进集团旗下十几个产业、十几家上市公司进行创新转型。

在创业孵化方面，招商启航提供“训练营—孵化器—垂直孵化器—加速器”全链条孵化服务。考虑到创业成本，平台为创业者提供三个月的免费孵化，包括免费的创意办公空间及基础的配套孵化服务。招商启航结合集团三大业务版块，并整合外部资源，建设“1+3+N”垂直孵化器，包括招商局员工创业基地、智慧港口专业孵化器、智慧交通垂直孵化器、新媒体垂直孵化器、数据创新垂直孵化器、智慧社区垂直孵化器、智能制造垂直孵化器、互联网出海垂直孵化器等。

在创业投资方面，平台重点投资 9 个行业，包括互联网 + 地产、互联网 + 金融、互联网 + 交通、人工智能、大数据、大消费、大健康、互联网、企业服务等。平台优化创新投资机制，采用“投资经理负责制”。投资经理必须对自己推荐投资的项目始终负责，并对公司决策投资的项目参与反向跟投，即投资团队与招商启航资本以 1∶19 的出资比例进行反向跟投，同时采用“超额收益”的激励机制，跟投员工将获得跟投本金对应盈利金额的 2 倍，若投资亏损则团队与公司同比例损失本金。

# 大数据服务把握市场需求，线上线下融合助力智能办公

重庆猪八戒网络有限公司

重庆猪八戒网络有限公司（以下简称“猪八戒网”）是第二批国家大众创业万众创新示范基地之一，以深入实施创新驱动发展战略为指引，践行五大发展理念，利用自身作为在线服务交易领域双创示范基地独特优势，打造国内领先人才共享平台。猪八戒网独具特色的“线上线下立体双创模式”，整合各类双创要素资源，通过大数据、人工智能等数字技术和企业全生命周期服务运营体系，与产业需求深度融合，不断发挥自身在平台交易、创业孵化、社会服务和文化推广等方面的优势，以“政府引导、企业主体、市场运营、开放共享”为原则，加速中小微企业迈向高水平、高质量发展。猪八戒网按照国家建设双创示范基地总体要求稳步推进各项工作，助推“大众创业、万众创新”向更大范围、更深程度、更高层次发展。

## 一
## 打造人才共享平台，创建以人才为核心要素的双创新生态

作为国家双创战略探索者和先行者，猪八戒网用 13 年时间发展成为国内领先企业服务平台。随着国家双创战略进一步深入实施，平台以服务众包为基础，根据人才专业能力和行业属性分类，开创服务定价新模式。平台通过运用人工智能、大数据等数字技术，精准匹配市场需求，突破服务交易时间空间限制，实现服务能力在线交易，让全国乃至全球人才汇聚起来，创建以人才为核心要素的双创供给侧新生态。这些创新举措，极大释放了人才产能，为创新创业提供广阔空间。深刻领会双创和“互联网 +”集众智、汇众力的乘数效应，平台让海量创业创新者和海量的服务需求者直接连接，人才要素得以高效组合，个体创造潜能得到最大程度释放。同时，通过完善平台环境治理和线上线下基础设施搭建，消除“信息孤岛”“资源鸿沟”，让人才和知识成为创业创新催化剂，实现人才红利释放。

## 二
## 构筑平台企业成长赋能体系，让创业者专注于核心竞争力打造

一是聚集资源，打造企业全生命周期服务。平台聚集来自 25 个国家或地区的 1400 万家服务商和 1000 万家雇主。依托多年积累海量交易数据，发挥平台基础设施载体功能，为双创人才和企业提供服务，集聚企业初创期、发展期、成长期、加速发展期、成熟期各类服务资源，提供知识产权、财税、法律、人力资源等各类企业基础服务，具备品牌营销、技术开发等企业发展全生命周期服务能力，助力企业从 0 到 1 再到 100 的发展，平台在线上为双创企业准确引流，在线下通过行业资源再分配，融合多要素形成立体的创业创新服务生态圈。在知识产权领域赋能，建设知识产权专业服务平台，系统打造“互联网 +”知识产权产业生态链；在金融领域赋能，建设金融专业服

务平台。

二是打造 Zwork 现代化联合办公空间，实现“一地办公，全球服务”。通过导入线上千万级用户，整合线下办公空间、企业经营服务、社群等资源，打造全球最具规模线上线下联合办公共享平台。促进国内外创新企业、创业人才、科研机构、高校院所等双创要素资源汇聚，对各行各业人才能力进行分类，集聚起巨大“线上”服务产业能力，实现“一地办公，全球服务”目标。秉承加速推动线上线下融合的理念，猪八戒网不断围绕“互联网 +”助推传统产业转型升级进行探索，作为代表性实践案例，“互联网 + 全域旅游”项目已在全国有代表性旅游目的地城市进行试点。

三是推出企业健康度查询诊断系统，精准预测和帮扶中小微企业发展。广泛利用以火眼金睛企业健康度查询诊断系统为代表的智能化工具，为创业者提供企业信息、品牌信息、司法风险、经营风险、经营状况、知识产权等多种数据维度查询。提供专业监测报告呈现功能，为中小微企业发展提供“一站式体检”服务，助力中小微企业科学化发展。

## 三
## 运用平台提高市场化双创资源配置效率

针对各地区双创事业发展水平不一致，区域间经济和人才发展不均衡，欠发达地区服务品类少、专业能力差、服务价格高、服务机构远、服务质量效果缺乏保障监督等问题，猪八戒网全国布局上百个线下园区和“互联网 +”产业共享服务中心（截至 2019 年 4 月 1 日，完成落地 68 个）。平台积聚服务资源和双创人才资源，深度与各地区产业需求精准匹配，引入外地创业者和培育扶持本地双创人才，为地方提供“互联网 +”区域智库、“互联网 +”产业体系化服务解决方案，实现双创资源跨越时空配置调节，促进区域间服务需求和服务人才供给平衡发展。

通过平台生态扶持小微企业成长，为创业创新者提供企业全生命周期服务，推动人才的聚集和成长。平台已孵化出设计行业年营收过亿元的天津艺点意创科技有限公司、网站建设行业领先的重庆光荣网络信息技术有限公司等市场主体，它们正作为行业新兴力量不断在平台上发展壮大。以联想为代表的高科技制造业和以谭木匠为代表的传统制造业，都通过平台发布设计需求，获得数万人关注并最终收到数百个不同方案或稿件案例，真正意义上实现了“单个需求万众集智，单向需求万向融合”。

# 以云服务平台为依托，建设国际一流新兴产业服务中心

万向集团公司

万向集团创建于1969年，至今已发展成为拥有员工4万余人、营业收入超过千亿元的现代化跨国企业集团，是国务院120家试点企业集团之一，也是我国向世界名牌进军、具有国际竞争力的16家企业之一，被誉为“中国企业常青树”。2017年6月，万向示范基地被列入国务院第二批双创示范基地，是汽车行业唯一的国家双创示范基地。万向集团围绕“开放共享、创新聚能”的理念，向全球开放万向集团49年积累的产业资源，基地结合以工业互联网为特色的数字经济和万向集团创新聚能城产城融合的实体经济，为科学家、创新者、创业者、投资者搭建一站式、全流程、创新型的双创服务生态，形成在智能交通、智能制造、智慧城市、智慧能源等领域可持续、可复制的大型制造企业创新创业新业态、新模式。

## 一

## 搭建面向制造业双创的云服务平台，推动内部资源共享、内生需求公开、运营数字化服务透明化

以开放性“万向工业云服务平台”为线上载体，以“万向创新聚能城国家双创示范基地”为线下空间，打造“线上与线下融合、服务与研发结合、内部与外部辉映”的新业态，旨在实现万向集团内部资源共享、内生需求公开、运营数字化服务透明化。为创业者和创业团队提供全程孵化、转化、产业化服务，新兴技术（区块链、大数据、物联网）整合与咨询服务，商业化资源整合、创业辅导、项目申报、合作伙伴、解决方案、管理等创业服务和工商财法、人事行政、市场销售、技术服务、运营管理、融资金融、宣传推广等第三方服务，构建资源富集、创新活跃、高效协同的产业创业创新集群。

“万向双创示范基地”线上基础平台已于 2018 年初上线，已有智能工厂整体方案提供商易往科技、LKT 以及新能源汽车关键技术开发商神驹科技、晨风绿能、三相科技和主动安全器件供应商布雷科电气等多家企业入驻，与近 20 家企业达成入驻意向。下一步，将以双创服务云和园区云为建设内容，打造业务与技术的链条，采用更灵活的业务组织形式，以数据驱动业务，提升双创服务品质和效率，力争在 2018 年完成服务云、2019 年完成园区云建设。

## 二

## 建立国际一流的智能制造、动力电池、智能网联汽车等新兴产业创新中心

万向集团根据自身制造业特征和产业分布，规划智能制造创新中心和工业互联网平台建设。万向集团从场景出发，从底层做起，以真实生产线为基础，构建“CPS 共性技术验证实验室”。2017 年，万向集团申请加入了美国工业互联网联盟（IIC）、中国工业互联网产业联盟（AII）。2018 年，智能

制造创新中心将以浙江大学院士团队为核心，联合国内外顶尖智能制造专家，形成一支高质量智能制造创新研发团队，建设 CPS 共性技术验证实验室，完成生产线搭建和边缘平台开发。

2017 年，万向研究院与世界知名新能源驱动系统提供商英国 Romax 携手共建的新能源汽车传动工程中心正式成立。联合工程中心旨在通过国际间技术合作和先进技术导入，在万向双创示范基地快速形成世界级新能源汽车驱动系统、汽车传动系统关键技术和产品研发与验证能力，结合万向集团在该领域的技术需求和工业场景开放共享理念，集聚国际优秀人才和创新创业团队，形成具有行业影响力的创新生态系统，推动电动化、轻量化、智能化等相关技术发展，打造世界一流新能源汽车及其关键零部件产业创新生态集群。

2018 年，联合工程中心将重点围绕创新研发团队搭建、测试验证与产业化解决方案及设计开发，联合国内外顶尖的新能源驱动系统专家，以世界顶级的软硬件研发验证全闭环能力，实现大中小微企业协同共赢发展，成为世界一流的新能源汽车及关键零部件产业化整体方案供应商。

## 三

## 构建区块链底层技术，推动新型技术在工业制造领域的应用

万向集团成立区块链实验室以来，通过丛书出版、全球论坛、研究报告、开源项目赞助，建立中国首个区块链云平台 - 万云（WanCloud），发起成立中国分布式总账基础协议联盟（ChinaLedger），作为 LP 参与成立了一个专注于区块链技术领域的投资基金等。目前，万向连续三年举办区块链全球峰会，并作为中国区块链技术和产业发展论坛的副理事长单位深度参与了《中国区块链技术和应用发展白皮书》《区块链参考架构》等指导文件及标准文件的编写工作，区块链孵化器和加速器已经孵化和加速了包括魔橙、多灵智能科技、瑞泰格、秒钛科技、原本、边界智能、哈池、吉罗等在内的超过 20 个区块链项目，参与投资了 40 多家全球知名的区块链企业，已经成

为中国区块链技术领域的先行者和引领者。

2018 年 2 月，万向集团为推动区块链技术在工业制造领域的应用，实现基于区块链技术产品制造和产品质量可靠存储与可信追溯，联合金山云、力太科技以及万向区块链和万向钱潮等外部生态伙伴、万向工业企业以及创新团队等大中小微企业，一同打造基于区块链的生产过程和产品质量可信追溯测试床，以实现产品生产数据和质量历史数据可信追溯，借助区块链记录公开透明、不可篡改技术特性，实现产品从原料到生产、销售等各环节历史数据可靠查询。利用区块链技术，对从工业现场采集的数据进行妥善保存，既实现了数据的去中心化，又能确保数据真实、可靠、有效。而基于可信数据分析和挖掘，企业可以更高效地达到流程优化、工艺改进、预测性分析等一系列目标，帮助企业快速有效地建立更可靠的运作机制、形成更高效的工作流程和提供更优秀的服务质量。

# 助力行业关键技术资源共享与服务平台建设，推动培育产业新动能

北京有色金属研究总院

北京有色金属研究总院（以下简称“有研总院”）是我国有色金属行业规模最大的综合性研究开发和高新技术产业培育机构。有研总院以有研集团为依托，以有研工研院为实施单位，协同中国有色金属工业协会、其他科研院所、相关高等院校和行业内重点大中型企业资源建设有色金属新材料与新技术双创示范基地。双创示范基地在国家有关部委指导下，发挥转制院所技术积累优势，积极探索与创新企业经营运行机制、内部管理制度和人才使用机制，培育创客文化，壮大创客团队，创新体制机制，建设企业转型升级与双创机制融合模式，实现有色金属传统产业企业转型发展与双创示范。

## 一

## 深入产业特色，助力行业共性关键技术资源共享与服务平台建设

近年来，有研总院借助在金属材料领域的雄厚基础和实力，积极探索传统产业与互联网结合的新模式、新业态。

一是设立有色金属材料计算与大数据资源共享服务子平台。2017 年底，有研集团完成有色金属材料大数据云服务平台一期建设，以有研工研院为试点单位投入运行。该平台目标是结合高效云计算技术，实现大数据分布式存储和共享。同时，结合专业分析计算软件及自身分析功能，为新材料研发提供有力技术支持。目前在互联网上部署的材料专业信息数据云服务平台已建成投入使用，面向全行业用户提供有色金属材料专业数据和专业信息情报服务。在有研集团内网上部署的材料专业大数据管理分析平台，已采集到上万余条科研数据信息，实现内部各类专业数据有效管理和初步分析。2019 年计划进行二期建设，使平台融合计算模拟功能，实现大数据挖掘分析功能。

二是搭建新材料测试评价子平台。2017 年 6 月有研总院牵头组建中国新材料测试评价联盟，并积极探索组建覆盖有色金属、钢铁、建材化工等工业基础原材料行业的新材料测试评价平台。该平台拟通过主中心建设，一方面整合统筹我国测试资源，提升行业水平；另一方面服务于新材料产业发展需求，助力制造业转型升级。平台将构建权威新材料产品第三方检测评价体系，与互联网新技术相结合，提供测试评价门对门、点对点一站式的服务新模式。同时，平台与国家建设的各类相关平台合作，创新机制，实现资源共享，提升技术水平，打造中国品牌，实现国际互认。下一步将逐步引入新材料生产、应用企业和测试评价机构、互联网新实体、社会资本等各类资源资本，建立股权多元化现代企业治理制度，实现自身良性发展的同时支撑新材料产业创新发展。

## 二

## 构建高精尖与新能源材料孵化平台，推动产业新动能培育与集聚

一是建设有色金属电子材料与特种功能材料技术孵化与产业化子平台。2017 年，智能传感材料国家重点实验室与协和医院展开跨学科交叉领域合作，在双创示范基地建设“健康医疗新材料研究院”，致力于健康医疗用新材料研究开发。快速推进平台建设，围绕未来我国智能传感领域中关键材料及应用技术的发展和需求，将新材料设计、制备与微纳加工、制造、集成等

先进技术相结合，推动新材料领域、信息领域、微纳制造领域交叉融合，推动智能传感制造及应用领域材料创新、结构创新和应用创新。

二是新能源有色金属材料与制品技术孵化与产业化子平台。2018 年 2 月，中国氢能源及燃料电池产业创新战略联盟成立，有研集团成为副理事长单位。联盟一方面通过集聚相关产业在产、学、研各方面的技术资源，加强协同创新，统筹推动全产业链技术突破，加快掌握更多关键核心技术；另一方面加强产业及市场协同，统筹指导联盟成员凝练自身研发与产业优势，推动氢能和燃料电池在国防、分布式能源、汽车动力、储能装备等方向跨领域应用，建立投融资机制以吸引风险投资和发起基金，加速推广中国氢能产业布局，共同推进中国氢能社会构建。

## 三
## 通过创新人才引进、选拔和培养等机制培育高素质双创人才队伍

一是通过国内外公开招聘、专家推荐、公开竞聘上岗等方式，全方位挖掘各类高水平专业人才；二是通过实施科技领军人才培养工程、青年科技人才培养工程等，在重点研发领域配置一批科技领军人才、培养一批优秀青年科技人才，带动领域建设和研发创新；三是研究制定项目分红激励实施细则，把握政策机遇，引导科研人员在科技创新过程中更加注重科研成果与市场的结合，提高科技成果转化率。

2018 年 5 月，有色双创示范基地的刘荣辉博士团队以“白光 LED 用高性能荧光粉及其产业化”项目荣获第三届中央企业青年创新奖，该项目申请国内外发明专利 49 项（已授权 26 项），在国内率先实现铝酸盐、氮化物和氟化物体系荧光粉的产业化，创造了良好经济效益。

有色双创示范基地鼓励各研发领域在做大做强现有研发团队的基础上，不断提出符合市场需求的新研发领域（方向），组建新研发团队。此外，有色双创示范基地正在建立创新培育培训中心，积极搭建人才培养平台，努力拓宽人才培养的渠道，推动创新性人才综合素质水平的提升。

# “三化联动”的平台链建设，孕育良性循环产业生态

中国科学院计算技术研究所

计算所秉承“科研为国分忧，创新与民造福”的核心价值理念，始终坚持以产业化的方式实现国家使命，自20世纪80年代开始就注重产业化发展，为创新创业团队提供扶持，至今已有30多年的创业经验积累，先后孵化出联想、曙光、龙芯、晶上、天玑、睿芯、AI独角兽——寒武纪等一批有影响力的高技术公司，在双创工作实践中不断摸索出了一套与时俱进的创新创业扶助经验。

通过高技术资源平台建设、创新创业优秀人才孵化器建设、资本整合平台建设、大计算所产业生态建设，逐步完善计算所创新创业链，加速实现学术、技术、产业与资本的有效循环，加速学术的技术化、技术的产业化、产业的资本化的“三化联动”，逐步形成“学术—技术—产业—资本”良性循环产业生态，有效推进大众创业、万众创新。

## 一
## 创新引导、高技术资源平台助力“学术技术化”

计算所在扶持双创团队的过程中，为创业团队提供优质的科研开发平台。计算所能够立足科技前沿，根据国家和区域发展需求合理整合资源，并通过开展科学研究来集聚和培养创新人才，从而不断提升双创企业的核心竞争力。计算所为创业团队提供高效的管理服务平台。该平台采用市场化的运作机制，研究开发产业共性与关键性技术，在服务于自身创办企业的同时，还服务于社会上的中小企业，不断提高区域创新能力。

一是提供优质的科研开发平台。为了更好地支持双创事业，自 2000 年起，计算所陆续建立了高性能计算资源平台、虚拟仿真平台、苏州 EDA 服务平台，以及芯片制造相关软硬件系统，并以低廉的价格向企业和高校院所提供共享服务。

二是提供高效的管理服务平台。在双创团队成立公司之前，计算所依托北京中科计算技术转移中心和各地分所，为其提供孵化器功能服务，并以事业部的形式支持其进行产业化实践。

## 二
## 创新创业人才培养平台助力“技术产业化”

创新人才是技术的重要载体。为了能够为信息产业提供双创人才资源和智力支持，2017 年 5 月，计算所成立了 I-Tech 创新创业学院，依托计算所的科技、教育、人才优势，整合社会优质资源，建立跨学科协同创新的教育孵化平台，培养具有创新精神和创业能力的优秀人才，促进科技成果转移孵化，形成开放式创新创业生态系统，主要教育模式如下。

一是与计算所教育处合作，组织高技术成果的二次研发培训，以及高技术职业教育培训。二是与计算所人事处和中科智源合作，组织创新创业实训活动、双创职业实训活动等。三是与各分所双创基地合作，组织高技术成果的二次研发培训、多种创新创业职业实训活动。四是与计算所人事处、中科智源、各分所双创基地合作，组织多种创新创业学科教育。五是与计算所相关基金公司合作，组织多种创新评比、创业大赛，帮助筛选创新创业人才和创新创业项目。六是与计算所人事处、中科智源、中科算源、各分所双创基地以及各相关基金公司合作，组织企业家进行一对一扶助。

I-Tech 创新创业学院培训导师大多来自红杉资本、联想投资、线性资本、明势资本等知名投资机构，以及中国科学院大学、中国人民大学等一线高校，并有知名企业家现场指导。I-Tech 创新创业学院与宁波分所、顺德分所、洛阳分所、苏州分所等 10 个分所开展了企业家训练营合作，促进了当地高科技企业的快速孵化。自成立以来学院共组织培训 6 次，路演项目 20 多个，培训 6000 人次以上，培训创业团队 70 多个。学院与宁波分所和南京分所合作，成立宁波创新中心和南京创新中心，带领中科睿芯、中科编译、中科视拓、中科寒武纪等公司，以及泛在计算技术研究中心等所内科研团队，举办了人工智能技术相关论坛，促进当地企业、学生、知名学者、平台机构和计算所相关学科科研工作者之间的交流与学习，两个中心计划在三年内完成培养 2000 名创新创业人才的任务。

## 三
## 资本整合平台助力“产业资本化”

计算所以独资资产管理公司——中科算源为管理主体。在计算所高新技术群和创新平台的吸引下，计算所及其分所的政府引导资金、实业企业战略投资资金、专业投资公司资金、社会投资资金等，共同构成了计算所可干预的产业投资基金。

通过资本催化了创新平台的建设和双创事业的发展，同时，双创工作实现了收入的增加和股权的增值，以此来反哺创新平台，促进良性循环，确保了创新平台和核心技术的可持续发展，也帮助双创团队提高了成功率。

为了更好地完善计算所创新技术转移生态，解决长期困扰初创团队的天使投资和规模化发展投资问题，经计算所所务会批准，成立“北京中科图灵基金管理有限公司”，吸收政府机构和专业投资人从事天使投资与孵化业务。公司于 2018 年前完成对寒武纪、物端计算机等项目的投资。2018 年中科图灵帮助寒武纪完成了 25 亿美元估值的历史性跨越；2018 年 11 月寒武纪的创始人陈云霁及陈天石受邀参加了习主席主持的民营企业家大会，2019 年 1 月受邀参加了李克强总理主持的听取政府工作意见的报告会，并作为人工智能领域代表进行了发言。同时，中科图灵在与软银赛富共同领投中科物栖超微计算机项目后又积极促成中科物栖的进一步融资，于 2018 年 10 月完成第二轮 9 亿元估值融资，对公司发展准备足够的资金起到至关重要的作用。计算所还在 2018 年筹建了百亿元基金用于打造国产芯片及上下游相关产业链。

## 四

## 加强区域协同联动，构建大计算所产业生态系统

2003 年以来，计算所已在全国 15 个地区成立了计算所分所，通过加强计算所科技成果共享平台建设，强化计算所与分所之间以及各分所之间的协同联动，不断将计算所的高技术成果在全国范围内转化落地，同时带动计算所高新技术双创团队快速发展，形成科技与产业相互促进的良性循环，主要任务包括：一是进一步扩大计算所分所覆盖面及用户覆盖面；二是提高计算所分所的产业聚集能力和双创培训能力；三是提高计算所创新平台及高新技术的区域辐射能力。

通过不断深化发展计算所产业生态系统，不断加大计算所与地方政府、地方市场、地方投资资源的合作力度，不断完善大计算所双创扶助生态系统；依托创新平台和双创产业生态系统来扶助双创团队；依托大计算所产业生态的全国性地方渠道，全面推进对双创团队的技术支持，不断提升双创团队的发展能力，提高创新创业的成功率。

# 构建社会化双创服务体系，推动双创与实体产业协同发展

航天云网科技发展有限责任公司

航天云网是以工业互联网为特色，探索重资产型制造业企业转型发展的典型代表，也是推动“大众创业、万众创新”工作的先行者。在核心理念方面，航天云网树立“信息互通、资源共享、能力协同、开放合作、互利共赢”的发展理念，以“创意创新创业”为牵引，以“三突破”为抓手，以信息化、社会化、市场化、国际化为导向，重点推进双创线上平台、双创示范基地建设等工作。在具体实施方面，航天云网公司坚持以线上平台为牵引，线下载体为支撑，建设新业态、培育新生态为主线，基于航天云网工业互联网平台建设运营好线上双创平台，加速建设航天云网中关村双创示范基地，构建线上线下双创服务体系，打造“制造与服务结合、线上与线下结合、创新与创业结合”的双创升级版。

## 一

## 基于航天云网工业互联网平台，提供线上双创支撑服务

航天云网基于航天云网工业互联网平台而打造的线上“双创”平台已初步完成建设并投入使用，平台利用互联网技术与大数据分析技术，整合“双创”产业链，面向不同创业主体的个性化需求，进行定制化设计，提供不同层次、不同“靶向”的精准服务，以平台资源拉动“双创”主体释放潜能。

航天云网依托云创空间，一是为创业者提供“云化”的双创服务，如云项目管理、云工位、云大赛、云导师、云培训、区域云空间、专业云平台等，形成了具有鲜明特色的多元服务与配套体系。二是基于线上平台为各类创新创业活动提供支撑服务，为各类型主题开展创新创业活动注入动力，目前已为“创青春”全国青年创新创业大赛、中央企业青年创新创业评选、中国中铁青年创新创意大赛等平台提供开发、运营服务。三是通过平台建设汇聚各类双创资源，截至 2018 年底，平台提供双创导师 292 名，累计储备项目和团队近 6 万个，其中，优质外部双创团队 / 企业项目 6000 余个，覆盖工业制造、新能源新材料、智慧生活、机器人、电子芯片等多个行业。

## 二

## 依托航天云网中关村线下双创示范基地，汇聚线下双创实体服务

航天云网中关村双创示范基地位于北京市科技创新核心区中关村海兴大厦，是一处功能完备的创新实体。为了让创业者专注于核心业务，基地为创业者提供从企业初创期、企业成长期到企业成熟期所需的基础设施服务、行政服务、中介服务、融资服务、人才培训、生活服务等，实现“双创基地 + 孵化器 + 加速器 + 产业化基地”的全方位空间服务。为进一步提高创业成功率，基地打造全面孵化服务体系，为孵化企业提供所需的政策、管理、法律、财务、融资、市场推广、路演、培训、技术开发与合作交流等服务。目前，

基地已完成智能制造实验室、展室、路演区等特色区域，以及各项配套基础设施的建设，已服务 215 个外创项目实现孵化转移阶段，推动近 20 个社会化双创项目与航天科工内部单位开展成果、人才、资本等方面合作。

## 三
## 激发双创活力，反哺实体产业发展

为更好发挥航天云网线上双创平台和线下双创基地优势并形成合力，航天云网积极营造良好创新创业氛围，完善双创生态。

积极打造创新创业交流平台，承办协办“创青春”大赛，参加“创客中国”创新创业大赛，协办参与中关村创新驿站活动、“创客中国智慧工厂路演大赛”、中国—瑞典创新创业基地推介会、第三届中国瑞典创新创业论坛、“赋能工业智能”研讨沙龙等各类双创活动。

将资本纳入生态系统，通过航天云网创新生态，推动航天科工系统内部及产业链上下游企业与多层次资本市场高效对接，为航天科工和航天云网公司及其孵化项目提供综合服务和融资支持；发挥工业互联网特色，通过航天云网公司工业互联网实践，增强投资人对工业互联网的了解，推动资本参与工业互联网发展。目前，航天云网已推荐 19 个项目在青创板挂板展示。

创新创业成果反哺实体产业。在通过云制造生态助推双创的同时，航天云网通过双创反哺云制造生态的建设，形成了通过生态聚集资源、通过资源聚集提升生态价值的良性循环。举办第二届“航天云网杯”中国工业互联网 APP（软件应用）创新大赛，560 家软件企业参加，参赛软件达 1041 款。通过举办大赛，航天云网公司与多家单位建立了深度合作关系，实现资源的深度共享，进一步完善了航天云网双创生态系统。

航天云网提供以创新能力、优秀创意、杰出人才、生产资源等共享协同为基础的创新创业服务，并将在打造双创升级版、构建航天云网双创生态圈方面持续发力，让“人人皆可制造”的双创愿景早日实现！

# 服务支持深港澳青年创新创业，打造具有影响的国际创客基地

深圳市前海联合发展控股有限公司

作为“特区中的特区”，前海肩负着探索改革开放新路子、深港合作新模式、转变发展方式新经验的重大历史使命，前海按照“依托香港、服务内地、面向世界”的总要求，加快推动双创工作开展。深圳市前海联合发展控股有限公司（以下简称“前海联控公司”）是深圳市前海深港现代服务业合作区管理局直属全资控股的平台公司，具体落实前海地区双创业务职能。为支持深港澳青年在前海创新创业，将前海打造为港澳青年来内地发展的“第一站”，早在 2014 年下半年，前海管理局就联合深圳市青年联合会、香港青年协会三方共同发起建设了前海深港青年梦工场（以下简称“梦工场”）。梦工场并于 2014 年 12 月 7 日正式运营，被团中央授予为全国唯一“青年创新创业跨境合作示范区”。在前海管理局的领导下，前海联控公司聚焦深港互动合作主线，着力构建前海深港创新创业生态圈，打造前海特色“双创”品牌，取得了一系列重要进展。

## 一
## 以梦工场为主导、合作机构为主体，开展创新政府、市场、社会三方联动模式

按照“政府主导、市场运作、社会参与”的原则，梦工场首创了“以梦工场为主导、合作机构为主体”的协同创业服务模式，先后引进了IDG孵化中心前海总部、深港产学研基地、中科院深圳先进院育成中心、港科大蓝海湾孵化港、香港青年专业联盟前海众创空间、创展谷创新孵化基地等多家合作孵化平台机构，并与香港贸发局、香港大学、港交所、普华永道等单位建立了长期紧密业务合作，政府、市场、社会在尊重各自运行规则的基础上，分工合作、有统有分，确保了梦工场既能充分发挥政府资源整合的优势，又能运用市场化手段，为创业团队提供最优质的服务。

## 二
## 深港两地多领域优质资源聚集，构筑前海深港创新创业联盟

基地为进一步优化聚合多方资源，搭建了前海深港创新创业联盟。一是成立了前海深港创客联盟，联盟成员由深港两地众创空间和知名创客、草根创业者、科技服务机构组成，旨在促进行业交流、资源整合和共同发展。创客联盟积极促进成员之间信息互通、经验分享和资源共享，形成有较大影响力的创客交流活动品牌。二是成立了前海深港“梦想＋”创投联盟，整合深港国际知名新型孵化器、天使、VC、PE、产学研等创业要素资源，搭建国际性、多层次、多元化、高效率的投融资服务平台，为深港创业团队提供创业投融资对接机会和孵化服务。三是成立了前海深港创新创业媒体联盟，由深圳广电、36氪、投资界、腾讯科技等20多家单位共同发起，目的是通过多家单位协作挖掘创业项目的社会价值和新闻价值，将其打造成行业标杆，

同时激发自媒体人的创新力和创造力，最大化媒体价值和影响力，并形成更具活力的企业 + 自媒体联盟模式。

## 三
## 建设梦工场人才驿站，搭建“1 对 1”“面对面”导师互动平台

基地在现有配套人才住房基础上，积极推动建成梦工场 YOU+ 国际青年创业社区，作为深港创新创业生态的重要组成模块，打造集居住、休闲、娱乐、资源整合于一体的新型共享空间，为园区创业者、访客提供 8 小时工作时间以外的住宿及交流互动空间。项目总建筑面积约 3300 平方米，配备拎包入住式公寓 59 间，主要提供 3~12 个月长短租服务，解决跨境创业者的居住难题。为深化深港两地创业交流，基地建设“面对面”创业者与导师互动平台。一是聘请了深港两地知名投资人、企业家作为梦工场创业导师。二是采取定时定点定人的方式开展“天使下午茶”活动，搭建入驻创业团队与创业导师间“1 对 1”“面对面”的互动平台。三是通过与“南山科创中心”“草根天使会”等周边机构合作，建立了导师转介机制，让园区团队可以有机会获得合作机构导师的指点。

## 四
## 搭建前海深港“双创”全球路演中心，打造前海“双创”服务品牌

联合梦工场园区创业孵化器，打造“线上 + 线下”全球路演中心，通过常态化全球项目路演，线下选拔优秀项目进驻前海。园区发挥创新项目交易功能，逐步形成“全球创新项目交易中心”模式。在打造双创服务品牌方面，一是充分发掘梦工场品牌优势，通过第三方专业公司对梦工场品牌进行高端策划包装，扩大品牌影响力，促进可持续发展。二是打造前海深港特色品牌双创活动，高标准举办前海深港澳青年创新创业大赛、世界青年创业论坛前海站、“双创活动周”前海站、前海深港青年创客营等大型品牌活动，展示前

海双创成果，提升梦工场品牌影响力。

深投控和深圳湾科技公司以深圳湾园区为载体，坚定不移贯彻国家“大众创业、万众创新”战略，坚持开放、创新、共享原则，通过打造深圳湾创业广场、“双创”公共服务平台，构建产业培育发展服务体系、开展重大创新创业活动，形成具有深圳湾特色的“双创”生态体系，获得业内“北有中关村、南有深圳湾”的赞誉，成为引领“双创”发展、助推产业转型升级的重要抓手和载体，为深圳前海地区发展新经济、培育新动能做出了突出贡献。

# 构建高效创业孵化模式，打造创新创业服务支撑体系

创新工场（北京）企业管理股份有限公司

创新工场创立于 2009 年，开创了“投资 + 孵化”模式的先河，已成为国内最具影响力的服务型创业投资机构之一。当前，创新工场形成了以中央孵化平台为中心，同时发展地域主题的区域孵化以及行业主题的深度孵化模式。通过“互联网 +”，创新工场提升了服务效率，为创业企业节约了成本。通过连接中美两大创新创业市场，创新工场拓宽了中国创业企业的国际视野。兄弟会和群英会平台，增进了创业者与投资者的交流，为创新创业发展提供有力支撑。

## 一

## 提供“互联网 +”创业服务，降低创业成本和提高创业效率

创新工场孵化项目已达数百个，分布于中美两国。在中国等区域，传统的孵化方式已经无法满足现实需求，提供“互联网 +”创业服务成为必然选择。目前，创新工场为创业者提供的“互联网 +”创业服务主要包括以下几

个方面。

一是通过课程直播提供在线培训。创新工场会不定期组织法务、财务、市场以及技术方面的培训课程，帮助创业公司更好地完成职能工作。课程直播可以覆盖所有的创业公司，为创业者节约了时间和差旅费用。

二是对接 IDC 云主机相关的资源。创新工场会与市场上主流的云主机、短信供应商、邮件供应商等 IT 服务公司合作对接，为创业公司找到质优价廉的 IT 服务资源，帮助创业公司解决技术瓶颈，节省初期创业的资金。

三是采用云端协作的 IT 系统。创新工场办公室所使用的办公软件，如邮件、协作系统均为具有云端协作的 IT 系统，提高内部工作效率并节约企业成本。

四是推行在线采购流程。创新工场办公设备的采购均使用互联网在线购物，如在京东、亚马逊等电商平台采购，摒弃传统的线下采购方式，形成了高效率、低成本的采购流程。

## 二
## 推进中美资源联动创新，拓宽创业企业国际视野

连接中国的中关村与美国的硅谷，有效促进中美两个最先进的科技创新国家的创新创业交流。创新工场创始人兼董事长李开复博士同时拥有在中国和美国长期工作的经验，是具有国际影响力的高科技领军人物。他曾任谷歌全球副总裁兼大中华区总裁、微软全球副总裁、亚洲研究院院长。自创立创新工场以来，李开复博士致力于推动中美两国的创业交流与合作，过去两年，亲自带领中国创业者到美国硅谷，与谷歌、苹果、特斯拉等国际著名公司亲密接触和深度交流。创新工场在美国每年会定期邀请美国硬件创业企业参访深圳制造企业，创造深度合作机会。创新工场充分发挥连接优势，与硅谷各大研发机构、著名大学以及创业企业间建立了紧密的联系，促进中美科技创新项目、技术与人才的交流与合作。

## 三
## 打造兄弟会交流共享平台，为创业 CEO 量身打造创业商学院

创新工场兄弟会创办于 2014 年 5 月，是专为获得 A 轮及之后融资的创业企业 CEO 打造的创业辅导计划，旨在为创业者提供交流经验、互换和共享创业价值的平台，堪称创业 CEO 的商学院。运行两年来，兄弟会已成为创新工场创业生态体系不可或缺的组成部分。兄弟会为创业企业 CEO 提供极富实际价值的立体式教学课程。一是邀请众多知名风险投资机构负责人分享行业投资动向与见解；二是邀请成功创业者或业界精英分享创业实战经验与教训、行业认知与洞察；三是邀请律师事务所、会计师事务所、证券公司等领域专家分享涉及法务、财务、资本市场等领域的专业知识。除定期课程培训外，兄弟会还会组织拓展活动，邀请知名投资人、成功创业者一起参与，进行封闭式旅行体验。

## 四
## 联合业界优势机构共建群英会，强强联合构筑创业共赢生态圈

创新工场不仅专注于打造自身的投资专业性和服务专业化，更加重视与同行的互动和合作。2015 年创新工场联合真格基金和隆领投资，以及近百位行业的天使投资人、投资机构和优秀企业家，共同打造了一个面向创业者的大型公益创业辅导计划——群英会。群英会旨在联合业界优势机构，打造一个共赢的创业环境和更具效率的创业生态系统，为更多的优秀创业者提供专业创业指导和全方位创业服务，支撑创业者与投资机构对接效率的提升。如今，群英会已经成为创新工场创业生态的重要组成部分，是早期创业者寻找投资、投资人寻找优秀项目的互动平台，每年吸引超过 3000 位创业者报名。

# 聚集创新创业生态资源，打造“重度服务 + 精准孵化”的双创载体

中关村创客小镇

中关村创客小镇是由海淀区政府大力扶持、温泉镇推动的科技创新全资源平台项目。2016 年 4 月，北京市海淀区房屋管理局、中关村科技园区海淀园管理委员会、海淀区财政局联合发文，以温泉镇“351”公租房为载体建设海淀区创客人才公租房试点；同年，经中关村国家创新自主示范区领导小组正式授权，创客小镇冠名为“中关村创客小镇”，成为集创业 + 生活 + 社交功能于一体的创新型小微企业产业集群载体，与中关村创业大街、中关村大街并称为三足鼎立的中关村创新创业策源地。“中关村创客小镇”作为海淀区“两街一镇”的亮丽名片之一，受到各级政府领导的高度重视与支持。

## 一 协调双创生态资源，打造创新孵化平台 4.0

一是形成“创新型小微企业 + 产业化有序聚集”的 4.0 孵化器。中关村创客小镇位于海淀区温泉镇，毗邻中关村环保园、华为技术研究中心、翠湖

科技园等大批高质量、高科技园区，区位优势明显。以“项目＋资金＋团队”为核心，协调“政军产学研用”多方位资源，打造了“创新＋生活＋社交”的360度全资源共享平台。小镇以创新、协调、绿色、开放和共享为发展理念，形成了一整套全面有效的运行服务机制，首创以“创新型小微企业＋产业化有序聚集”为核心的4.0孵化器，有机整合了空间、资源、产业和创客群体，借助孵化器运营服务平台、创新创业加速平台、创新创业生态圈，实现了“重度服务＋精准孵化”的4.0孵化器模式——一支专业的孵化经理队伍、一套规范高效的孵化运营流程，陪跑型专业化服务比创业团队更了解自己，为创业团队精准对接各种资源。

二是提供“互联网＋应用场景孵化”最佳场所。中关村创客小镇作为创新创业者聚集的新型智慧社区，对物联网和人工智能产品与服务有潜在的需求，从MVP（最小可行产品：具备基本功能，满足初期用户使用，通过采集用户使用过程中的反馈来对产品做进一步提升的产品版本）到MAP（最低完成度但足够能让人惊艳的产品），中关村创客小镇为入驻的创新项目提供了“互联网＋应用场景孵化”的平台和最佳应用场所，目前入驻企业“果心科技”的手机蓝牙开门创新项目，已经与创客小镇的科创服务平台及公租房管理平台联网应用，入驻企业“王府科技”的智能新风系统等创新产品和服务应用已经让中关村创客小镇成为创新产品与服务的试验场和观摩场，协同创新助力了创新创业企业的快速发展。

三是提供创新生命全周期孵化服务。中关村创客小镇为硬创科技提供的柔性智造线大大加快了开发速度，降低了开发成本，同时联合智慧工厂、硬创大道、泰尔实验室形成了完整的智能硬件孵化体系，从产品创意评估、协同开发、原型机制造到投融资对接，再到产品量产、产品检测，最后到产品营销、品牌策划和产品众筹，为创新企业提供了腾飞的翅膀。

2017年1月公寓首批入驻，2017年11月正式开园，截至2018年6月，已与44家投资机构和投资人、8个孵化器、54家科技服务机构形成战略合作伙伴关系，可提供11类61种专业级服务——从空间服务到投融资对接、从人才招聘到团队建设服务、从创业辅导到营销策划及品牌提升、从财税法到知识产权服务等，通过专业化的“重度服务 + 精准孵化”的资源链接与对接，400 多家企业已实现 19 亿元以上的融资、20 亿元以上的年产值。

## 二
## 依托科创服务生态体系，推广“中关村创客小镇”模式

中关村创客小镇作为海淀区集体产权用地在双创时代的创新应用及先行先试的双创社区样本，通过“科创孵化、创业投资、创客学院、资产管理、市场加速、产业运营”六大业务模块的有机整合，形成了一套完整的科创服务生态体系，通过“重度服务 + 精准孵化”的 4.0 孵化器模式可以精准对接高校、商学院、科研机构、投资机构、北京优质科技成果转化平台、百余家行业领军企业等北京市优势资源。

中关村创客小镇目前已具备项目外拓条件，通过产业合作、区域拓展、技术交易和市场推广输出中关村创客小镇服务理念，传播中关村先进服务理念与模式，推行中关村创客小镇服务品牌，输出中关村创客小镇成熟管理模式。一是品牌输出，双创社区综合体包括长租公寓、创客公寓、众创空间、创客驿站等；二是服务输出，包括科创孵化、资产管理、创客学院、研发外包、城市会客厅、国际科创资源整合等；三是产业输出，基于中关村、北京市及海外资源整合的互联网教育、信息技术、医药健康、智能装备、节能环保、新材料、人工智能等高精尖产业落地。

基于中关村创客小镇的服务理念与模式，与各地方的深度合作，将助力当地城市、区县，包括“一带一路”国家与地区的产业升级创新，包括五链融合、实体经济升级转型、地域与载体品牌知名度。合作对象包括政府、产权方、合伙人和大中型企业，合作城市区位为人才、产业聚集区，包括：一、二线城市及其开发区、大学城、产业园等区域，三、四线城市核心区域，“一带一路”国家或地区。已经产生合作交集的有：入驻创客小镇的柔性智造线是拥有自主识产权的全国产化设备，目前已经出口至伊朗某孵化器，为孵化器内的硬创科技企业提供服务；北京市一区十六园的相关领导莅临中关村创

客小镇交流经验计划推广中关村创客小镇模式；大同市市长率团考察了中关村创客小镇后，大同开发建设集团有限公司董事长率队与中关村创客小镇进一步交流项目运营管理经验，探讨合作与引进模式；四川达州天然气能源化工产业区、山东德州齐河黄河生态科技园与中关村创客小镇达成合作意向；河南郑州市郑东新区、二七区、金水区优选当地相关物业有意借鉴或引进中关村创客小镇运营模式等。

中关村创客小镇现已成为政府公租房与国家双创背景有机结合的一块改革试验田，创业孵化服务作为国家创新型体系的重要组成部分，是创新创业的基础，也是创新创业的风向标。在这样的背景下，双创孵化服务正在不断洗牌，像中关村创客小镇这样“办公 + 居住 + 生活服务 + 社交”360 度全要素服务模式成为新趋势，大大提高了创业效率，有利于缓解潮汐式通勤，有利于承载中心城区功能疏解，对治理像北京这样的超大城市的城市病具有积极意义。中关村创客小镇高效践行“大众创业、万众创新”，形成一个强有力的创业生态闭环，是海淀区作为国家自主创新示范区核心区和全国科技创新中心核心区发挥先行先试和引领作用的具体体现。

# 融媒体数据驱动服务创新，构建高质量新型创新创业支撑平台

创头条

作为一家专注于创新创业服务的资讯平台和服务机构，创头条从成立之初，依托在资讯、大数据和企业服务等方面的积累，搭建了从线下到线上，覆盖企业初创、发展等多个成长阶段，聚合多种创新创业要素和资源的新型创新创业服务平台，形成了服务资讯化、产品化、垂直化的发展路径。经过几年的发展，创头条在创新创业多个细分领域形成了独特的优势，获得国家高新技术企业等资质，在相关领域也探索了具有独特性的发展经验，为行业发展贡献了一份力量。

## 一

## 服务资讯化，依托数据驱动服务创新，打造个性化、智能化信息服务平台

作为新型的创新创业服务平台，创头条高度重视产品技术创新，尤其是双创大数据等价值。经过几年持续投入，在双创数据方面形成了一定的

积累，以数据作为产品和服务创新的源动力，推动服务平台的建设和迭代升级。

一是打造创新创业领域首个智能推荐资讯平台，降低信息的获取成本。近几年，伴随着国家双创战略的推进，创新创业资讯呈爆发式增长，客观上也增加了用户获取信息的难度和成本。创头条聚合了创新创业领域最新、最全的资讯，凭借个性化订阅和智能推荐系统，使用户通过一站就可以了解创新创业领域最新的动向和相关政策，大大降低了这一领域信息获取的成本。双创城市观察、国际双创政策、双创载体百人谈、创语录等特色内容受到用户的欢迎。其中，国际双创政策为有关部门相关工作提供了有价值的参考。

二是以资讯即服务为理念，数据和资讯结合，打造全新的资讯体验。基于全网的双创大数据，创头条先后推出了“融资报”“政策通”等数据化产品，展示每天融资和政策动态，并基于数据推出“融资周报”“融资月报”“政策月报”等，分析每月趋势和亮点，为创新创业者提供数据支持。其中，政策通的产品，依托大数据，根据地域、行业、人群、时间等条件为企业提供智能化匹配和个性化推荐服务，让双创政策和创业者实现更快的连接。

三是深耕双创数据，探索数据服务双创的新模式。2016 年初创头条在国内上线了“双创地图”，依托地理位置聚合创新创业要素（众创空间、孵化器、投资机构、服务机构、创业企业等），在地图上呈现一个城市或地区的多层次的创新生态，以此促进区域的资源互动和交流，引起了各方的关注。目前，双创地图已经成为国内最大的开放式双创生态地图，数据提供了新的视角，生动展示了城市的“创新力”。在此基础上，创头条上线了“双创大数据”等工具产品，为用户提供数据查询服务和决策参考。

持续深耕双创大数据，创头条不断提升数据服务能力，并获得认可。自 2017 年起，创头条连续几年承担了国家部委在全国双创周“双创数据大屏”的项目，用可视化数据展示全国双创成就，成为国家领导人视察双创周主会场“必看”的内容，“双创数据大屏”也成为全国双创周观众合影留念的“背景墙”。

## 二

## 服务产品化，打造线上线下一体的多元化增值服务，满足创业企业成长不同发展阶段的需求

在充满创新和“新物种”的领域，企业在组织架构、发展模式上不断变革，传统服务模式的局限性逐渐凸显。如何通过服务创新，适应新形势需求，为“新物种”发展形成真正助力，是创头条作为创新创业者背后的服务者一直在思考的问题。创头条通过研究许多企业成长过程的难点、痛点，依托互联网技术将服务产品化，在提升服务效率的同时也满足了企业不同发展阶段的需求。

比如，针对许多初创企业早期推广难题（缺乏专业人员、缺少资金、缺少渠道、推广费居高不下已经成为初创企业的痛点），创头条自 2016 年以来，先后上线了企业号、push 红包、推广通等产品及流量工具，为企业提供免费宣传和适应新媒体时代的增值服务。以推广通为例，平台上的企业有媒体传播需求时，可以随时在线下单采购服务，且仅需花费不到过去 1/3 的预算。push 红包则结合社交工具“发红包求转发”的痛点，激发转发者热情，实现传播的社交裂变。

在此基础上，创头条还开发了企业服务交易的产品，聚合了工商财税法、技术服务、营销推广、预定工位等多种增值服务，一方面可以大大降低企业决策和服务采购成本，另一方面有利于解决地区服务资源分布不均衡的问题。

此外，创头条还通过与阿里云、蚂蚁金服、钉钉等知名大企业深度合作，共同成立创学院、举办合作创业大赛（包括诸神之战、蚂蚁金服支付宝小程序创新大赛等），以及在不同城市举行产业峰会等，以此聚合投资、技术、产业、传播等多种资源，为创业企业提供赋能和加速服务，助力相关产业升级。

## 三

## 服务垂直化，深度链接优质资源，助力孵化载体“互联网+”升级

随着“高质量发展”的深入推进，创新创业孵化载体的迭代升级、打造高质量的创新创业服务平台势在必行。但由于各种条件限制，不少孵化载体在人才积累、服务专业性等方面不能满足市场需求，而优质服务资源也存在区域不均衡等问题。

几年来，创头条坚持以服务创新载体为使命，致力于依托互联网平台使相关的服务资源与空间服务结合，搭建“互联网+”创新服务平台，帮助空间提升服务的品类和专业度，推动孵化载体升级为“软硬一体”的服务平台。

通过企业号、双创地图等产品，数千家孵化载体聚集到创头条平台上。目前，已有数千家孵化载体经常性使用创头条企业号、推广通等产品，以解决自身品牌传播及入孵企业的推广等问题。而政策通、融资报等产品也有助于孵化载体更好地指导和服务入孵企业。

2018年创头条联合首都科技发展战略研究院策划了发起的“寻找100家特色空间”大型活动，吸引了全国30余省、直辖市和自治区1000余个孵化载体参与。活动同时获得火炬中心及10多个省市的协会支持。随后举行了“2018年众创空间特色发展大会”、发布《众创空间白皮书2018》等，使得“特色发展”“专业服务”等关键词在行业中获得广泛的关注。

创头条企业服务交易平台上线，有利于缓解许多单一孵化载体服务能力不足、区域资源不均衡的问题，增强载体的服务宽度和辐射能力。与此同时，这一产品也可为载体入孵的企业服务公司提供新的业务入口。

随着越来越多的孵化载体聚集、活跃在平台上，越来越多的创新创业资源和要素不断聚集，企业频繁的交流和合作，通过一个创新创业的网络生态服务平台即可以实现，大幅度提升服务的层次、深度、效率。

# 第五部分

# 拓宽创新创业融资渠道

完善全链条、多层次的财税金融支持体系，拓宽创业融资渠道，全国各地正在形成创业融资渠道更加多元化、融资运作模式更加规范化的发展形势，融资规模持续快速增长，多层次资本市场健康发展，包括充分发挥创业投资支持创新创业作用，政府引导基金市场化运作，扩大早期投资、创业投资规模，拓宽创新创业直接融资渠道，引导金融机构有效服务创新创业融资需求，完善创新创业差异化金融支持政策，完善融资担保体系，健康发展多层次资本市场等，一些地方和单位以突破双创企业融资瓶颈为目标，积极开展多层次金融服务体系建设的探索和实践，发挥金融服务对创新创业的助推作用，开展知识产权质押融资试点和科技保险试点，在金融服务领域大胆创新，在拓宽融资渠道方面取得了良好成效。

# 多策并举拓宽融资渠道，科技金融助力双创升级

重庆两江新区

重庆两江新区获批国家双创示范基地（以下称“基地”），成为全国首批 17 个区域双创示范基地之一，以科技金融助推创新创业为目标，创新企业融资模式，完善区域创新创业金融服务体系，发挥财政资金引导作用，促进金融与战略性新兴产业有机结合，对在新形势下如何开展科技金融工作进行规划设计，多策并举有效缓解企业在创新创业过程中融资难、融资贵等问题。通过直接或间接控股机器人、通用航空、新能源汽车融资租赁公司，在做好金融风险、债务风险控制的同时促进招商项目落地、推动企业装备水平提高、拓宽融资渠道、降低融资成本，激发区域创新创业活力。

通过投、贷、保、补等一系列措施，政府为科技型企业、金融机构以及资本市场搭建桥梁，畅通融资渠道，两江新区双创示范基地已营造出良好的科技金融生态环境，全方位、多维度地为处于不同生命周期、有不同资金需求的企业切实解决融资难题。近三年，已累计为 284 家科技型企业提供债权融资，授信金额 11.13 亿元，实际发放信用贷款 9.38 亿元；政府为企业累计补助创新创业专项扶持资金约 7.5 亿元；基地内企业实现境

内主板上市 16 家和新三板上市 47 家，分别占全市的 32% 和 33%，境外上市 4 家。

## 一
## 构建创新创业金融服务体系

一是出台创新创业金融服务体系政策与引导投资基金，支持创新企业发展。基地按照“政府引导、市场运作、科学决策、防范风险”的基本原则，出台《重庆两江新区科技创新专项资金管理暂行办法》《重庆两江新区鼓励企业开展股票市场和债权市场融资扶持暂行办法》等政策，由区财政出资 10 亿元，设立“重庆两江新区科技创新投资引导基金”，引导基金下设“两江新区科技创新股权投资基金”（以简称“科创股权基金”）及“两江新区科技创新债权扶持资金”（以下简称“科创债权基金”），重点支持两江新区具有自主创新、自主知识产权和先进技术的科技创新类中小微企业。

二是采用补贴方式为企业提供支持。基地出台《重庆两江新区促进科技创新发展办法》《重庆两江新区促进总部经济发展办法》等四个“黄金十条”，采用直接补贴的形式在人才引进、科技研发、创新平台建设等方面为企业提供支持。

三是建立多样化融资渠道和全生命周期金融服务体系。通过专业分工及协作配合，采取种子基金、天使基金、风险基金、项目专项基金、知识价值信用贷、科技成长贷等多元化的融资方式，建立“产业扶持 + 债权融资 + 股权投资 + 改制上市”多样化融资渠道，以及“种子 + 天使 + 风险”全生命周期的创新创业金融服务体系。

## 二
## 多措并举解决企业融资需求

一是开展科技金融产品创新试点。科创股权基金通过直接投资或与专业机构合作设立成果转化、科技型企业孵化等专项基金两种方式，聚焦科技型、创新型、创业型企业，为科技企业发展提供金融支持。科创债权基金引导金融机构拓宽服务领域，创新科技金融产品，针对企业不同的生命周期，构建科技金融债权融资体系。

二是打造银政企服务中小微企业新模式。两江新区管委会与国家信息中心、中国工商银行、数联铭品科技公司（BBD）率先在两江新区开展全国中小微企业融资服务创新试点，打造银政企服务中小微企业新模式，拓宽企业融资渠道。

三是整合国家和地方核心数据融合应用。首先，建立数据共享机制，综合运用政府平台信用信息和企业市场信用信息，实现在企业融资服务的整合应用。其次，建立企业金融大数据库，为构建企业信用贷风控模型和筛选、评价、监测预警等提供数据基础支撑。

四是搭建新区企业融资服务数据平台。首先，在国家信息中心指导下，数联铭品科技公司开发建设企业融资服务大数据平台，工商银行通过该平台运行其大数据信用贷风控决策模型，实施“信易贷”，开展从客户筛选到贷款发放的全流程业务。两江新区对工商银行以同期基准利率发放的贷款额度予以 0.5% 利息补贴，试行一年。其次，通过大数据平台聚焦企业信用行为，积极推进社会信用体系建设，构建守信者获得激励、失信者处处受限的奖惩机制，不断提升两江新区企业信用水平。

五是构建多方参与的风险缓释机制。首先，建立风险损失共担机制。两江新区管委会、工商银行重庆分行、数联铭品科技公司对两江新区直管区范围内的中小微企业贷款本金损失按照 7∶2∶1 的比例共同承担。其次，设立前期 3000 万元风险补偿基金。两江新区管委会出资比例为 87.5%，数联铭品科技公司出资比例为 12.5%。最后，设立风险预警机制。当风险补偿金达到累计发放贷款金额的 3% 时，启动风险预警机制，累计达到发放贷款金额的 5% 时暂停放贷。

## 三
## 产融结合助推战新产业发展

基地促进金融与战略性新兴产业有机结合，直接或间接控股机器人、通用航空、新能源汽车融资租赁公司，在做好金融风险、债务风险控制的同时促进招商项目落地、推动企业装备水平提高、拓宽融资渠道、降低融资成本。

在机器人及智能装备业方面，重庆两江机器人融资租赁有限公司主要以直租、回租、厂商租赁等多种融资租赁模式联结终端企业与机器人厂商，为促进区内企业智能自动化改造升级提供“技术 + 金融”的完整方案，助推两江新区基本形成“一区五平台”机器人产业生态圈。

在通航产业方面，重庆通航融资租赁有限公司是重庆两江航空产业投资集团间接控股的中外合资公司，注册资本 3 亿元人民币，采用帮助企业开拓国内通航市场换取飞机制造项目落地的方式，以资本链接设备制造商和市场运营商，培育两江航空航天产业。

在新能源及智能汽车产业方面，重庆新能源汽车融资租赁有限公司由两江集团间接控股，业务涉及新能源汽车全产业链，包含整车、配套厂家和新能源汽车营运企业，租赁期限 2~3 年。业务模式由公司针对承租人进行考察，向合格承租人购买车辆和设备并返回租赁给承租人使用，通过评估企业运营和现金流水平决定承租人是否提供第三方担保，租赁期结束后承租人按合同要求按期全额偿还租金和利息，公司将设备或车辆权属转让至承租人。

# “直通车”专项政策护航，“科技＋文化”助力构建“双创＋金融”模式

广东省深圳市福田区

福田区是深圳市中心城区和深港合作的重要门户，自 2017 年 6 月被国务院确定为全国第二批双创示范基地后，全面贯彻落实党中央、国务院尤其是党的十九大以来关于“大众创业、万众创新”的一系列决策部署，发挥毗邻深港特别合作区——河套地区的优势，紧紧围绕深圳建设国际科技产业创新中心这一目标，把握粤港澳和广深港科技创新走廊建设机遇，加快推进供给侧结构性改革，着力营造良好的双创生态系统，持续提升双创质量，努力将福田区打造成对创业者最具吸引力的全球知名“双创”中心。

2018 年，辖区地区生产总值突破 4000 亿元大关，达 4018.26 亿元，增长 7.4%。金融业实现增加值 1331.99 亿元，占地区生产总值的 33.2%；高新技术产业实现增加值 470 亿元，国家高新技术企业突破 1200 家；文化产业实现增加值 368 亿元，增长 8.5%。

## 一
## 出台专项扶持政策，切实降低双创主体融资成本

福田区陆续出台企业融资、金融业、私募基金、企业债券“直通车”等专项扶持政策，开发覆盖企业成长全周期的科技金融产品，确保双创企业融资成本降下来。

一是在扶持私募基金行业方面，起草《深圳市福田区支持私募基金行业发展若干政策》，吸引创投机构聚集福田，激发其对创新创业企业的投资热情，壮大双创队伍。建设深业上城投资基金产业园，对私募基金给予落户、私募及创投综合贡献等支持，鼓励创投主体集聚基地。

二是在企业债券“直通车”政策方面，出台《深圳市福田区支持企业债券“直通车”机制若干措施》等债券融资支持，政策直接惠及发行债券企业，以及参与发行债券的相关金融专业服务机构。对成功发行企业债券的企业，按债券年度实际支付利息的 20% 给予贴息支持，单笔债券每年补贴最高可达 500 万元，同一企业每年最高可达 1000 万元。在企业债券融资方面，专门设置债券融资专项支持条款，对成功完成融资的企业，给予融资规模年化 2% 以内、最高 200 万元的发行费用支持。2017 年，充分运用债券融资支持额度 2824 万元，撬动社会资本超过 600 亿元，切实降低企业融资成本，达到支持实体经济、支持创新创业主体直接融资的效果。鼓励金融机构和金融服务机构为辖区企业利用债券融资工具开展融资服务，降低企业融资成本，打造福田多样化债券市场。

三是在扶持中小微企业融资方面，依托创投机构和创投资本汇聚优势，完善科技孵化贷、科技成长贷、科技助力贷、知识产权质押贷等多种创新型金融产品，构建覆盖企业从初创到拟上市等阶段的全链条金融服务体系，满足小微企业多层次、多元化的融资需求。对辖区银行向深圳市银行业协会申请中小微企业贷款风险补偿和不动产融资贷款风险补偿的项目，通过审核的，给予最高 20% 的配套补偿。对保险公司向福田区中小微企业提供贷款保证保

险的，按最高保费 10% 的额度，给予最高 100 万元支持；对保险公司向福田区企事业单位提供责任险的，按最高保费 10% 的额度，给予最高 100 万元支持。2017 年以来，共有 18 家企业备案申请“孵化贷”及“成长贷”等贷款。

## 二
## “金融 + 科技 + 文化”多点结合，构建软硬结合的金融生态圈

筹建香蜜湖金融研究院，打造创新型、跨界别、全链条金融综合服务平台，利用深交所、科技金融信息服务平台、上市公司路演平台等优质资源，为创新创业营造一流金融生态环境。进一步发挥政府引导基金作用，引进国内外知名风险投资机构，完善社会资本参与创新创业的多种联动运营模式，理顺双创企业的融资、担保渠道，打造“金融 + 双创”高地。持续推进香蜜湖片区规划建设“深圳金融街”，以“世界一流”标准，将香蜜湖片区打造为深圳核心功能区规划建设的新标杆，打造以“曼哈顿 + 硅谷”为对标、以“金融 + 科技 + 文化”为特色、以“CBD+ 高新区”为形态的经济体系。

## 三
## 大数据、人工智能助力支撑机制改革，“双创 + 金融”模式日渐完善

福田区形成了发达的现代金融体系，为形成独具区域特色的“双创 + 金融”模式奠定了良好的基础。针对金融与双创主体供需匹配的难题，福田区依托大数据、人工智能等新技术手段，大力发展金融科技产业，出台了全国首个地方政府金融科技专项政策，发布国内第一个金融科技指数，引进 20 余个金融科技前沿项目，成立了供应链科技金融协会，推动辖区供应链金融行业集约化、综合化发展。

福田区积极与社会资本合作发起设立子基金，放大财政资金的杠杆效

应，有效带动和引导社会资本投向科技成果转化项目和科技产业领域，主要投向处于种子期、起步期、成长期的科技型中小微企业。2017 年以来，福田区引导基金管理工作再上新台阶，引导基金参股总规模超过 1200 亿元，放大倍数达 13 倍以上，带动相关基金对福田辖区企业投资近 100 亿元。区引导基金公司注册资金规模增至 132 亿元，先后设立了知初天使、仁智创业、峰林资本、贤林资本、青山资本、云创资本、前海长城等多支专注于天使期、早中期项目的投资基金，并与极光信天、柏纳基金、松禾资本等管理机构达成了初步合作意向，继续发起设立若干支专注于天使期和早中期项目的基金，合作规模近 58 亿元，预计返投辖区总额预计超 24 亿元，着力完善福田创业投资服务体系。福田区引导基金公司在“2017 中国风险投资论坛”上荣获“金投奖”；区引导基金被评选为“2017 中国政府引导基金 TOP20”，为唯一入选区级引导基金。

# 加强政策与资金引导，促进民间创新创业投资

河南省许昌市城乡一体化示范区

许昌市位于河南省中部，毗邻郑州航空港区，交通区位优越，在河南省经济和社会发展中占有重要地位。许昌市城乡一体化示范区前身是许昌新区，2011 年启动建设，2013 年 12 月更名为许昌市城乡一体化示范区。许昌市是河南省民营经济最发达、最活跃的地区之一，民营经济占经济总量的 80%，民间投资占全社会总投资的 90% 以上。建设城乡一体化示范区，有赖于民营经济的积极参与和健康发展，许昌市积极探索发展民营经济推动城乡一体化建设的经验。许昌市通过一系列举措，优化民营经济的发展环境，通过政策与资金引导，促进民间创新创业投资，推进经济转型升级。

## 一

## 对标提升，优化民营经济发展环境

一是深化发展民营经济共识。连续两年在长葛市召开了高规格的全市民营经济发展座谈会，提高各级各部门对民营经济的认识，统一服务支持民营

经营发展的思想，形成了“学习长葛经验、发展民营经济”的共识，在全市营造支持民营经济发展的浓厚氛围。民营企业家深受鼓舞，民营经济发展热潮涌动，纷纷投身二次创业浪潮，近两年的重大民间投资项目，包括黄河集团投资 310 亿元的黄河科技园和黄河工业园、森源集团投资 100 亿元的新能源汽车产业园、众品公司投资 60 亿元的智慧生鲜供应链生态圈等项目开工建设，瑞贝卡集团投资 120 亿元的超级电容器项目即将开工建设。

二是对标提升发展民营经济环境。许昌市委、市政府主要领导带领县（市、区）党政正职和市直有关部门负责人到杭州、苏州、常州、湖州、金华等民营经济发达地区学习先进经验，在全市上下引起强烈反响。全市各级各部门对标先进，找差距、谋举措、补短板，真正把民营经济摆到关系发展全局的战略高度进行谋划和推进，助推民营经济更好更快发展。深入开展“放管服”改革，持续优化营商环境，大力推行“互联网 + 政务服务”，实行联审联批、网上审批，企业投资事项办理时限平均压缩 43%；实行企业首席服务员制度，企业一个电话、一个短信就是工作的动员令，千方百计解决企业在产销、融资、用工等方面遇到的难题。

三是制定落实民间投资政策措施。认真贯彻落实国家和省一系列促进民间投资的决策部署，制定实施了《关于促进民营企业健康发展的若干意见》《关于进一步加快民营经济发展的意见》等，出台了支持开拓市场、搞好金融服务、推动创新发展、做强人才支撑、优化服务环境等 38 项具体措施，设立民营经济发展局，积极构建有利于民营经济发展的政策环境、投资环境、发展环境，促进民间投资政策措施在许昌落到实处。

## 二
## 政策与资金引导，助推民营企业转型发展

坚持“今天的投资结构就是明年的产业结构”的理念。

一是引导企业明确产业投资方向。制定出台“中国制造 2025”许昌行动纲要、服务业“1242”发展计划、战略性新兴产业培育发展计划等产业发

展政策规划，引导民间投资方向。工业方面，持续把装备制造业确定为主导产业，装备制造业投资占全市投资的比重达 55% 以上，聚集了许继、森源等一大批国内领先企业，通过实施“技术转移 + 自主创新”“骨干引领 + 协同创新”“龙头带动 + 内部创业”等模式，围绕产业链部署创新链，通过双创强链补链，构建了产业双创融合新格局。服务业方面，通过“1242”服务业计划的实施，引导民间资本加快进入服务业领域，2017 年实施的 47 个服务业重点项目中民间投资项目有 42 个，带动服务业投资增速达到 33%。

二是引导企业加快技术改造升级。采取争取政策性支持资金、技术改造国产设备投资税收抵免、信贷财政贴息等方式引导民营企业实施重大技改项目，通过“设备换芯”、“生产换线”和“机器换人”，推动传统优势产业向产业链、价值链高端攀升。全面推进智能制造技术、绿色制造技术、人工智能技术的应用，加快工业化和信息化深度融合，推动传统制造向智能制造、绿色制造、服务型制造转变，全市 3 家企业入选全国“两化”融合管理体系贯标试点企业，2 家企业入选全省“互联网 +”工业创新示范基地，3 家企业成为全省智能制造工厂试点，智能制造占装备制造业的 40% 以上，先进制造业增加值占工业的比重达到 40% 以上。

三是引导企业加大创新研发投入。许昌市委、市政府连续 3 年召开科技创新大会，市本级年度财政科技资金投入超过 5000 万元，极大地激发了民营企业的创新热情，黄河、森源等民营企业的研发投入占主营业务收入的比重提高到 5% 以上。发挥行业龙头企业的带动作用，牵头建设共性技术研发中心和产品测试平台，为中小企业对产业发展创新所急需的关键技术和行业共性技术开展研发提供技术条件支持，孵化、带动相关配套企业发展，积极谋划推进电力能源装备产业研究院、许继新能源研究院等新型研发机构建设，全市省级以上创新研发平台达到 146 家，市级创新研发平台达到 174 家。

四是引导企业加强高端人才引进。围绕装备制造业等主导产业、重大科技创新工程及重点项目建设需要，引进领军型、高层次、紧缺型人才（团队）。实施“许昌英才计划”，设立 15 亿元许昌英才基金，许昌英才港建成开港，建设院士工作站 3 个、国家级博士后科研工作站 3 个、省级博士后研发基地 2 个。近五年，许昌市累计拿出 2 亿元重奖科技功臣和优秀创新型企业，其中民营企业占比在 90% 以上。

五是引导科技金融发展支撑创新创业。许昌市以建设首批国家产融合作试点城市为契机，引导发展科技金融服务。加强与省科技金融专业管理机构的对接合作，谋划设立“科技保”“科技贷”业务平台，联合金融机构举办科技金融推广会、对接会，深入调研 80 多家企业，发放贷款 6000 多万元。设立省创新创业引导基金许昌子基金以及赛伯乐产业投资基金、中鼎开源产业基金、浦银基金、新能源汽车产业投资基金等 6 支产业类投资基金，资金规模达 75 亿元，引导民间资本投向战略性新兴产业和先进制造业，培育发展壮大了一批中小型高成长性民营企业。

# 设立股权成果份额持有型创新基金，以“模拟独立法人”孵化新业务

中国钢研科技集团有限公司

中国钢研科技集团有限公司（以下简称“中国钢研”）是大型科研院所转制的中央科技型企业，是我国金属新材料研发基地、国家冶金和金属材料分析测试技术的权威机构、冶金行业重大关键与共性技术的创新基地。按照中国钢研大慧国家双创示范基地工作方案的总体部署，钢研大慧双创基地成立一年以来，围绕以冶金新材料和智能制造产业链为主线、建设面向国家及行业重大需求的协同创新平台的建设思路，坚持基金带动双创的特色路径，探索开展双创基地建设工作。在集团本部、集团投资平台、上市子公司层面，建立青年创新基金、成果份额持有型创新基金、股权型创新基金、双创基地基金、并购基金等覆盖各个双创阶段和形态的资金支持体系，以完整资金链对创新创业链实现多方位支持。

## 一

## 把握科技企业痛点、难点，研究行业发展制约因素，设立成果份额持有型创新基金

中国钢研通过分析科技型企业创新特点和难点，在实践中发现现有市场化创新基金存在制约性因素，不利于科研院所创新创业，主要包括：一是需要设立新的法人，造成层级、数量过多，增加管理成本；二是团队需要进入新的法人公司，不能同时进行别的相关创新活动；三是团队需要同时具有创业能力和兴趣，无法覆盖其他类型的创新团队；四是成果只能且必须适于经营型创业，而以许可、转让等方式实施的创新研发无法得到支持。为突破上述制约，重点解决成果开发阶段需求，提出设立成果份额持有型创新基金。

集团公司年出资 1500 多万元，对集团全级次各单位的创新开发予以支持。支持的项目都具有完整交付成果、相对独立的商业价值，成果按份额享有，其中，所在单位享有成果份额比例为 5%~10%，项目核心团队享有成果份额比例不低于 50%，其他份额由现金投资者按投入比例享有。

## 二

## 落实成果份额持有模式，开展多元化投资，支撑“特种钢铁材料数据在线云服务平台”创业团队发展

中国钢研建立的成果份额持有模式，在持有比例方面借鉴资产管理中的份额化共有方式，并可实现交易。在投资方面，坚持多元化理念，借鉴众筹理念和方法，允许跨单位、团队、外部投资人投资，同时鼓励争取国家政府投资，开拓创新投资来源；在创新团队建设方面，鼓励交叉学科、专业组合，可跨单位组建团队；在激励机制方面，按促进科技成果转化法规定给予团队不低于 50% 的成果份额，但决策权利受限；在保障单位权益方面，利用原单位已有成果、条件的，约定 5%~10% 的成果份额；在管理方式方面，依托

项目单位，按既有研发项目管理体系管理并单独核算，不需设独立法人。

“特种钢铁材料数据在线云服务平台”是该基金首批支持项目，允许研发团队模拟参股并持有 50% 以上成果份额，实际投入约 275 万元，成果评估值 1200 万元。该成果经评估出资设立北京钢研新材科技有限公司，市场化股权前创新基金、外部投资者、团队继续跟进投资，打造“钢研 · 新材道”全球钢材高端云服务平台品牌，是目前国内唯一的专业性全球钢材高端云服务平台。目前，“钢研 · 新材道”云平台得到工信部、行业协会和企业的高度认可，已与中国石化、中国船舶、中海油、工业品电商平台易派客等主要客户签署服务协议，并与平安保险就工业品采购质量保险达成合作意向，实现了多元投入、共同受益的良好成效。

目前，成果份额持有型创新基金共支持了 18 个创新创业项目，支持金额 3567.5 万元，涉及金属新材料、节能环保、智能制造、增材制造（3D 打印）、无损检测、冶金智能管控、海洋工程装备、粉末冶金等多个领域。安泰创业投资（深圳）有限公司共投资 7 个创新项目，投资总额为 3472 万元，涵盖新材料、节能环保、新能源和资源综合利用、工程技术研究等，有力地促进了新材料领域的成果转化。

## 三
## 以“模拟独立法人”方式孵化新业务，支持内部初创团队公司化启航

初创期的创业团队，特别是企业内部创新项目，大多存在规模比较小、业务量逐步增长、不确定性大等特点。若都成立独立法人，都需要配备必要行政管理人员、设备设施，增加创业负担；若长时间使用企业内部行政资源，在与资源部门的合作以及绩效评价方面也存在众多问题。

中国钢研落实双创示范基地支持创新创业的配套政策，借助北京钢研大慧科技发展有限公司的法人平台，除了为入驻法人创业企业提供会计核算、人力资源、行政管理等低成本公共服务外，对初期创业团队提供“模拟独立法人”孵化业务。“模拟独立法人”即创业团队可以无形资产、货币、其他资

产模拟出资，平台公司按单独会计实体进行核算，平台公司统一进行风险控制，以平台公司名义开展业务，待业务成熟，再以该整体独立业务出资设立独立法人公司。

“模拟独立法人”既适用于创新成果转化形成的业务，也适合新商业模式形成的业务和原有业务改革形成的业务。目前主要用于原有业务机制改革孵化独立企业，正在尝试用于主体产业业务外包等管理创新。这种模式为初创企业在公司化运营和成本控制中找到了平衡点，有效降低了创业难度，为企业内部成果转化提供了新的思路。

# 打造“孵化运营与天使投资一体化”业务体系

深圳市投资控股有限公司

深圳市投资控股有限公司重点围绕创新创业、园区建设两大方向，大力构建覆盖天使投资、VC/PE 投资、并购投资等企业发展全生命周期的基金服务链和以新兴产业及未来产业为主要投资方向的多层次产业基金，通过创业孵化和创业投资，探索建立园区运营持续增值的新模式。为助力深圳市创新资源集聚和科技产业培育，投控公司下属企业深圳湾公司依托深圳湾产业园区内 600 多家高新技术企业资源，与超过 100 家金融机构共同搭建金融协同平台，成功构建产业孵化投资闭环，成为深圳市打造创新创业高地的重要力量。截至 2017 年底，园区引入孵化器及创业服务机构 50 余家，在孵项目 484 个，其中已获投资项目 167 个，为思必驰、悦动圈、安煋车联网等明星创业项目的成功提供了强有力的支持。

## 一

## 加强要素资源引入和产业培育，集聚“双创”优质资源破解创业路上的三大“痛点”

传统的科技创业从创意到样品、从产品到商品的道路上，充满了各种艰辛与困难，能成功者凤毛麟角。究其原因，可以归结为创业路上的三大“痛点”：没钱，积蓄都花光了，样机还出不来；没导师指点，技术跑到了死胡同，原地打转；没人，找不到志同道合、优势互补的创业小伙伴。

首先，针对没钱，园区定期举办各类创业项目的路演和展示活动，让创业者低成本、便捷地接触到各类孵化投资机构和天使投资人，顺利获取创业资金。比如园区引入国内知名创业股权众筹平台众投邦、大家投，以及联想之星、腾讯众创空间、3W 咖啡等 45 家创业服务机构（国家级创新型孵化器 10 家），涵盖创业全行业类别资源。其中联想之星星云加速器是进入清科“2015 年中国天使投资机构 10 强”的联想控股旗下的专业投资孵化机构。为了给企业提供融资、上市保荐、新三板挂牌等覆盖成长发展全生命周期的金融服务，园区还引入了招商银行、国信证券、高新投、担保集团、中移国投创新投资、澳银资本、国泰君安力鼎、深圳湾天使基金等 60 多家科技金融及配套服务机构。其中深投控所属担保集团为园区企业“一对一”量身定做金融服务方案，截至 2017 年 7 月底，累计为园区企业提供融资服务超过 38 家次、金额 3 亿元，行业涵盖智能制造、互联网、现代金融、文创产业等。

其次，针对没导师，创业广场创投孵化机构性质各异，有 BAT 的孵化机构，如腾讯众创空间；也有明星天使投资人的孵化机构，如创新谷、创展谷。有基于移动互联网创业的孵化器，如南极圈、飞马旅；也有依托电商智能硬件大数据平台的孵化器，如京东 JD+、海尔孵化器；还有与硅谷孵化器紧密合作孵化的，如中美创投。

最后，针对没人，深圳湾科技公司在创业广场举办了深圳湾名师讲堂，入驻的创投孵化机构通过举办各种形式的创业活动或论坛，逐渐形成了交融共享、互通有无、良性循环的生态体系。目前，创业广场已举办超过 300 场各类创业项目路演和展示活动，如联想之星“从方案到量产——实战深圳制造”活动，3W 咖啡“创业实验室”“导师来敲门”活动，南极圈“极路演 2.0 投资大咖面对面”“创业护航——第 e 律师帮你忙”活动，创展谷“中国创业分享”活动……以创业者需求为导向，围绕产品定位、融资、商业模式、技术创新、股权架构、市场营销等对创新创业企业开展针对性辅导，让导师与创业者、创业者与创业者之间面对面自由交流、分享经验、共享资源。

园区通过“专业孵化 + 创业投融资 + 种子交易市场”三大核心功能和“创业交流 + 创业展示 + 创业媒体 + 创业培训 + 公共加速 + 创业公寓”六大重点功能，成功破解了创业路上的三大“痛点”。近年来，110 多个项目获得种子轮及以上轮融资，近 50 个项目团队已取得 A 轮或 A+ 轮融资，诞生了思必驰、悦动圈、爱范儿、湾 + 社区、多有米、快法务等明星创业项目。国内外一流孵化器集聚加上优质项目大量涌现，使得园区成为“双创”要素聚集高地和创业者的乐园。

## 二
## 构建“孵化运营与天使投资一体化”业务体系，园区运营可持续增值模式逐步形成

深投控重点围绕创新创业、园区建设两大方向，大力构建天使投资、VC/PE 投资、并购投资等覆盖企业发展全生命周期的基金服务链和以新兴产业及未来产业为主要投资方向的多层次产业基金，通过创业孵化和创业投资，探索建立园区运营持续增值的新模式。其中，深圳市投资控股有限公司全资下属企业深圳湾科技公司联合投控东海、达晨创投、松禾创新作为发起人股东，共同设立市场化运作的、规模为 2.5 亿元的早期项目投资基金——深圳湾超级天使基金已投入运营，目前基金收到项目累计 141 个、审核立项 14 个。孵化运营为天使基金提供优秀项目源，天使基金为孵化运营提供资本支撑，两者相辅相成、互相促进，形成了孵化运营与创业投资的完整闭环。待

在孵项目培育成长到一定阶段后，可作为招投对象进行二次开发，为园区可持续发展提供产业动能和运营动力。

深圳市投资控股有限公司和深圳湾科技公司以深圳湾园区为载体，坚定不移贯彻国家“大众创业、万众创新”战略，坚持开放、创新、共享原则，通过构建“孵化运营与天使投资一体化”的业务体系，串联优质项目和高附加值资本，发挥平台聚合效应，打造深圳湾创业广场、“双创”公共服务平台，构建产业培育发展服务体系，开展重大创新创业活动，形成具有深圳湾特色的“双创”生态体系，获得业内“北有中关村、南有深圳湾”的赞誉，成为引领“双创”发展、助推产业转型升级的重要抓手和载体，为发展新经济、培育新动能做出了突出贡献。

# 积极探索“组合金融 + 全产业链服务 + 产业园基地”生态模式

北京创业公社投资发展有限公司

北京创业公社投资发展有限公司（以下简称“创业公社”）专注科技创新，整合优势资源，打造生态圈体系，形成了“组合金融 + 全产业链服务 + 产业园基地”的生态模式，围绕战略新兴产业进行深度产业孵化、人才服务、资源整合，加速区域高精尖产业集聚。在产业垂直孵化领域，北京创业公社围绕创新创业和生态系统建设，搭建以创业孵化生态圈为核心的垂直深度产业孵化和加速集群，形成了由空间场地 + 运营服务组成的核心产品圈、由行业领域优秀成长型企业组成的垂直孵化圈、由行业知名领军企业组成的外部资源圈，实现共享经济的协同效应。并与协同创新研究院联合出资设立协同创新硬科技孵化器。在国企改革与供给侧改革的双轮驱动下，北京创业公社打造供给侧改革的市场主体，推动国有企业与科技创新充分融合，在智能制造、虚拟现实、大数据、文创体育、新材料等细分行业，通过定向孵化科技产品，对接国企开放的市场需求，坚持服务和支撑实体经济发展，提供完善的创业服务。在地域发展上，创业公社以北京为总部基地，服务拓展至全国 9 个省市，利用各省市差异化资源，逐步形成协同发展的优势产业集群和特色产业链。

## 一
## 构建双创数据征信平台，为大数据行业与地区双创发展找到支撑点

用大数据为企业提供深度数据分析服务、金融服务和政策服务。2015年10月14日，北京创业公社投资发展有限公司成立了全资子公司——北京创业公社信息科技服务有限公司，专注于提供企业金融大数据服务，依托系统可提供深度企业数据分析挖掘，形成精细化产业招商，以招商全生命周期为主线，以目标企业作为评价对象，变盲目招商为精细化招商，服务内容向企业落地政策服务与金融服务的两端拓展，逐步形成政务服务外包生态。目标企业的精准筛选，通过对区县总体招商战略和具体招商项目的需求分析，从全部企业数据库中运用循环神经网络等算法提取目标企业特征集，确定招商目标企业。通过数据收集、挖掘和分析，为潜在目标企业匹配度计算和推荐，提供园区内科技企业分析服务，形成科技资金授信体系、高新技术产业舆情分析系统。

创业公社深耕双创生态搭建与城市存量资产改造，带动社会资本投资超过200亿元，完成国内面积达13万平方米的传统商业、酒店、工厂空间全业态升级，已形成SEMP行业标准模块化管理体系，获得双创服务领域多项国家级资质。创业公社以“数据＋金融”双引擎为发展驱动力，在大数据板块方面已储备1800万家全国企业、20万家创业公司、4000家投资机构、6000位投资人、12万个投资行为数据。

## 二
## 形成双创服务标准化服务体系，为行业规范发展提供试点经验

创业公社聘请国际知名SGS集团为创业公社制定ISO9000服务标准

化工作，逐步实现 QUALCERT 服务标准，优化双创服务机构各部门搭建标准化客户服务体系。标准化体系是提高行业竞争力的重要体现。创业公社使用该体系能够从客户拜访开始便在了解企业困难的基础上挖掘企业需求，使服务方提供的服务产品能够真正帮助到企业，使企业能够快速走向市场实现盈利。

项目已建立规范的创业服务质量管理和评估体系，明确服务标准，规范服务流程，依据企业对服务效果满意度的评价意见对服务机构进行动态管理。为实现服务标准化，创业公社利用信息化技术推进管理工作流程信息化，提升服务效率和质量，促进服务标准化。开发双创服务机制，使用 CRM 系统对客户进行集中管理，实现客户资源企业化、客户信息准确化，避免了因业务调整或人员变动而造成客户资源流失和客户管理盲区；帮助记录并跟进所有有价值的客户，包括已成交的客户、有意向需要长期跟进的客户等；通过 CRM 系统可全面了解每个客户的实际发展状况，为客户提供及时有效的信息。

## 三
## 打造青年创客休憩港湾，实现京津冀协同发展中的产业转移和合作

利用腾退的老旧厂房和闲置空间为青年创客打造创业空间。首钢搬迁调整后，北京市内职工人数减少，单身宿舍空置率较高，负责企业宿舍物业的首钢实业公司与创业公社合作，将位于石景山古城地区的首钢单身宿舍改造为“37 度公寓”。用温情的方式为青年创客提供创业生活和身心休憩的港湾。“37 度公寓”一期 150 间，2017 年二期增至 400 间。平均每间公寓面积 20 平方米，租金 2000 元左右，服务于园区企业和创业者，满足年轻人对居住空间、成本的要求，配套建设咖啡厅、图书馆、影视艺术沙龙、创客沙龙、运动健身房、美食厨房等公共设施，致力于为创业青年提供创业活动、居住生活和休闲娱乐等一站式服务。

以市场需求为导向，创业公社积极推动自营园区落地，与地方招商主管部门合作，支撑京津冀协同发展的产业合作和产业转移。2016 年在石景山园区指导下开启了河北保定市合作项目，推动传统企业和科技企业合作、开展双创人才培训和双创活动。2017 年天津创业公社正式运营，对先进制造研发、智能制造、大数据以及文化创意产业等战略性新兴产业进行深度产业孵化、人才服务、资源整合，配合落地京津冀协同发展中的产业转移。

# 第六部分

# 促进实体产业转型升级

双创不是小微企业的专利，也是大企业的优势，实体产业要主动拥抱双创，通过众创、众包、众扶、众筹等新模式，带来大中小企业生产方式和组织管理模式变革，这不仅将促进传统产业改造升级，而且是推进制造业和互联网、大数据、人工智能深度融合，实现制造业高质量发展的重要抓手。大企业双创推动了产业链协同创新与生态化发展，以及现代服务业等新兴业态加快成长。包括搭建大中小企业融通发展平台、深入推进工业互联网创新发展等的一些平台型大企业在开放共享资源方面积累了经验，促进了产业链上大中小企业融通发展。

# 打造一站式立体工业设计公共服务平台，助推装备制造业转型升级

辽宁省沈阳市浑南区

沈阳市浑南区是国家首批区域性双创示范基地，是全国智力资源最富集的区域之一，基地依托区域内高校院所、龙头企业和创新孵化载体，打造特色双创服务平台，积极构建具有地方特色的创新创业体系，着力打造民用航空、健康医疗和生物医药、智能制造机器人和信息技术、电子商务四个千亿级产业集群，努力建成国际化营商环境先导区、全国高新技术产业集聚区、国家创新创业示范区、沈阳现代化新城区、缔造幸福沈阳样板区，目前已成为东北地区创新创业最为活跃的区域之一。

## 一
## 平台先行：搭建一站式工业设计云服务平台

一是精准定位，提升设计需求对接成功率。装备制造业工业设计公共服务平台，以工业设计技术服务为核心，搭建 OTO 全产业链装备制造业工业设计云服务平台，满足中小企业的工业设计需求对接、工业设计过程的服务

支撑、产品及技术交易系统和资质认证服务系统等方面的需求，给予中小型企业、创新创业与投资孵化者全产业链的技术支持。二是筑巢引凤，构建先进制造业服务体系。凭借平台产学研强大的技术支持，吸引了国内外先进制造业公司落户沈阳。例如，国际知名的塑料袋制袋机制造商基恩公司为进一步开拓中国市场，为客户提供专业、定制化服务，在深圳、北京、上海等地广泛考察并综合评定后，确定落户沈阳，并将沈阳创新设计平台作为国外产品国产化、本地化、标准化以及新产品开发的重要基地。

## 二
## 企业唱戏：打造装备制造隐形冠军

一是运用工业设计手段，促进科技成果转化。帮助企业塑造高科技、高品质、受欢迎产品形象，实现科技成果快速转化，提升中小企业市场竞争能力；运用工业设计新产品开发流程，化无为有，与新产品研发同步，最大程度地提高新产品的市场认可度，促进市场提前销售，助力新产品研发成果的快速转化，创造企业新的增值。二是挖掘企业创新潜能，打造行业隐形冠军。一个产品的诞生通常需要机械、电气、电子、信息、互联网、工业设计等各领域专家通力配合才能完成，中小企业在产品研发过程中普遍存在难以找到符合该产品研发的全部领域的专家，难以负担起储备全部领域专家的成本等问题。平台通过独有的销售价值服务设计、精准的销售推广服务设计和贴心的销售黏度服务设计，为创新企业、团队及个人提供产品设计验证、关键技术突破、品牌整合与产品基因提取、电子说明书设计等一站式项目孵化服务。三是构建创新创意智库，开拓新兴产业行业。平台依托沈阳工业设计产业技术创新联盟，组织 49 家科研院所、高校及企事业单位的 317 位专家协同进行创新技术服务，形成创意智库，助力科技成果、专利技术的快速转化和市场推广，打造新兴产业。通过有见地的设计与成熟的设计服务，帮助创新创业者将模糊的、抽象的、粗略的概念性产品描述转化为具象的、真实的、精细的产品设计方案，并通过“定制化产品研发服务 + 技术入股”的形式实现自身销售效益的增值。四是构筑智能解决方案，实现企业转型升级。运用工业设计理论，在新技术、新工艺、新材料、新的流行趋势等方面，构建智能化工厂概念模型，依托平台构建的装备制造业工业设计大数据库，为企业自身与企业客户构建智能化工厂解决方案。

## 三
## 政策护航：构建电子商务示范新高地

基地以“政策、公共服务、科技金融”三大双创体系建设为目标，探索“龙头企业自主创新、人才团队自由创业、广大创客积极创富”三类双创模式，形成了“1+1+1+6+10+N”的双创发展布局，努力打造东北亚科技创新创业高地。浑南电子商务示范基地是浑南国家双创示范基地重点打造的双创园区，已形成了东北地区电子商务运营及服务中心和东北地区电商总部基地、物流配送基地、创业孵化基地。一是创新工作体制机制，优化产业环境。建立了省、市、区联动机制和市、区联席会议制度，组建了浑南国家电子商务示范基地建设领导小组，形成了政府机构、国资平台公司和行业组织协同推进基地建设的工作体系。为支持产业发展和创新创业，设立了电子商务发展专项资金，制定出台了《浑南区电子商务发展专项资金管理办法》。二是构建产业发展载体，服务区域蝶变。将旧标准厂房改造为电子商务大厦，作为电子商务运营及服务中心、创业孵化基地和人才培养基地。通过自建和联建方式，合作共建清华同方创智园、锦联互联网创新基地等多个产业发展载体。三是搭建公共服务平台，完善支撑体系。搭建了“四中心一平台”，包括云计算数据中心、呼叫中心、人才培训及实训中心、创业孵化中心和投融资服务平台，构建了完善的产业支撑服务体系。建设人才公寓，累计培训电商从业人员超 1 万人次。建设了电商创业梦工厂、企业加速器，形成了“人才培训 + 创业实训 + 自主创业”和“虚拟孵化 + 工位注册 + 小微办公”的创业孵化模式。搭建了中小企业综合服务平台，依托浑南行政审批中心“一张表”报审模式和中介服务机构资源，为企业提供工商注册、财务代账、人才招聘、专利申办、高企申报、ICP 许可办理等全方面的综合服务。

沈阳浑南区通过打造一站式立体工业设计公共服务平台，不断加强对双创企业的扶持力度，依据平台特点无偿提供适合其发展的场所，为平台对接创业引导资金及提供科技服务信息支持，使平台依托基地科技创新优势和高新技术产业发展优势，进一步实现了创新创业资源整合，实现了创新创业与新兴产业的融合互动发展，壮大了全国双创版图，提振了新一轮东北振兴的士气，有力地支撑了沈阳市、沈阳经济区乃至辽宁省新兴产业新突破和经济的持续健康发展，为引领东北地区“大众创业、万众创新”提供了良好生动的示范案例。

# 以“互联网 +”带动新能源产业大中小企业融通发展

国家电网公司

分布式光伏发电对优化能源结构、推动节能减排、实现经济可持续发展具有重要战略意义。然而，目前分布式发电领域还存在资金融资难、产品选型难、补贴结算难、运营运维难等诸多挑战。国家电网所属国网电商公司自主开发运营的“光伏云网”，面向上述产业痛点，以全面提升分布式光伏发电运营效率为目的，以基于光伏产业的服务创新为驱动，以光伏交易互联网化为愿景，纵贯规划、电站建设、光伏运营、智能运维等全过程，构建“互联网 + 光伏”的生态体系，服务光伏电站“最后一公里”，做到“一口报装更便捷、一键建设更省心、一网监测更智能、一步结算更快捷”的全方位立体化服务。该平台以“数据为核心、平台为手段、模式为驱动、共赢为目标”，构建“互联网 +”分布式光伏共享服务的新生态、新业态和新模式，创造“互联网 + 光伏”服务新价值，打造共建、共享、共赢的光伏生态链，助力公司泛在电力物联网服务体系建设，有力支持能源结构和清洁低碳化转型。

## 一
## 打造开放式光伏产业双创资源共享池，构建“互联网 +”分布式光伏服务生态圈

国家电网通过整合业主、光伏设备商、集成商、投资商、运维商、金融机构等各方资源，发挥全产业链上下游创新能动性，互联互通，促进能源供给侧优化，推动光伏产业发展。利用大数据、云计算、物联网等技术，建成开放共享的互动服务生态圈，探索系统集成创新、技术成果创新、商业模式创新，助力光伏产业互联网化交易模式的快速增长，加快清洁低碳、安全高效的现代能源体系建设。

国家电网坚持“互联网 + 光伏产业”融合发展的思路，加快推动公司青年创新创意大赛金奖成果“‘互联网 +’分布式光伏服务体系研究及‘光 e 宝’平台研制”的孵化和产业化。2017 年 4 月，“分布式光伏云网平台”上线运营。推动光伏行业上下游企业依托平台开展创新创业，逐步形成了开放共享的产业生态圈，促进了分布式光伏规模化发展。截至 2019 年 3 月底，光伏云网接入 120.59 万户，装机容量 5241.17 万千瓦，实现平台交易规模 310.39 亿元，力争 2020 年接入分布式光伏数量超过 200 万户，接入容量超过 7000 万千瓦，建成中国最大光伏公共服务平台。

在产融结合方面，国网通过推进特色化绿色产融结合发展，对接银行、保险、信托等金融机构，开展分布式光伏收益权质押、保理、电费理财、财产保险等产品研发，引领“分布式光伏 + 绿色金融”发展新潮流。

## 二
## 打造央企“互联网 +”双创新高地，放大光伏创业带动就业的倍增效应，探索产业扶贫新途径

“光伏云网”通过监测光伏电站运行状况，及时发现设备故障信息，通

过打造智能运维（光e维）服务体系，并第一时间通知运维人员现场检修，提升了运维质量水平，提高了用户服务能力，并更大范围优化了光伏发电效率。在解决电站运维问题的过程中，通过线上派单，解决了运维难的问题，通过光伏云网学院，培养集聚了一大批高技能技术人员，激活了当地社会资源，创造了就业红利，为农电工、农民工转型、创业提供支持，激发出越来越多的光伏产业“互联网+”新岗位。

通过光伏云网平台，贫困地区可以根据自身情况，申请建设光伏电站。国家电网则可实现对光伏电站全寿命周期的管理，为光伏用户发放上网电费及补贴，变救济式扶贫为开发式扶贫，实现“造血式”扶贫。除电站收益以外，针对贫困地区需求，国家电网创造性地将光伏扶贫电站信息接入分布式光伏云网平台，将光伏电站维护、清洗等工作招聘信息发放给贫困户，开辟了阳光扶贫新模式。落实党中央、国务院对打赢脱贫攻坚战的要求，在国务院扶贫办的指导下，公司基于分布式光伏云网构建的全国光伏扶贫信息管理系统，促进了精准扶贫工作的实施。

## 三

## 提供“互联网+”光伏服务，建立面向客户侧的光伏服务新生态

国网通过支持可再生能源的大规模应用，推进能源生产和消费革命。以源网荷储协同优化为目标，针对产业链内各方需求，基于建站并网中心、交易结算中心、在线监控中心、运维抢修中心、数字服务中心5个服务中心，搭建多元信息交互的光伏服务平台。

在电力资源调度方面，基于自主研发的智能边缘计算采集终端，实现光伏组件物物互联，实现光伏电站的实时感知和信息反馈，为各级管理部门优化电力供给网络运行策略，为客户提供智能调控、需求响应、分布式能源交易、发电负荷预测、数据价值挖掘的服务。

在电网业务创新方面，国家电网基于光伏云网，构建“客户聚合、数据

融合、业务融通、开放共享”的分布式新能源公共服务云平台，实时在线连接能源电力生产与消费各环节的人、机、物，全面承载并贯通电网生产运行、企业经营管理和对外客户服务等业务，形成分布式新能源泛在电力物联网服务体系。

在优化营商环境方面，国家电网通过实施“互联网 + 营销服务”双创示范工程，实施“互联网 + 营销服务”双创示范工程，全面推广线上办电服务，实现居民和企业简单业务“一次都不跑”、高压新装等业务“最多跑一次”。通过优化客户办电服务流程，推广接电标准化设计减少接电时间，承担接电中的大部分设备投资，应用新技术、新设备提高供电可靠性等举措，形成环节少、时间短、造价低、服务优的办电服务新模式，有效降低中小企业创新创业成本。截至 2018 年，已按照新模式完成接电超过 4700 户，接电时间全部缩短至 30 天之内，为客户节约投资成本约 8200 万元，获得中小企业客户的充分认可，探索出了央企依托科技创新、服务创新改善中小企业创新创业环境的新模式。

# 主动打造“智海”平台，推动军民融合深度发展

中国船舶重工集团公司

当前世界科技发展的交叉融合特征日益明显，军工企业在有些前沿性、颠覆性国防科技领域内并不领先，急需通过加强对外合作实现技术引入。要想真正吸引掌握先进技术的优秀团队前来合作，一方面要建立合作渠道，另一方面要用合理的机制排除干扰，激发创新活力。

中船重工是海军装备和技术的最大供应商，是绝大部分海军主战装备的总体设计和建造单位，拥有 28 家科研院所，重视国防科研能力建设，建立了完备的科研试验体系，具备联合开展海军武器装备与技术研究的良好条件。近年来，中船重工深入贯彻双创理念，通过双创平台构建技术生态，制定顺畅的外部合作机制，完善体制机制，实现大众创业、万众创新与军民融合战略有机融合。

打造“智海”平台是中船重工深入贯彻双创总体要求、推动军民融合发展的重要手段。“智海”平台建立以来，通过会议、线上征集等方式，累计收集了来自民营企业、高校等渠道的近百项技术，并组织专家对部分技术开展了评估，筛选了一批有应用潜力的先进技术，通过多种渠道向成员单位

推荐，组织先进技术和产品团队与成员单位面对面深入交流，取得了明显进展。

## 一

## 让利外部研究机构，共同探索加速科技强军进程

围绕研制高精尖装备、确保打赢未来战争的需要，中船重工通过“智海”平台发布船舶预研联合基金、国防重点实验室部分指南。为落实“公开发布技术需求，真诚让利，吸引外部高技术人才参与国防科研攻关”的原则，在机制设计上要求发布单位不参与申报，给外部合作伙伴留下充分的空间。为确保外部团队及时获得指南信息，智海平台通过网站、微信、微博反复推送，并采取抽奖、定向沟通、微信群推广、与全军武器装备采购信息网合作等措施，加大扩散力度，确保了大量外部团队的参与。

2017 年以来，中船重工公开发布国防基金指南 50 条，总金额超过 1300 万元，相关信息阅读量超过 100 万人次，收到有效申报书 395 个。同时，围绕前沿颠覆性技术与装备研发，中船重工与有意愿、有实力的外部研究机构和企业自筹资金开展前期研究和探索、试验，为强军提供更多的装备和技术选择，加速科技强军进程。

## 二

## 线上线下有机结合，主动开展技术引入

通过“智海”平台的线上线下活动，中船重工加大对外部有潜在军用价值的高新技术的搜集力度，主动搜集外部先进技术和产品，针对应用困难，真诚服务，多举措寻找应用方向。对于搜集到的技术信息，组织集团内外和来自部队的专家对相关技术进行评估、识别。对于有较高军事应用价值的新技术，由智海平台根据应用领域，组织相关成员单位与掌握相关技术的团队、企业进行深度对接，必要时开展试验验证。

目前，“智海”平台在技术引入方面已取得积极成效，如某民营企业的技术经评估认为处于国内领先、国际一流水平，智海平台带领该民营企业与集团公司两个研究所开展了深度对接，进行了相关试验，并获得良好效果，有望对舰艇装备的关键性能提升起到重要推动作用，相关应用研究正在进行中。同时，科技投资公司也将该民营企业纳入投资考察对象。另有某仿生船型、超声加工等技术正在对接中。

## 三
## 联合外部力量，推动军民融合发展

中船重工改变以往依靠国家投资开展研发活动的做法，通过双创升级创新理念，取得良好成效。近年来，中船重工主动作为，针对未来军事需求，不依靠军方投资，联合外部力量，自筹资金开展技术攻关、方案设计和试验验证。

2017 年，中船重工联合民营企业完成了某试验平台的总体方案设计、关键技术攻关、设备生产、陆上大系统联调试验和总体详细设计工作。短时间内突破了重要关键技术，完成设备生产，设备满足各项性能指标要求。在技术验证方面，重点开展了艉部整舱模块联调试验工作，短时间内完成了艉部整舱模块联调和声学测试，试验结果达到预期。在工程实施方面，仅用不到一年时间完成壳体建造和全船泵水，实现平台合龙及封舱。该平台的研制，为通过双创推动军民融合发展探索出了新的实施路径。

## 四
## 加速构建创新生态，筑牢创新平台，支撑协同发展

在创新平台建设方面，中船重工积极鼓励创新平台与双创工作实现强关联，并对双创工作突出的创新平台予以支持。目前，内部 34 个在运行和 20 个以上在建的创新平台都按照双创要求开展工作。

在外部合作方面，加强校企合作，推动前沿技术创新平台建设，与中科大联合成立量子导航、量子通信、量子探测三大实验室，将高校科研成果与企业创新需求、产业化发展等紧密结合。

在内部研发资源整合方面，深挖自身需求，以创新平台促发展，针对重大战略方向和重大科技、工艺问题及机遇等，组建创新平台，汇集内外部力量，开展攻关、试验、产业化等工作，持续提升创新效能。

在区域协同发展方面，推动区域创新平台建设，围绕国家“一带一路”倡议、加快海洋强国建设、西部大开发等，结合集团公司在部分区域的成员单位集聚优势，成立若干个区域性创新平台，如西南装备研究院、青岛海洋工程研究院等，形成企业发展与区域创新的良好互动。

# 双创与传统产业深度融合，协同共建钢铁生态圈

中国宝武钢铁集团有限公司

中国宝武钢铁集团有限公司是居世界第二、中国第一的特大型国有钢铁联合企业，钢铁产能 7000 万吨，在册员工超过 16 万人。针对传统国有企业转型困难、创新不足、机制不活等问题，中国宝武以“1+N+1”创新平台（建设 1 个钢铁众研平台、N 个专业化技术创新平台、1 个创新创业服务平台）为抓手，鼓励员工开展内部创新创业，打造开放共赢的双创体系，系统提升双创体系能力，推动传统钢铁产业转型升级，做大做强自身主业和实业，提高全产业链的综合竞争力。同时积极承担社会责任，为社会营造创新创业环境和氛围，提供双创和就业机会，共建共享钢铁生态圈，提升钢铁生态圈活力和效率。

## 一

## 打造共建共享的技术创新生态圈，构建开放的技术创新体系，支撑企业转型升级

中国宝武将创新作为企业转型的基础和关键因素，着眼于为企业转型升

级提供技术支撑，坚持开放和创新理念，重视并努力建设开放的技术创新体系，集聚内外部资源，积极打造共建共享的技术创新生态圈。

一是，与国内外研究机构建立产学研战略合作和联合研发中心。中国宝武按照自身发展战略需要，遴选了一批具有相关学科优势的国内外高等院校和科研院所建立产学研战略合作关系，目前已经与十几所院校开展学科和领域战略合作，建立长期稳定的技术创新和人才培养合作关系；与澳大利亚、英国等相关大学共同建立了联合研发中心，研发钢铁行业可商业化的基础和应用技术。

二是，与国家自然科学基金委建立“钢铁联合研究基金”。中国宝武与国家自然科学基金委员会共同建立“钢铁联合研究基金”，旨在资助我国钢铁工业发展迫切需要的冶金新技术及相关工艺、材料、能源、环境、装备、信息等基础研究项目。截至 2018 年，双方共出资近 3 亿元进行了五期合作，资助了 300 多个基金项目，覆盖近 60 个国内高等院所，吸引了一批高水平专家如院士、长江学者等参与，形成了一批基础和应用基础领域的重要研究成果，为钢铁及相关领域培养了大批高层次人才。

三是，与产业链上下游共建“产学研用”创新联盟。为加强与用户的战略合作，中国宝武构建了“产学研用”一体的产业链创新体系，着力推进相关产业链技术创新，联合同济大学、万科等院校和企业成功发起和组建了“装配式钢结构民用建筑产业科创新战略联盟”，为推进产业链技术创新和提高产业链核心竞争力奠定了基础。经过长期努力，中国宝武基本形成连接上下游用户、技术创意、合作伙伴的技术创新生态圈构架。借助生态圈优势，中国宝武技术创新取得积极成效，目前已建设国家级技术中心、国家重点实验室和国家工程技术研究中心等多个国家级创新平台，获得国家科技进步（发明）奖数十项，全球首发钢铁新产品 30 多项，拥有有效专利近 1.3 万件，成为中国钢铁领域技术创新的国家队和引领者。

## 二
## 以传统产业资源助推新兴产业双创，以新兴产业技术助力传统产业的转型升级

2016 年底，中国宝武建立吴淞口创业园，依托集团技术和产业等资源，打造专业技术共享平台，形成了“物理空间 + 专业服务 + 投资基金 + 技术平台”的运营模式；建立了“职业化管理团队—市场化第三方服务机构—专业化创业导师”的三级服务体系，策划 Wes 系列创业服务活动；持续深化国家级专业化众创空间建设，深入推进上海市专业化众创空间培育，打造宝武众研平台的专业服务窗口。

目前，吴淞口创业园通过搭建技术交流和转移平台，开展产业资源对接，促进产学研创合作，已形成以传统产业资源助推新兴产业双创、以新兴产业技术助力传统产业转型升级的新模式。

2018 年，吴淞口创业园全年新增引进创业项目 30 多个，入驻企业和项目超过 100 家，Wesocool 孵化器品牌建设卓有成效，已具备一定的知名度和业界影响力。Wesocool 孵化器入孵项目中，一半以上项目与中国宝武实现技术交流或建立合作关系。

## 三
## 健全管理和激励机制，做强主业和实业，提升钢铁生态圈的系统活力和效率

中国宝武的业务组合是“一基五元”，即以钢铁产业为基础，与新材料产业、现代贸易物流业、工业服务业、城市服务业、产业金融业协同发展的六大板块业务。为提高主业和实业的活力和效率，中国宝武在管理和激励机制上开展积极探索。

一企一业，一企一策。集团下设子公司不再设立多元化的集团型企业，

通过聚焦整合，打造专业化、平台化运作的资产经营层，如欧冶云商、宝武炭材、宝武环科等，为生态圈建设奠定了良好基础。集团推出以投资能力为主要管理内容的投资管理规则，钢铁、新材料、工业服务板块将以 50% 的资产负债率作为投资能力管理中位线，其余板块也将“一企一策”分类管理，提升投资效率，完善风险控制体系。

充分授权，严格监督。集团对投资项目实行“战略管控”，侧重“管方向和后评价”，重点做好建章立制、资源配置、项目审查和投后评价环节。一级子公司在发展方向、管理制度和后评价标准明确的前提下，侧重“管项目”，重点做好项目寻源、项目立项和项目管理环节，使子公司真正成为自主经营、自负盈亏、自担风险、自我约束、自我发展的独立市场主体。

完善机制，推广示范。改善薪酬和利益分享等激励机制，通过企业与员工的利益捆绑及分享，持续强化收入分配市场化导向，完善员工利益与公司发展成果紧密联系的激励约束机制，推进超额利润分享计划，让员工共享企业发展成果。目前，在宝钢股份、欧冶云商、八一钢铁、宝钢包装等公司实施了股权激励制度，科研项目成果的利益分享机制已在整个集团推行。

# “改革”“双创”深度融合，促进企业转型升级、创新发展

中信重工机械股份有限公司

中信重工机械股份有限公司（以下简称“中信重工”）作为首批双创示范基地，坚持“战略引领发展、创新驱动发展、价值提升发展”发展思路，以推动我国先进装备制造业转型升级做示范为目标，通过加快构建全方位立体化创新平台，加快新旧动能转换，开门办企业、开放搞创新，建设孵化融资平台助推科技成果落地，把企业创新发展与推进双创工作深度融合，合力打造“核心制造 + 综合服务”新型商业模式。目前，实现传统动能与新动能“双轮”驱动协调发展新机制，探索打造独具特色大型国有企业“双创”升级版，走出一条深化改革与双创双推动、发展质量与效益双提升兴盛之路，有效发挥中信重工引领带动作用，实现与中小微企业、高校、科研院所和各类创客群体有机结合，为行业和国家社会经济发展起到示范作用。

## 一
## 构建全方位立体化创新平台，形成双创大格局

依托国家级企业技术中心、国家级工业设计中心、国家矿山装备重点实验室等高端创新体系优势，中信重工遵循双创示范基地和专业化众创空间实施方案和投资计划，初步构建线上资源共享平台、线下实验与验证平台、成果孵化平台的新产品全流程孵化体系，为创客提供从信息搜集、创意挖掘到研发设计、仿真分析、中试试验、样机试制等各个环节相关软硬件资源，并向创客开放中信重工品牌资源、资金资源、管理资源、场地资源，为创客创新提供全方位服务与支持。

2018 年，与涧西区西苑城投、洛阳市国宏投资公司共同投资成立运营洛阳市先进装备及军民融合产业创新科技园，突出专业、开放、共享和创新特色，着力打造以先进装备及军民融合产业为主导，集研发设计、成果转化、企业孵化、综合服务、人才培训交流于一体的洛阳市产业创新示范基地。

目前，初步形成“内有创新院、外有科创园；上有创新云平台、下有实验孵化平台”的全方位、立体化创新架构，可以为公司内外部创客团队、高等院校、研究院所、企业单位等提供全方位、立体化创新平台和创业空间，形成双创大格局。

## 二
## 持续加快新旧动能转换，驱动产业转型升级

作为具有全球竞争力的矿业装备和水泥装备制造商、服务商，传统产业始终是中信重工发展的“稳定器”“压舱石”。公司通过打造矿用磨机、提升机、回转窑、辊压机、破碎机、矿渣立磨六大核心产品，以及水泥成套、余热发电等工程项目，不断提升市场影响力。为紫金矿业黑龙江多宝山铜矿提供大型旋回破碎机、立式搅拌磨机、半自磨机、溢流型球磨机主机成套全流

程设备，成为公司矿山领域碎磨全流程高端装备样板工程，进一步巩固公司在高端矿业装备领域的龙头地位，在国内外矿业市场产生巨大示范效应。

依托双创示范基地建设，确立“传统动能+新动能”双轮驱动发展战略，全力推动装备制造业、机器人及智能装备、军民融合三大产业领域“5+1”产业板块布局，大力培育新兴产业。以机器人及智能装备为代表的新兴产业，已经成为公司发展的“新经济”“新动能”，新产业产值占比已达到 30% 以上。中信重工陆续推出包括特种机器人、隧道掘进机装备、盘式过滤机、高速高效汽轮机等在内的一批新技术、新产品，并在市场上取得实质性突破。在特种机器人领域，公司已成功推出履带式机器人、水下机器人、巡检机器人、管道机器人、钻孔探测机器人等五大平台 40 余种机器人产品，累计交付各类机器人 2000 余台，并在实际应用中取得了良好的经济社会效益。

## 三

## 开门办企业、开放搞创新，提升科技创新活力与效能

中信重工贯彻开门办企业、合作共赢理念，坚持开放搞研发、开放搞创新。在新技术、新产业、新领域合作方面取得新突破，在资产、资本层面深层次合作，做大做强相关产业，充分发挥产业资源及创新资源优势，加强对外合作。与中铁建合作投资成立中信铁建重工，完成 11 台“牡丹号”盾构机批量订单并已全部交付使用，为后续做大做强盾构机产业奠定坚实基础。

依托上市公司平台，整合优势资源，激发创新活力，提升创新水平和新动能市场开拓能力。通过资本运作，中信重工控股唐山开诚，成立中信重工开诚智能装备有限公司，不仅解决唐山开诚发展资金瓶颈问题，也为中信重工发展新兴产业、打造新经济增长点提供切入口，并依靠中信重工和中信集团资源与品牌优势，实现特种机器人产业爆发性增长。

此外，通过与国内外高等院校、科研机构、下游用户企业、上游供应商开展技术合作、共建实验室等方式，建立合作机制，实现资源共享，优势互补，协同创新；作为联盟理事长单位，联合多个传统制造企业，成立河南省

绿色制造联盟，致力于发挥联盟协同引导作用，推动工业绿色发展。在已有产学研协同创新基础上，将用户需求管理、供方品质管理纳入装备制造体系，首创“产—学—研—用—供”全产业链协同创新体系，使得公司创新周期缩短、成本降低，提高科研成果转化速度；“产—学—研—用—供”合作模式已逐步成为中信重工技术创新和产业化发展的重要手段，并且起到强大助推作用。目前，联合行业科研院所、高校、企业和用户，共同创建河南省智能装备与工艺创新中心已获培育单位认定；围绕共享创新资源，集智共创、协同创新，正加紧谋划建设产业创新科技园，打造“研究院＋孵化器＋产业园＋投资人”四位一体创新创业基地。

## 四

## 打造“四群共舞”协同创新模式，培育全员创新企业文化

中信重工围绕重型装备研发、设计、检测、制造、销售和服务产业链协同创新与企业转型升级目标，通过制定一系列制度、规定、政策等文件，营造鼓励创新、宽容失败的创客文化，调动全体企业员工积极性，坚持“企业主建，创客主战”，组建技术创客群、工人创客群、社会创客群、国际创客群，形成“四群共舞”一体化协同创新模式。截至2018年底，共组建创客团队505个，培养创客人数5032人。

“四群”以项目（课题）为轴线，通过汇聚企业内外部人才资源、打通企业内外部协同创新渠道，以打造中国品牌为目标，通过双创平台、“互联网＋”等手段实现互联互通，为示范基地建设提供充足人才资源保障。如大型矿用磨机研发，以技术创客群研发设计为核心，通过国际创客群选型分析、社会创客群产学研合作、工人创客群工艺攻关，共同打造中信重工大型矿用磨机产业，获评国家制造业单项冠军示范企业，并成为国际知名品牌。

# “人单合一”“产城创”等实践成果助推企业转型升级

海尔集团公司

海尔集团公司自 2005 年起开始探索人单合一模式转型，已经从制造产品型的企业转型为孵化创客的平台。海尔双创示范基地的使命就是要引领战略转型方向，使封闭的大企业组织变成开放的创业平台，激发全员创业激情，让每个创客包括社会的创业者都可以利用海尔的平台资源进行创业，让每一个创客成为企业的主人，在为用户创造价值的同时实现自身价值，并分享收益和成果。

## 一

## 夯实企业双创文化根基，以“开放、专业、共享”三大特点促进产业升级转型

开放：海尔集团不仅开放孵化器以及一般的创业服务支持，并且开放以国家级模具中心为基础打造的创客工厂、以国家级实验室为基础打造的创新资源平台等企业核心资源，为广大创客提供海尔平台上全要素的创业服务。

专业：海尔开放丰富的行业资源、管理经验，创客搭建了一个专业的“大共享”平台，涵盖了创业、设计、制造、销售全流程和创业服务，为创客、小微提供财务管理、人力管理、知识产权、专利管理等一站式的专业创业指导。

共享：为保证海尔“人单合一”战略转型以及双创示范基地落地，海尔探索出一套创客激励机制，即“创客所有制”，通过量化企业股份，激励每一位创客创新创业，为创客打造利益共享、共创、共赢平台，每一位创客都有公平、公开创业发展机会。

## 二

## 培育双创服务环境，以五种孵化模式推动企业探索双创新职能

海尔双创平台提供了企业内部孵化模式、脱离母体孵化模式、草根创业孵化模式、科研转化孵化模式、生态投资创业模式 5 种孵化模式，帮助创客实现创业梦想。

一是企业内部孵化模式，主要通过海尔投资驱动平台，为创业团队提供投融资孵化服务，在创业初始阶段提供启动资金，创业者可领取基本薪酬；在拥有客户的起步阶段，创业者还可分享超过既定目标的利润；小微公司实现可循环发展后，创业者出资拥有小微公司股份并分享公司分红；形成相对成熟的产业生态圈、商业模式后，引入海尔的“天使基金”以及外部投资人，做大上市，并获得更多回报。

“雷神”是海尔内部孵化的典型代表，在海尔工作的三个“80 后”发现游戏本领域的用户痛点并创业成立雷神公司，海尔双创平台对雷神公司提供了全流程全方位的投资孵化以及相关配套服务。该公司只用了半年时间产出第一款产品，创业第二年销售额就超过 2 亿元，创业第三年成功挂牌新三板，创造了“雷神”速度。

二是脱离母体孵化模式。海尔有住网的创始人曾是海尔家居部门的营销人员，后离开海尔自主创业。创业过程中，平台继续为他们提供资源与服务，

并协助有住网获得社会资金支持。目前有住网完成了 B 轮融资，目前估值 5 亿元。

三是草根创业孵化模式。家美美信息技术有限公司是一家专注服务于家装领域相关软硬件开发的互联网创业公司。由于缺少硬件产品开发生产经验，难以将图纸和创意转为现实产品。加入海尔双创平台后，平台仅用 20 天就为该公司提供了产品设计方案优化、模具开制和小批量生产。目前，“美家量房测距仪”产品销量突破 2 万支，整体成本节约近 30%，成为业界第一品牌。

四是科研转化孵化模式。Vinci 是由两位麻省理工的校友共同研发的全球第一只智能头机，在北美众筹网站曾创下近百万美金的众筹记录。海尔创业平台大力支持其回国创业孵化，共享海尔的供应链、物流、渠道，以及外部地方政府、高校、创投基金等资源，助力创业者成为创业家，企业成为行业独角兽。2018 年 1 月 Vinci 智能头机作为首个中国科技品牌登上了美国电影电视金球奖的舞台，开创中国智造科技品牌的先河。

五是生态投资创业模式。海尔以“资本 + 平台 + 技术”链接产业，提供全产业链金融服务，着力解决传统农业资产压力重、投资周期长、价格波动、盈利能力差等行业痛点。在蛋品农业，建立起包括设备供应商、饲料供应商、政府、蛋品零售商以及终端消费者在内的蛋鸡金融生态圈。目前海尔生态圈已有 1100 万羽商品蛋鸡，鸡蛋的直接产能 30 亿枚，生态圈产能 100 亿枚；行业投资周期从 1100 天缩减为 270 天，重资产率下降 35%，养殖利润率从 10% 增至 15%。

## 三

## “产城创”发力彰显人单合一模式实践成果，打造中国城市转型升级新模式

海尔的产城创生态圈模式，是以工业互联网平台为基础，实现产业集群平台、智慧生活体验平台、国家级双创示范平台的相互融合，以产业带动创业，以创业促进就业，形成宜居宜业、富有活力的生态基地。“产”，即智能

制造平台，凭借海尔具有自主知识产权、用户全流程参与的 COSMOPlat，打造全球先进的产业平台；“城”，即智慧生活平台，通过智慧生活提升居民的生活幸福指数；“创”，即双创平台，以新技术推进双创平台发展，营造良好创新创业氛围。海尔上海产城创基地已初步展现生态化的优势和成效。通过海尔 COSMOPlat 工业互联网平台，产城创基地在上海已连接 180 多家生态资源，服务企业 1000 余家，为 800 多家企业提供了大规模定制示范线培训；同时打造了产学研共创的创新生态，与相关高校、企业等建设联合实验室。此外，海尔双创基地海创汇平台已与宝钢、上汽等十余家大企业，以及复旦、同济等十余所高校开展全面合作，打造一站式、全流程的双创服务平台，目前已服务 130 多个创业项目，创业项目估值 80 亿元。

# 构建“互联网 + 双创 + 智能铸造”模式，以“共享经营体”激发主体活力

共享装备有限公司

2016 年 5 月 12 日，国务院办公厅印发了《关于建设大众创业万众创新示范基地的实施意见》，公布了全国首批 28 家双创示范基地，共享装备股份有限公司被列为全国首批 7 家企业双创示范基地之一。共享装备股份有限公司抓住国家整体产业转型升级的契机，积极落实《中国制造 2025》，开放优势资源，构建“互联网 + 双创 + 智能铸造”产业新生态。在研发领域，共享装备推行“互联网 + 研发”机制，促进新兴产业发展；在市场运作方面，共享装备建立“共享经营体”管理模式，充分调动员工主人翁精神，激发全员创新创业活力。

## 一 立足行业转型，开放优势资源，构建“互联网 + 双创 + 智能铸造”产业新生态

共享装备联合中国铸造协会牵头成立中国智能铸造产业联盟，共同推进

中国铸造业转型升级。联盟秉承“专业、协同、共享、共赢”的发展理念，协调智能铸造技术和产业相关资源，打造中国智能铸造技术产业链和创新链。在具体工作上，一是以绿色智能铸造为主攻方向，围绕铸造行业智能转型关键共性问题开展项目研究；二是建立了“标准 + 示范 + 推广”的智能转型推广模式，在铸造产业集中区，建立数字化智能化示范工厂，带动区域铸造企业转型升级；三是组织形成了智能铸造系统解决方案联合体，为行业智能铸造项目提供咨询服务和解决方案；四是协助政府倡导和推广智能铸造技术，宣传贯彻国家相关政策法规，启动铸造行业企业数字化网络化智能化专项工程等，通过以上重点措施，构筑“互联网 + 双创 + 绿色智能铸造”的产业新生态。

共享装备与中国铸造协会、新兴铸管等行业组织和企业共同出资，组建了国家智能铸造产业创新中心。中心以“跨界融合、共建共享、联通各方、服务产业”为共识，共同推动产业转型升级，引领行业进步，构筑“互联网 + 双创 + 绿色智能铸造”的产业生态。计划在行业集中区建立 5 家左右分中心，涵盖绿色智能示范工厂、创客空间、创客工坊、创客学院、智能研究院分院等多种创新模式，有望成为铸造行业创新创业新高地。

共享装备与相关专业机构合作，借助“互联网 +”，围绕铸造行业产业链、资金链、创新链，搭建了开放、共享、线上线下相结合的绿色智能铸造工业互联网平台——共享工业云，提供协同研发、众包、众创、电子商务、供应链管理等功能。目前平台注册用户超过 8000 个，平台交易额 13.6 亿元。为推广共享装备“五有”创新、共享经营体、经营人才、数字化等管理模式和经验，公司协同专业机构打造九大类数十款 SaaS 化应用软件，包括创新项目管理、经营体管理、全流程虚拟制造、供应链管理、企业内训等，目前已有 16 家企业应用。

## 二

## 建立和推行“互联网 + 研发”机制，促进行业转型发展

共享装备建立了“互联网 + 研发”机制，围绕行业绿色智能发展关键共

性问题，建立“互联网 + 协同研发”模式，通过平台征集行业关键共性问题，组织行业专家进行线上或线下的评审，精准立项，协同高校、科研院所、行业骨干企业等，通过专家帮扶、产业基金、成果转移转化、示范推广等方式，激发创新创业发展活力。

为有效推动铸造行业绿色智能实施关键共性技术研发、加快实现铸造行业转型升级，中国智能铸造产业联盟积极策划，内外部组织征集行业关键共性问题建议 300 余条，组织专家评审 18 次，聚焦 21 个细分领域，提出 93 项发展目标，确定 23 个关键共性问题，经过 16 个多月的编写历程，最终形成《中国绿色智能铸造发展路线图》，并于 5 月在第十四届中国铸造协会年会上正式发布。

## 三
## 建立市场化运作的“共享经营体”管理模式，立足岗位创业，激发员工创新创业热潮

共享装备形成了以“组织小微化”为特征的“共享经营体”的理念和做法，将内部划分成若干个市场化运作的“小微企业”，通过独立核算、市场化运作，形成了全员参与创业的管理模式。在经营方面，将收入、成本、利润的责任主体细化到各级经营体，并根据效益进行业绩评价与利益分配，把每一个单元变成独立核算的自主经营体，有效增强了基层员工的成本观念和效益意识。在信息化支撑方面，利用数字化手段，建立经营体管理平台，对共享经营体模式进行固化，并在集团十几家子公司推广应用。实践证明，该做法目标明确、针对性强、效果显著，可为传统中小型制造企业开展岗位创新创业提供借鉴。

共享经营体通过“一制、一表、两卡”规范、有效运行。“一制”即《经营体推进管理制度》，明确“经营体”推行的基本原则、要求、工作流程等。“一表”即经营体核算表，明确各经营体收入、支出、净收益等。“两卡”即量化卡和荣誉卡，通过“量化卡”对员工的工作质量、工作效果等进行评

价及兑现收益；通过“荣誉卡”树立优秀团队和经营大师标杆，让员工“名利双收”，体现员工价值、培养经营人才。

通过推进“共享经营体”，近年来公司销售收入和利润均实现两位数的增长。同时，公司内部评选出经营之星 930 个、经营明星 239 个、经营先锋 73 个。目前，共享经营体软件已经发布到共享工业云，开始对外推广应用。

# 完善创新体制机制，带动内部创新创业，探索产业转型升级新模式

三一重工股份有限公司

三一重工于 2017 年成为第二批国家双创示范基地，全力打造优秀的创新创业氛围，形成有活力、自驱动的创新创业文化，实现以三一重工为核心，产业链联动的创新创业升级。2017 年三一重工的营业收入大幅提升（提高了 64.7%），在研发方面的投入（提高了 70.4%）占比进一步增加。三一重工借助国家双创示范基地建设的契机，通过进一步推行数字化升级、进一步加强成本费用控制、进一步推行企业再造，建立完善的创新制度体系，实现经营效率大幅提升，经营风险得到了有效控制，企业向更加健康和充满活力的方向转变，形成以创新创业促进转型升级的新模式。

## 一

## 建立激励机制及完善创新体系，以制度优化铸就企业转型升级必备条件

三一重工新推出股权激励及增量毛利提奖，研发创新活力大幅提升。

2017 年针对三一研发人才设立股权激励，对于核心人才激励额度更高，大幅提升研发人员收入，使科研人员更有归属感。在设立新产品研发项目时，设立增量毛利提奖，对新产品投入市场的反应进行持续性跟踪，对于增量毛利，按一定比例对研发人员进行分红，激励研发人员在新产品研发方面投入更多的精力，实现新产品在设计之初的高质量。

三一重工致力于搭建完善的创新体系。一方面，成立技术委员会，设机械、液压、控制 3 个分委会，各事业部也分别设立事业部级的技术委员会，形成从上至下的技术交流和管理通道，专题讨论产品顶层设计、标准化、研发流程等问题，落实物料编码、盘活试验测试资源等重大工作。另一方面，按产品研发管理、研发试验测试管理、PLM（Product Life Management）支持与信息安全管理、知识产权管理和人才培养五大模块建立了完善的研发制度体系。

产品研发管理制度体系。三一重工在 2014 年完成的《产品生命周期管理 1.0》基础上，经过近三年的实践，通过实施流程再造，研发流程已升级到《产品生命周期管理 3.0》并打造了全新的项目制。大幅简化四级流程，将四级流程节点由29个整合至8个；大幅减少决策评审点，由16个减少至11个。修订了《研发项目管理制度》，规范研发项目从立项到验收的全过程管理。

研发试验测试管理制度体系。为保证研发试验测试工作的有效开展，三一重工制定了《研发试验检测仪器管理制度》《试验测试工作推动与考核管理制度》等一系列研发试验测试管理制度。各类制度的制订和实施，有效地推动了研发试验的开展，为新技术、新产品的开发和研究提供了保障。

PDM 支持与信息安全制度体系。当前，三一重工在产品研发领域已基本实现数字化，数字化样机技术得到了广泛应用。建立了《Windchill-PDM管理制度》《研发信息安全管理制度》《图档系统管理规定》《研发项目平台使用管理规定》等制度，保证了公司研发数字化技术的广泛应用以及研发信息安全。

知识产权管理制度体系。三一重工建立了完善的知识产权管理制度体系，包括《研发专利工作与管理规定》《商标管理办法》等，从知识产权的创造、运用、保护和管理等各方面对企业的知识产权工作进行规范。明确专利管理、专利分析等各项工作，并规定职务发明创造的知识产权归属及对发明人的奖励额度，其中发明专利5000元/件、实用新型专利2500元/件、外观设计专利1300元/件。《研发专利工作与管理规定》的实施，极大地促进了各研发部门的专利工作，激发了研发人员的创新热情。

研发人才培养制度体系。三一重工一直高度重视研发技术人才知识和能力的提升。为了加快研发人才队伍建设，提高研发人员的素质、业务知识、工作能力，针对研发人员，公司制订了《研发体系岗前培训管理制度》《研发技术人员专业知识培训管理制度》《研发技术人员内部职称评定管理制度》《研发人员待岗导师资格认证管理制度》等制度，为创新型人才的培养提供了制度保障。

## 二
## 通过四个孵化器运营，
## 探索带动内部创新创业，构建产业转型升级新模式

三一重工运营四个主题孵化器——以内部资源开放为依托，提供产业链创新创业孵化服务，带动和引领内部创新创业，探索围绕核心业务的裂变式创业创新模式，推进企业组织形式的变革及转型升级。

长沙三一众创孵化基地——降低工业领域创业创新的门槛。三一众创孵化基地主要围绕先进装备制造业、国之重器（如大飞机等）的研发、生产、制造及产业链中关键技术、核心工艺、进口零部件等高附加值环节的国产化，开放三一重工的所有资源，降低工业领域创业创新的门槛，孵化扶持工业领域创业创新项目，以帮助中国制造超越德、日、美的工业为目标。

北京“太阳谷孵化器”——构建工业互联网创新生态。太阳谷孵化器主要围绕工业互联网的物联网、大数据、云计算、人工智能、区块链等基础技术，构建网络、平台、安全三大功能体系，打造人、机、物全面互联的新型网络基础设施，形成智能化发展的新兴业态和应用模式，缔造世界领先的工

业互联网创新生态。

长沙“魔豆仓创新中心”——塑造产品设计新理念。魔豆仓创新中心主要围绕产业文化，促进产业元素与文化艺术创意的跨界应用，颠覆传统制造业的产品理念，用艺术眼光和审美角度研发并设计新产品，赋予新产品的文化与艺术内涵，提高产品附加值，打造全球领先的服务创意创业生态圈。

北京“3ESPACE 公益孵化器”——引领公益事业发展新浪潮。3ESPACE 公益孵化器主要围绕科学公益，致力于探索、建构和完善“科学公益”，孵化创新有效的公益项目，树立优秀项目标杆，影响行业、公众、社会资本和政策，引领中国现代公益事业发展的新浪潮。

# 大力发展服务型制造，推动制造业双创发展模式创新

四川长虹电子控股集团有限公司

长虹集团作为一家集军工、消费电子、核心器件研发与制造为一体的综合型跨国企业集团，为 100 多个国家和地区提供产品与服务，已初步具备国际化投资和经营能力。2016 年集团总体营收超千亿元，预计 2020 年，整体规模将达 1500 亿元，其中新兴产业占比超过 30%。

## 一 以“服务型制造业推动双创”新模式推动集团转型升级和创新发展

自 2004 年开始，长虹集团就践行新“三坐标”产业发展战略和“制造业高端转型、服务业转型、全球化转型”，产业布局逐步完善，产业规模逐年增长。长虹集团深入学习习近平新时代中国特色社会主义思想和党的十八大、十九大精神，深入贯彻落实国务院关于推进大众创业万众创新有关文件的具体要求，持续推动双创示范基地的各项建设，以双创示范基地的建设为

契机，积极探索与双创相适应的产权制度、激励机制等体制机制，全面推进产业链网络化、企业平台化，建设四川电子信息产业工业互联网平台，打造和依托专业化众创空间等新型创新创业服务平台、建设长虹跨境孵化器、设立创业投资基金，开放面向制造的服务资源，探索“服务型制造业推动双创”的新模式、新业态，促进长虹集团转型升级和创新发展。

## 二
## 构建“服务型制造业推动双创”的具体路径

### （一）坚持机制创新，激活创业热情

相继制定并颁布了《内部创业指引》《平台孵化管理办法》《产品经理负责制》《新产业培育管理办法》等内部双创政策，出台了6~9个月孵化期保留员工身份及工资、孵化期内免费提供办公场地和基本服务、以现金增资或服务换股权两种孵化参股模式、长虹集团自建基金优先投资承诺以及产业并购承诺等一系列鼓励政策和优惠措施，鼓励和引导员工积极投身双创事业。

### （二）弘扬双创文化，激发员工创造

发布“敬业担当、同创共享”的新企业核心价值观，积极倡导“尊重知识、尊重人才、尊重创造、鼓励探索、宽容失败”的创新文化，形成鼓励创新、勇于创新、敢于创新的环境氛围，营造全员创新、基层创新的发展格局。积极参与首届双创周活动、国内外科技成果展览展示，举办年度技术创新大会、工匠人物评选、创新创业评选、创新创意合理化建议、主题沙龙等活动。同时，在公司内部开设双创专栏，常年征集双创榜样故事，在内部不断营造“干事创业”的文化氛围。

### （三）拓展双创融资，创新金融服务

一是开创应收账款融资服务新模式。在全国首创应收账款融资平台，率

先开创以核心企业带动为特点的应收账款融资服务新模式，长虹直接、间接上游供应商通过应收账款融资平台完成应收账款拆分、转让、融资等操作，让大量缺少足够信用资源的中小微实体经济企业更容易获得融资机会。这一模式得到了国务院主要领导的肯定，现应收账款融资平台纳入全面创新改革试验经验成果，截至目前已实现 20 家核心企业上线、300 多家供应商注册，办理应收账款融资总额达 38.87 亿元。

二是首创财税资综合服务平台。首创搭建“税鑫融”财税资综合服务平台，以长虹财务云平台为基础，联通了企业、银行和税务三方信息，帮助中小微企业一站式解决财务不健全、税务不规范、结算贵、融资难等问题，着力提升企业信用，目前已累计接入客户 345 户。

三是开发扶贫资金记账平台。开发“互联网＋精准扶贫代理记账”平台，将扶贫资金纳入云平台监管，资金账目不再由乡镇管理，交由平台统一代理记账，使用结果向村民公开，解决资金管理薄弱问题。该项目得到国务院主要领导的肯定和批示，要求“进一步跟踪，总结可推广的经验”，目前已累计接入近 3000 个村（社区），该平台对中小微企业具有积极意义。

### （四）开放双创资源，支持协同发展

一是打造协同制造云服务平台。开放智能研发云平台，支持全球 24 小时不间断协同研发管理。开放智能制造平台，2017 年仅为小米科技公司就设计和制造了空调 10 万余套、空气净化设备 200 余万套；打造双创产业园，大力拓展智能医疗终端、液体售卖终端等制造创新产业。2018 年 11 月 23 日，长虹双创产业园一期工程在绵阳市安州区破土动工。安州 · 长虹双创产业园预计总投资 30 亿元，一期工程建成后，将形成年产智能组件产品 300 万套、智能家庭类产品 300 万台、各种智能自助终端产品 10 万台以上的能力，可实现年总产值 80 亿元；开放检测服务平台，年服务企业近 200 家，收入预计达 2800 万元，为周边企业节约费用约 800 万元，缩短新品上市周期 5~8 周。

二是搭建智能采销云服务平台。通过“端云一体”的供应链资源，向爱

联科技、激光显示公司等 138 家企业提供全面的供应链服务，承接 23 家公司的采购外包服务，2017 年服务规模达 100 亿元；开放线上、线下渠道资源，内部成立新柚工作室，输出产品美工、市场策划等能力；与成都尚生活、京东等外部企业合作，销售流云、太阳能移动电源等创新孵化产品，累计销售额超过 500 万元。

三是设立创新创业投资基金。围绕长虹集团生态建设，先后与电子科技大学合作了“中医远程脉诊系统”“针对智能冰箱的光谱食品分析仪”等自由创新项目，采取“产学研用资”全方位、全流程合作的模式，对每个项目技术研发提供全部资金支持，并积极推动项目技术成果的转移转化和应用。针对种子期和成长期的科技型企业，与东方富海成立“富海长虹”基金，基金规模 2.4 亿元。针对高成长性初创期和早中期创新型企业，与宽带资本成立“虹云创投”，基金规模为 2.5 亿元，已围绕云计算、大数据领域，储备项目 200 余个，完成项目投资 5 个，金额达 6000 万元。针对重大产业并购项目，与申万宏源成立“申万长虹”基金，基金规模 100 亿元，首期 10 亿元。

### （五）建设长虹跨境孵化器

2018 年长虹跨境孵化器依托成都长虹科技大厦正式成立。围绕长虹双创生态，首期已投入 5000 平方米物理空间，为入驻团队提供包括硬件设施、软件配套、企业推广、专项业务能力提升及产业能力配套在内的“一站式”孵化服务。孵化器项目来源于海外创新成果（以海外华人回国创业为重点）、长虹众创工场技术成果、长虹集团内部新产业孵化项目等，重点关注新材料、医疗健康、汽车配套、人工智能和能源环保等，与国内众多孵化机构达成合作意向。目前入孵企业有 11 家，其中内创企业 3 家，有 2 家已与长虹集团产业生态形成深度合作。

### （六）建设产品原型实现和小批量试制平台

联合洪泰智能硬件智造工场和四川省科技交流中心，在成都市龙泉驿区建设基于新型智能硬件创新产品的原型实现及小批量试制平台，为创新创业团队和广大创客搭建从创意发现到产品原型实现的原型及小批量试制平台。目前已投入300余万元，该平台也被成都市高新区认定为公共技术服务平台。

## 三
## “服务型制造业推动双创”的成效

目前长虹集团已拥有3个国家企业技术中心、7个省级企业技术中心。长虹集团公司拥有专业技术人才7800余人，其中教授级高级工程师32人、高级技术职称人才460人、中级技术职称人才2650人，拥有行业和国家级专家若干。长虹集团主导或参与制订各类国际、国家、行业标准近百项；申请各类专利10684件，获得授权6872件，其中发明专利授权980件，年均专利申请数和授权数多年保持在省内前三位。

# 以“公司＋创客”模式，带动中小企业、创客团队共同发展

浪潮集团有限公司

2017 年 6 月，浪潮集团有限公司（以下简称“浪潮集团”）入选第二批国家大众创业万众创新示范基地。立足新起点，浪潮集团加强大数据双创投入力度，激发大数据双创活力，初步构建形成大数据创新创业生态，带动中小企业、创客团队共同发展。浪潮集团双创示范基地建设工作，以“数据”为核心，开放集团数据、技术、平台等各方面优势资源，围绕“数据生产—数据交易—数据应用”大数据产业链条，开展大数据双创工作。

## 一 通过与政府合作共建大数据创新中心，打造全要素功能型高品质孵化基地

浪潮集团已与 139 个省市政府签署云计算大数据战略合作协议，加快在全国部署大数据共享和开放平台。以此为契机，浪潮集团双创示范基地加强与各级政府合作洽谈，共建大数据创客中心。通过在各地建立大数据创客中

心，直接为创客提供专业、详尽服务，汇聚科研、数据、资本等资源，快速推动大数据创客业务发展。

在各地政府支持下，大数据创客中心建设成为全要素、功能型、高品质孵化基地，具备专业一流科技创新型办公环境，配置弹性办公区、多点布局休息区、高端产品技术展示区、多规模会议区、专业培训区、专业路演区等多个功能区，全方位满足创业团队办公、培训、指导需求。特别是无锡市太湖新城发展集团与浪潮集团合资建设浪潮大数据产业园，整合基础设施、金融、法律、政策等资源，通过构建三大服务平台着重打造众创空间＋孵化器，形成技术创新能力强、产业发展协调、应用成果显著、人才结构科学的创新型大数据专业园区。

## 二
## 建设以重点领域为目标的采集部门“数据所”，汇聚行业大数据资源

浪潮集团双创示范基地汇聚政府、企业、协会等机构大数据资源，以行业数据为载体，开创性成立数据采集部门——“数据所”。针对不同行业设立的数据所，担负各自行业相关数据采集、整理、共享、分发职责，集数据资源收集、规划指导、数据资源整合、数据分析于一体，为数据共享、数据开放、释放数据价值做贡献，打造共赢生态数据平台。

2017 年，浪潮集团双创示范基地已经与工程院、交通通信信息中心、农业部、国土资源部、中国金融认证中心 CFCA、公安一所、联通等合作成立数据所，并与上海、武汉、贵州等多个城市数据交易所达成战略合作意向。

## 三
## 独创“公司＋创客”大数据产业模式，多方共建完整大数据产业生态链

“公司＋创客”新型创业创新模式，即围绕“数据生产—数据交易—数

据应用”完整产业链条，以天元大数据平台和 50PB 数据储备为依托，支撑 A 创客（从事大数据应用开发）和 B 创客（从事大数据采集）创新创业，形成完善的大数据双创生态。在该模式下，不仅能解决 B 创客采集数据资源难度大的问题，也能为 A 创客提供技术支撑、营销支持，有效推动大数据相关应用开发。通过培育 B 创客，开展数据采集工作，丰富天元数据网数据资源；为 A 创客提供数据服务，开拓数据资源交易市场；培育大数据人才，为产业发展积累人才资源；孵化优质项目，获取投资收益。

A 创客孵化出沈阳校车、济南天澜科技、呼伦贝尔通、章丘臻三环等典型项目。其中，A 创客沈阳云驾团队利用天元数据免费提供的交通、教育、住宅等 30TB 数据资源进行建模，完善校车系统，将校车覆盖率由 11% 提升到 85%。A 创客电商运营公司麒麟圣德，利用天元大数据分析铁锅市场需求、消费喜好，精准定位客户，包装产品卖点，进行品牌定位，打造的“臻三环”铁锅品牌，一个月卖出上万只铁锅，价格提升三倍，有效推动农村电商发展。

## 四
## 加强与高校院所合作，打造创新创业示范平台

浪潮集团高度重视与高校、科研院所的合作，一方面，通过共建实训基地，培养创新创业人才；另一方面，通过技术合作，进行科技成果的转移转化。浪潮集团已与南京大学、山东大学、济南大学、山东交通学院、山东中医药大学、山东财经大学、山东电子职业学院等共建实训基地，2017 年培养毕业生 1200 余人，提供了双创人才；通过与清华大学、北京大学、国防科技大学、中科院、南京大学、武汉大学、山东大学、中国海洋大学、厦门大学等合作创新，承担国家省市科技项目 80 余项，2017 年共申请专利近 7000 项，其中发明专利占 83%，排名全国第一。

## 五
## 完善浪潮大学双创培训，加快五级培育体系建设

浪潮大学承担双创人才培养培训工作，下设管理学院、营销学院、英信学院、软件学院、渠道学院等，目前已经建立了一套完整的培训课程，内容涵盖售前、营销、销售、实施、研发、技术方向，形成了完善的培训机制，从需求分析到培训计划制定、培训项目实施、培训评估、结果管理、资源管理等，形成了闭环。2017 年，浪潮大学举办各类管理培训、技术培训及投融资培训 15 场，从创新创业各个层面进行培训指导。此外，浪潮大学通过与济南大学、山东交通学院、山东中医药大学、山东财经大学、山东电子职业学院等高校合作，联合共建实训基地，2017 年对外联合培养大学毕业生 1200 多人。围绕双创不同发展阶段，浪潮初步建立了一套由“基地服务＋创业辅导＋技术服务＋营销服务＋融资服务”构成的五级孵化培育体系，对初创期、发展期、成熟期的创客团队进行分类孵化，提高创客的成长速度和孵化成功率。

# 帮扶农民创新创业，带动“三农”事业发展创新升级

新希望集团有限公司

新希望集团作为全国唯一农业龙头企业入选第二批国家双创示范基地。集团按照党中央、国务院推进大众创业万众创新的战略部署，围绕内部员工和外部返乡下乡人员创新创业两条主线，依托农牧食品行业的全产业链布局，以科技创新为驱动，发挥技术、人才、金融等方面的优势，掀起集团内外创新创业新浪潮，全力推进双创示范基地建设。新希望集团以“科技引领”作为集团发展战略，加大农业科技研发投入，在创新机构建设、科技人才培养、产业技术创新、科技成果转化等方面全面发力，有效提升了企业乃至行业的科技创新能力，凭借农业全产业链的整体布局和丰富经验，通过平台支撑和金融手段等一系列举措，激发企业内外部的创新创业活力，帮扶返乡下乡人员创新创业，积极开展产业扶贫创新试点，带动“三农”事业发展的创新升级。

## 一
## 加大科技研发投入，推进农业技术创新与转化

一方面，完善鼓励创新的举措，建设科技创新的基础平台。制定集团科技引领五年战略规划，加大科研投入力度，实施“百名科技领军人才计划”，制定科技创新、科技成果分享等红蓝军机制，面向海内外和企业内外，培养、引进企业科技创新驱动发展急需的新型人才，攻坚技术难题。近一年来，集团在生物饲料研发、生猪繁育技术、“中新”北京鸭育种等方面取得突破性进展，荣获省部级科技奖励 3 项，承担国家级科技项目 7 项。在创新基地建设方面，集团获批科技部“国家级国际科技合作基地”、农业部“企业重点实验室”和成都市科协“院士专家工作站”。另一方面，开展产学研用深层次合作，推进农业科技成果技术转化。集团聚焦行业科技发展需求，联合高校、科研院所及行业龙头企业，积极在京筹建集科技研发、国际合作、成果转化等功能于一体的“全球科技研发创新中心”。与新西兰皇家农科院、荷兰瓦赫宁根大学、北京大学、中国农业科学院等国内外近二十家知名高校、科研院所共同开展全球科研中心、新农民大学、乡村振兴研究院建设等方面的合作。利用美国波士顿地区的生物技术和人才资源，建立“新希望波士顿研究院”，为企业开通“科技直通车”节省技术转化时间。

## 二
## 激发内外部创新创业活力，引领农村农业创新升级

新希望集团建立内部青年创新人才培养体系，建设新农民综合服务平台，创建新型农业实训基地，实施“十万新农民培训”计划，提供创新创业金融支持等，通过一系列举措激发内外部创新创业活力，带动帮扶返乡下乡人员创新创业，引领农村农业发展的创新升级。一是重视青年创新人才的培养，建立完整的人才培养体系、综合型人才培养体系、专业化人才培养体

系，每年培训优秀青年人才近百名，有 60% 的员工在新希望集团旗下各地分公司中是中高层管理人员。二是建设集提供新型职业农民技能培训、专家咨询、科技成果、产业渠道、品牌提升、创业服务、金融支持等全要素于一体的低成本一站式综合服务平台，在北京顺义、北京 798、成都等地设立多个服务中心。三是围绕现代化生态循环养殖、农牧食品国际合作、一二三产融合发展等，在新希望集团现有产业布局的基础上创建一批实训基地。通过“公司 + 农户”等创新模式，为返乡下乡人员创业提供全程技术指导和统一的仔猪、饲料、疫苗等生产资料供应服务。现已完成陕西杨凌、山东夏津、山东莱阳等基地建设。四是全面实施“十万新农民培训”计划，与山东畜牧兽医职业学院、江苏农林职业学院等优势互补、产学合作，在山东、江苏、四川、北京等地建立新农民培训基地，培训新农民近 20 次，共计 5000 余人。五是设立“草根知本”创新创业孵化平台、“希望金融”农牧供应链金融服务平台及“希望之光”创新创业投资基金等，通过多种手段为产业链农户提供金融解决方案，为广大农户解决创业过程中的资金问题。

## 三
## 试点“1+1+1+1+N”产业扶贫新模式，助推贫困地区呈现脱贫致富新面貌

新希望集团在总结多年扶贫试点项目经验的基础上，形成“1+1+1+1+N”的产业扶贫新模式，即“政府 + 扶贫单位 + 龙头企业 + 村集体 +N 个贫困户”的扶贫模式，并进一步扩大产业扶贫范围。在四川凉山建立了“昭觉县特口甲谷村模式”和“喜德县跃进村模式”，精准地将一个乃至几个村的贫困户纳入现代化生猪养殖的合作平台，使贫困户享有持续股权收益，保障其不再返贫、持续增收；建立贫困户与合作平台的共投、共管、共享机制，促进合作平台的持续发展；同时为村集体经济带来持续收益，用于改善村社会事业，实现了精准脱贫的多赢局面。先后在四川凉山及仪陇、山东夏津、陕西杨凌、西藏林芝等地区建设一批精准扶贫项目，通过模式创新实现“造血式”扶贫，

已成功带动500余个贫困户脱贫，贫困地区呈现出脱贫致富的新面貌。新希望产业扶贫将在凉山州地区进一步扩大和深化，2017年8月4日与凉山州政府签订《凉山州产业精准扶贫60万头高效生猪养殖项目战略合作协议》，计划带动建档立卡贫困人口5000个以上精准并持续地脱贫，增加130个村集体经济收入，改良土壤14万亩以上，培养新型养殖人才1000人以上。

# 线上线下结合，利用“互联网 +”推进服装数字化设计研发

迪尚集团有限公司

2017 年 4 月 20 日，李克强总理考察迪尚集团，高度肯定迪尚集团应用新技术、新模式不断进行创新创业的发展模式，并鼓励迪尚集团要继续努力，把中国的时尚更好地推向全球，让中国服装在全世界立起来。为深入贯彻落实李克强总理指示精神和省委推动大众创业万众创新工作部署要求，强化服装企业创意设计能力和自主品牌建设，迪尚集团相继落地建成了国家级企业工业设计中心、国家纺织服装创意设计试点等国家级平台，并拟建设国家级专业化的创新创业综合服务平台——中国服装设计创新集成平台，现平台已成为省新旧动能转换十大工程。该平台吸纳海内外众多的时尚设计新锐力量，构建八大重点工程，作为设计研发、生产制造、品牌运营等的载体，联动时尚创意相关产业联盟，提升时尚创意设计能力，不断推出具有国际影响力的自主民族品牌。

迪尚致力于将“互联网 +”技术渗透至传统服装行业的各个环节，促进传统行业信息化、智能化转变，推动中国服装行业转型升级。

## 一
## 构建标准化数据库，实现传统行业全链条信息化转型

一是构建线上线下面辅料档案库。以“国家纺织面料馆迪尚面料中心”和“迪尚面辅料中心”为核心，联合中国纺织工程学会和全球 3000 多家优质面辅料供应商，整合线下样品 10 多万份、线上样品 30 多万份，面辅料信息年更新率 30% 以上、新开发样品 40% 以上，覆盖服装行业全品种。

二是实现线上线下各环节互联互通。对应面辅料中心建有面辅料标准化数字系统，通过面辅料“数字化 + 虚拟化 + 可视化”信息系统与现有品牌商交易数据，进行大数据趋势分析、预测和整理，即时反馈到产业链各个环节，做出相匹配的供求关系对接调整，并为生产厂家、客户买家、设计师、品牌运营商等各相关方提供线上线下一体化服务，缩减 80% 以上沟通成本，形成具备高效快速运营的全品类面辅料采购及国内一流的市场分析、预测预报的行业服务平台。中国纺织工业联合会和中国服装协会已确定以迪尚集团面辅料系统为蓝本，中国服装协会官网资源频道参与管理，双方联合打造引领中国服装产业的国家级资源平台，向纺织服装企业提供面辅料公共资源服务。

三是打造线上展示交易服务平台。迪尚集团旗下有 70 多个事业部，承接 400 多个国际品牌订单，每年有 3 万个以上款式的产品。以迪尚集团全品类订单为基础，整合样衣，版式资源，建立 3D 数字化产品发布、展示、交易、服务平台，应用智能化查询系统即可获得相关款式的设计、制造、生产、销售等所有信息，方便客户、商家、设计师等挑选样衣、借鉴款式，及时交易订货，支持和带动缺乏设计能力的小微企业快速发展。

四是完整数字智能化零售新模式。迪尚高级定制体验中心（DCCM）采用三维人体扫描 + 人脸 3D 成像技术形成数字化人体模型，建立顾客专属人体数据，再结合数字化时装、商业空间的智能化改造，从而形成完整的数字智能化零售新模式，并在后期完成数据积累后，导入人工智能等技术，配合

智能制造体系，最终完成全新的单件流规模化制造新模式，彻底改变服装零售与设计制造的传统模式，真正进入服装和销售的数字智能化时代。

## 二
## 打造智能制造集成中心，全面实现行业转型升级

迪尚集团智能制造集成中心设置服装智造、模版研发和样品制作三大主要环节。

在服装智造环节，迪尚集团规划设置拥有智能平流作业线和智能悬挂系统，利用电脑和自动化技术，在工作人员减少 10% 的情况下，可以提高 40% 的生产效率。

在模版研发环节，提炼出服装生产环节最新的标准化生产模版，并通过“互联网 +”整合服装上下游产业，推动整个服装生产行业向智能化、高效化方向快速发展。

在样品制作环节，将设计师成果快速准确转化，还通过信息技术详细给出服装制作的整个流程，为客户提供更加优质的服务。目前已投资 2000 万元用于购置国内外先进的专业生产设备，同时正在研发的数字化智能生产流水线也即将投入使用，将极大地提高智能化生产效率，具备国际先进水准。智能制造集成中心将成为国内外智能工厂的示范，并探索服装各品类生产的标准化流程，开发出一套从设计到生产的标准化协同制造体系，用于实现快速柔性化生产制造，为大规模个性化定制提供理论框架和实践模式，并在行业内推广开来，将全面带动行业转型升级，转换成为服装行业快速发展的新动能。智能制造集成中心将成为国内外智能工厂的示范，并探索服装各品类生产的标准化流程，开发出一套从设计到生产的标准化协同制造体系，用于实现快速柔性化生产制造，为大规模个性化定制提供理论框架和实践模式，并在行业内推广开来，将全面带动行业转型升级，转换成为服装行业快速发展的新动能。

## 三

## 品牌运营“互联网 +”，加速行业设计师品牌孵化

迪尚集团汇集自身的品牌运营和市场资源，为众多设计师提供更好的品牌策划、品牌孵化、营销推广、市场拓展、零售管理等全方位服务。推动行业设计师品牌的快速孵化，大力发展具有国际影响力的自主品牌。

在产品发布展示方面，迪尚集团建立 3D 数字化款式数据库，包含 5 万多件样衣的数字化信息，应用人工智能查询等科技手段，可以即时查询到相关款式的设计、制造、生产、销售等所有信息，方便客户、商家、设计师等挑选样衣、借鉴款式，及时交易订货。打造线上展示交易服务平台，整合样衣、版式资源，支持和带动缺乏设计能力的小微企业快速发展。

在电子商务运营方面，迪尚集团积极拓展电子商务营销渠道，打造线上销售网络，拥有完备的产业链，专业的设计创新、网络运营和信息化支撑团队。未来几年，迪尚集团将发挥电子商务和供应链平台的规模效应，实现在线交易额超过 6 亿美元，为中小微企业提供外贸服务常态化，丰富和延长产业链，促进新型业态的发展和企业电子商务纵深发展。

迪尚集团电子商务运营以设计创新平台和服装产业链为载体，面向海内外所有的品牌厂商、网络的中小电商提供设计服务，解决设计师在产业链中的作品转化问题，同时也解决跨区域信息交流问题。企业可通过云端随时获取设计资源与信息服务，解决行业内信息滞后、资源浪费的问题，提高服装设计作品转化和快速反应能力，促进时尚生活相关产品的衍生。

# 构建“双创中心＋事业部＋合伙人”模式，促进智能家居产业链融通发展

合肥荣事达电子电器集团有限公司

荣事达智能家居全价值链双创服务平台是合肥荣事达电子电器集团有限公司（以下简称“荣事达”）全力打造的智能家居产业链双创示范基地。荣事达双创平台通过全员普惠机制，实现全员分享创新成果，通过优化创新模式，将智能家居产业生态由全价值链（销售链、服务链、供应链）资源整合升级为生态系统构建。根据双创示范基地建设方案，进一步开展九大要素、六大平台建设，完善基地物理空间建设，开展智能家居全价值链产业建设，进行新项目、新业态培育，积极开展创业创新服务，在销售、技术、品牌、制造、渠道等方面都有进一步提升，在促进区域经济增长、带动地区就业方面成效显著。

## 一

## 三位一体机制创新，打开企业资源平台与创客共享共赢新局面

荣事达构建“双创中心＋事业部制＋合伙人”三位一体创新模式。双

创中心作为开放式双创平台，提供创业所需品牌、技术、制造、资金、市场、信息、人才、管理、文化等九大保障要素，通过资源互补达到“缺什么，补什么”的效果，成为技术攻关、创业孵化、投融资和人才培养高地，有效提高双创成功率和有效性。事业部制既实行独立运营、独立核算，又服从集团整体流程管控，通过制度保障双创工作平稳有序推进，孵化期满后可独立成公司。合伙人视创客团队为利益共同体，荣事达品牌、资金、渠道等资源优势迅速弥补了初创企业或者创业人创业短板，而创业者的新理念、新技术、新渠道等不断弥补荣事达集团相对短板。正是通过这种整合和对接，实现资源互补、优势互补、共享共赢，获得 1+1 > 2 的效果。

同时，荣事达利用产业集群龙头骨干企业技术力量和研发资源优势，建立线上线下合一、前台后台打通、创业服务、上下游企业协同、行业开放三级融合的服务新模式。双创平台开展创业辅导、人才培训、座谈、调研、参观、交流等创业创新活动，如参加“创响中国”“全国双创周”系列活动、组织智能家电创业团队参与家博会、进行中科大高级研修班教育等；设立双创大学，针对平台内从事智能家居相关创业创新的人员进行专业化培训，针对性开展智能家居技术、产品、市场、管理等方面的培训活动。

## 二

## 建立双创项目评估体系，“分阶段 + 全要素”实现精准扶持

荣事达将创业项目分为创客期、创业期、成长期三个阶段，针对不同阶段需求，导入相应要素资源。创客期重点导入硬件、初始资金、信息等基础要素。创业期注重弥补技术短板、规范管理。成长期导入大型资本和营销渠道等。同时，由各职能部门为创业团队提供数据分析、运营指导、研发和技术管理方案，使创业者获得持续性资源对接和成长支持。围绕创业者痛点，推行分阶段精准扶持方法，不仅实现各要素间高效配置，也大大提高双创项目成功率。

荣事达双创建立以“品德、品质、品位”为要素评估体系，对创业创新

项目进行投资前评估，保障项目市场前景。同时，对创业创新项目团队人员综合素质进行评估，针对不足方面展开培训。在这一过程中，集团对双创项目进行兜底，根据财务、品质管理、市场经营三大评审体系分阶段进行评估，对应九大要素进行扶持。对于一次孵化失败项目，由集团一力承当，对项目团队进行培训或配备新的项目团队进行二次培育，从而形成“培育—孵化—再培育”完整可循环过程，保障每个创业项目的最终成功。

## 三
## 联动业内全价值链合作交流，促进智能家居产业链融通发展

荣事达全价值链整合销售链、服务链、供应链资源，通过与上下游单位紧密合作，促进科研院所、家电、建材等相关环节联结，从而促进智能家居产业链融通。双创平台形成完整的产、学、研、用合作机制，通过企业技术中心、工程研究中心、制造业创新中心、工业设计中心等形式与高校、科研院所合作，进行源头技术创新，为智能家电提供最前沿的核心技术和工程技术支撑。

在智能硬件环节，开展标准协定、联合制造，保障产品协同性与优质化。在智能系统环节，开展荣事达智能家居 Smart 系统构建。在智能平台方面，应用推广功能整合区域内整体产业能力与资源，构建统一应用推广宣传渠道。在双创平台建设方面，与众多创业服务机构、科研院所、政府主管部门加强合作，不断增强双创示范基地功能性。

荣事达围绕智能家居产业，聚焦“智能全屋”主业，以“智能家居”产业链为中心，涵盖智能家电、智能建材、智能新能源、物联网、人工智能等多个领域，以“建材家电化、家居智能化”为发展路径，最终实现智能家居全屋系统集成。在不断的实践中，荣事达形成了独特的双创模式，围绕智能家居十大产品生态圈和十大功能生态圈，通过技术创新、商业模式创新、服务模式创新等，打造荣事达品牌最新发展战略，形成完整的创业创新生态圈。

目前，荣事达双创平台孵化创客项目始终保持零死亡率的成绩，企业因

此得到了快速发展。在推动智能家居产业认知、参与行业标准制定、培育行业发展基础等方面，为智能家居产业做出了奠基性贡献。2016~2018 年，荣事达先后获得了 12 项国家级荣誉与认定。截至目前，荣事达通过协同创新体系推进，已孵化注册 70 多家企业和 100 多个项目团队，目标是三年内要孵化 400 家以上的企业。

# 内部技术创新 + 外部精准服务，打造工业互联网新型发展模式

国家工业信息安全发展研究中心

国家工业信息安全发展研究中心聚焦工业信息化、工业信息安全两大优势领域，近年来紧抓工业互联网发展机遇，落实国家有关战略部署，促进内外部联合技术攻关，开放平台资源支撑创新创业，着力营造各类主体融通发展生态，促进工业互联网创新创业取得积极成效，逐步形成了内部创新和外部精准服务典型双创模式。

## 一 强化内力：推动技术创新，引领技术标准

一是加速工业互联网安全技术创新。国家工业信息安全发展研究中心研发了 19 种专用工业信息安全评估和测试工具，掌握多类工业互联网平台及工业 APP 风险核查技术，形成数据安全监测与防护能力；完成工业互联网重要敏感数据安全监测与防护平台、工业企业数据监测管理系统原型设计，推进数据智能分类分级、敏感特征识别、数据标签化等技术攻关。进行工业设备

数字化资源库研发，突破基于工业虚拟化的仿真测试平台场景构建引擎技术、基于云的仿真测试平台资源调度释放技术以及虚实组件无缝结合技术，目前已形成设备数字化模型 278 个、构建典型工业场景 25 个、研发漏洞测试验证脚本 37552 个、编制相关课程资源 39 套、接入仿真测试平台实物测试床 2 个，支撑 2018 年工业信息安全大赛成功举办，每年可服务各类机构 300 余家。

二是强化标准引领。面向企业数字化转型研制形成我国首套自主研制且实现最大范围应用的两化融合管理体系标准，完成 12 项国家标准、3 项国际标准立项，发布 5 项两化融合管理体系国家标准、1 项两化融合国际标准，成果得到近 10 个国家，以及 ISO、ITU、The Open Group 等国际组织和埃森哲、德勤等跨国公司的充分认可。成功组建我国首个面向数字化转型的国家两化融合管理标准化技术委员会。

## 二
## 拓展外延：开放平台资源，打造精准服务

一是开放双创服务平台资源。国家工业信息安全发展研究中心建设两化融合服务平台，为企业提供两化融合服务评估诊断和贯标服务，开展在线培训，促进供需精准对接。开放工控安全测试验证平台资源，联合攻关攻防演练和对抗技术，服务工业信息安全技术研发、测试验证、人才培养。搭建工控安全仿真测试床，提供安全评估、测试和防护服务，将产品安全评估提前至研制成品阶段。建设国家工业控制系统与产品安全质量监督检验中心，支持工控软硬件产品研发创业和创新。搭建工业大数据公共服务平台，通过云市场、需求池、成果实例、开发者社区等板块提供汇聚、对接、交易、展示、交流等一体化双创服务。建设基于数字孪生技术的工业连接测试实验室，研制开发、推广面向智能工业网关、数控系统等设备的评测标准、仿真和测试工具，支持解决方案定制，全面支撑网络化协同制造、个性化定制、服务型制造。建设国家中小企业正常信息互联网发布平台，促进中小企业政策资源共享。与紫荆花合作共建众创基地，与青岛合作共建工业信息安全产业基地

和中小企业平台山东省服务基地，针对不同主体和创业、创新的不同阶段组织培训活动，汇聚融资、营销、股权、商模、战略、技术等各领域创业导师，从多领域有效为创业者提供智力支持。

二是聚焦数据抓取汇聚及利用。汇聚覆盖工业知识库、模型库、组件库、案例库和平台运行服务数据等的工业大数据资源，支持企业上云情况进行动态、可视化监测，解决方案展示及个性化定制等，为工业互联网创新发展提供了政策信息、技术及应用解决方案等。创新性利用两化融合大数据，形成以数据为核心的企业转型升级方法工具体系，推进企业数字化、智能化创新发展，为政府部门推进两化深度融合提供数据支撑。数据涵盖两化融合参评企业总体水平、所处阶段、各项关键指标与全国同行业、同规模企业的对标情况等，为企业精准决策提供全面数据支撑。持续优化评估体系，将评估对象扩展至国民经济全行业，进一步加强评估数据开发利用和深度挖掘，研制发布全国两化融合发展数据地图，系统描绘我国企业两化融合发展全景图，量化分析全国不同区域、不同行业、不同规模企业融合发展水平与特征，明确企业应用关键环节和切入点，探索发展路径并展望未来发展趋势。

三是为各类主体提供工业互联网创新服务。在国际上首次提出覆盖工业化和信息化融合发展全局、全要素、全过程的参考架构，填补行业空白，引导企业以数据为驱动、以能力为主线、以竞争优势获取为焦点，构建现代化运营管理机制，创新开展数字化转型实践。近 1 万家企业依据此系列标准开展了近 15000 项面向数字能力建设且涵盖企业战略变革、ICT 技术应用、数据挖掘、流程和组织优化的系统工程项目；近 3000 家企业应用成果，新产品研发周期下降 17.4%、生产计划完成率提升 5.3%、产品一次合格率提升 2.5%、用户满意度提升 3.3%，运营成本平均下降 10.0%、经营利润平均增加 11.2%，初步估算新增利润总额达到 1000 亿元。2015~2017 年，标准成果为牵头单位带来新增销售额 1.06 亿元、新增利润 2128 万元；2014~2018 年为咨询市场、评定市场、培训市场带来经济效益分别约为 15 亿元、1.4 亿元、2.5 亿元。

四是解决政策梗阻实现政策共享。汇聚各级各类政策信息以及小微企业名录、纳税服务等国家涉企服务平台，聚合政策申报流程和在线申报入口，形成政策解读、政策干货、政策图谱等特色服务，为中小企业提供一站式政策信息服务，实现中小企业“易找政策”“易懂政策”“易享政策”。系统自2018 年 10 月 30 日试运行以来，到 2018 年 12 月 31 日，浏览量累计 7.8 万余人次，访客数 2.5 万余人次，新增注册企业数量 300 余家。

国家工业信息安全发展研究中心发挥工业信息安全和工业信息化资源优势，集中力量促进技术标准创新，搭建平台资源并向社会开放，实现工业互联网共性技术联合攻关以及对各类主体基于平台进行创新的有力支撑，通过“内部技术创新 + 外部精准服务”的内外部联动融通双创体系，构建了研发测试一体化工业互联网安全能力，促进了工业互联网安全创新，两化融合大数据和工业大数据为工业互联网创新发展、大数据与实体经济融合提供了翔实的数据支撑和多维度的咨询服务，逐步形成了以数据为核心的政府精准施策、行业精准引导、企业精准决策、市场精准服务新模式，有效推动了工业互联网向数据驱动型创新发展模式转变。

# 第七部分

# 构筑创新创业发展高地

推动建设创新创业高地，是以点带面的一个非常好的、行之有效的做法，各地区高质量创新创业集聚区不断涌现，包括打造具有全球影响力的科技创新策源地，培育创新创业集聚区，加速聚合资本、土地、人才、技术和管理等高质量创新创业资源，推进创新创业国际合作等范畴的典型经验。以双创示范基地、国家级新区、国家自主创新示范区等各类功能区为主，形成了一批优秀案例和典型经验。

# 城市更新聚动能，双创高原筑高峰

上海市杨浦区

作为首批国家“大众创业、万众创新”示范基地，杨浦区充分发挥高校集聚的智力优势、老厂房转型的空间优势、全国双创活动周主会场的区域品牌优势，集中打造了长阳创谷等一批“老工业转型＋新经济集聚”的老厂房改造项目。长阳创谷集聚了一批来自普林斯顿大学、哥伦比亚大学、清华大学等全球知名高校的创业人才，入驻百度（上海）创新中心、埃森哲数字创新中心、英语流利说、爱驰汽车、造就 Talk、智能云科等 193 家双创领军企业和中小双创企业，现已成为上海中心城区专为知识工作者打造的 Campus 创新创业街区。业界已有“北有中关村、南有深圳湾、东有长阳谷”的说法。

2017 年 9 月，全国大众创业万众创新活动周主会场活动在长阳创谷成功举办，时任国务院副总理张高丽在活动启动仪式上，肯定了杨浦区利用老厂房转型升级的有益做法；2018 年 4 月，国务院总理李克强视察上海期间来到长阳创谷，对老厂房改造升级、新旧动能转换成果给予充分肯定，提出了打造双创“升级版”，把长阳创谷早日建成“世界级创谷”的要求。

## 一
## 推动“旧貌新颜”融合转换，激活创新发展“动力源”

一是高起点规划布局。在长阳创谷开发过程中，杨浦区高度重视规划引领，在开发之初就将其定位为上海中心城区最符合知识工作者的 Campus 创新创业街区。设计建设中充分考虑环境的可持续性，按“绿、光、锈、合”的设计理念来开展城市更新项目，努力将清新空气、自然阳光引入老厂房改造后的建筑物内，为现代知识工作者创造亲切舒适的空间体验。

二是大力度完善设施。在构建长阳创谷创新创业街区过程中，杨浦始终坚持把老厂房主体建筑完整保留与内部功能转换有机融合、整体推进。在保留原有老厂房大车间层高的基础上，增加现代办公必备元素，历史厚重感与时代气息交织呈现；积极做好与入驻企业的前期沟通交流工作，及时将企业要求与项目改建工作精密对接，做到既符合老厂房的改造特点，又能够满足企业的各项需求。

三是全方位激活动能。杨浦充分利用自身高校集聚的智力优势，将复旦、同济、财大等区域内高校和澳大利亚新南威尔士大学等国际高校的创新禀赋和创业资源积极导入长阳创谷，完善创新实践平台，健全创业孵化网络，营造鼓励创新氛围。长阳会堂充分满足创客项目路演、创新产品发布、室内表演等复合需求；会堂北面 5000 平方米绿地改造成果园、亲子教育基地，会堂东面 1500 平方米街角绿地改建成一座“口袋公园”，占地 7000 多平方米的中纺机足球场则改造成观光草坪，有效提升了人与自然交互体验，为创业者提供办公场所之外的生活和休闲空间。

## 二
## 构建“热带雨林”空间载体，培育聚力发展“生态圈”

一是充分发挥全国双创活动周的区域品牌优势。2017 年全国大众创业万众创新活动周主会场落地长阳创谷，是杨浦双创示范基地建设进程中的标志性事件，也是长阳创谷深化转型升级的新起点。活动周期间，主会场参观人次超过 15 万人次；超过 150 个来自全国各地、代表中国最高水平的企业和项目集中向公众展示，展示内容涵盖了隐形无人机、两轮电动汽车、百度未来自动驾驶系统、阿里智能家电“天猫精灵”、腾讯人工智能加速器孵化项目、喜马拉雅“猎户语音 OS”交互系统和智能音箱“小雅”等最新前沿科技。截至 2018 年 8 月底，长阳创谷共接待参观团队 250 批次、7000 余人次。

二是注重培育引进多元化的双创企业。长阳创谷既是刚起步创业的“蚂蚁雄兵”的集成化、全要素战场，也是已上台阶的创新企业“大象起舞”的秀场。“蚂蚁雄兵”，利用市场化、专业化、集成化、网络化方式，建设一批低成本、便利化、全要素、多元开放的众创空间，为初创型企业提供尽可能多的空间和载体，形成多个优势互补的创客群落。目前，长阳创谷已经集聚了清华启迪之星、SANDBOX 创合社区、电信创翼天地、优客工场等 10 家各具特色的众创空间，可提供超过 2500 个创客工位，形成了“创业前—创业苗圃—孵化器—加速器”的创新创业服务链。“大象起舞”，按照“有特色的产业、产业中的龙头、龙头形成产业链”原则进行科技创新产业招商布局，重点培育和吸引互联网 TMT（科技、媒体和通信）和大设计产业入驻。长阳创谷现已集聚了近 200 家双创领军企业和极富双创特征的中小企业，其中包含 AI 教育平台“英语流利说”全球总部、互联网 + 新能源汽车“爱驰汽车”全球研发总部、中国剧院式演讲首创品牌“造就 Talk”总部、共享单车“Mobike”华东区总部、复旦大学“类脑智能研究院”、工业互联网平台“智能云科”上海总部、生物识别应用系统开发商“颠创集团”上海总部以及汽车咨询上市企业“储吉信息”等。

三是积极举办世界级的双创活动。杨浦致力于打造“永不落幕的双创周”，通过举办更多国际化、专业化、市场化的双创活动，持续提升区域创新创业的全球影响力，推动长阳创谷加速成长为“世界级创谷”。继全国双创活动周之后，长阳创谷举办各类世界级双创活动 100 余场，2017 年 10 月 12 日举办的 Slush 国际创投大会，吸引了超过 3000 位来自 50 个国家和地区的参会人员，其中包含 300 家初创企业、150 位投资人、80 位媒体人以及未来的企业家，汇聚了来自 AI、AR/VR、金融科技、教育、游戏等领域的 60 位顶尖演讲嘉宾；2017 年 11 月 13 日举办全球创业领域的顶级盛会——第 11 届创业周暨全球创业周中国站，期间共有 77 场高品质活动集中举办，如 2017 国际创新创业活动论坛、GANTALK、2017 天使及早期投资峰会、微软成就 AI 梦想等活动。

## 三
## 坚持“筑巢引凤”品牌打造，插上转型发展“腾飞翼”

一是打造强化思想凝聚力的党建品牌。杨浦坚持“就地服务、就地培育、就地成长、就地公益”的原则，扎实运用党建抓手，着力提升长阳创谷园区企业党组织覆盖率，发挥党员示范引领作用，激发群体活力，以党建带群建促社建，积极打造“创承汇”党建特色品牌。

二是打造提升双创辐射度的服务品牌。杨浦坚持以企业需求为导向，创新服务理念，优化服务模式，以创业者为聚焦点，积极打造多渠道、开放式、清单化的创谷服务品牌。区市场监管局与长阳创谷联手，在园区引入“创厢”工作服务站，为企业提供“一站式”政务服务；区检察院在长阳创谷建立“创业创新司法服务基地”，整合金融检察、民事行政检察等司法资源，实现检察职能与服务创新创业深度融合，为园区企业及公众提供更加高效便捷、专业优质的司法服务；同时，长阳创谷在紧邻创谷园区的居住地块推出了公租房项目，有效降低了园区企业创业期人力资源成本，更吸引不少刚出校门的高学历人才。

三是打造展现双创标识性的文化品牌。杨浦始终把创意氛围营造、团队协作意识、讲好创业故事、企业家精神等作为长阳创谷长期持续发展的核心内涵，积极打造激发灵感和潜能的良好创新创业文化环境，形成独特的创谷文化品牌。长阳创谷的品牌影响力持续扩大，2016 年获评“上海市文化创意产业园区”，2017 年在中央级和省市级媒体发布各类报道 95 篇（次），接受奥地利、日本等多家国外媒体和长三角 60 余家网络媒体的采访拍摄，全方位、多角度、立体式向公众展现创谷文化品牌的国际标识和人文内涵。

# 内外兼修，地事合作，打造国际型双创新舞台

山东省青岛市

青岛市将双创作为新旧动能转化的第一动力，立足自身优势，联合多方主体，构筑区域内校、企、地多元合作平台。着眼市场需求和科研供给矛盾，融通双创优质资源，协同人才、资金、生产等要素，推进科技成果转化落地。同时，加强对外交流合作，集聚全球双创优质资源，发展创新型创业，应用产业技术创新、商业模式创新、治理机制创新的创意创新创业新体系，加快本土企业的科技嫁接和转型升级，促进区域内外产业链相加、价值链相乘、供应链相通，构建包括政、企、产、学、研、金、服、创七要素的创新创业生态系统，打造具有国际影响力的“双创博鳌”。

## 一

## 融合自身校、企、地三方创新要素，促进科技成果转化

青岛市推动青岛高新区与山东大学、海尔集团签署《青岛高新区与山东大学、海尔集团国家双创示范基地协同创新战略合作协议》。针对双创过程

中单纯强调硬件扩张、服务同质化、创业教育与项目孵化脱节等痛点，从创业者实际需求出发，协同高校、企业，提供教学培训、技术指导、项目孵化等全要素支持，打通多方资源交互渠道。

一是聚焦高校科研项目估值难，提供快速估值服务。高校科研项目成果在转让给企业或者组建产业化公司融资时，需要对成果的价值进行可靠评估。山东大学与海尔集团在三方融通创新机制基础上，搭建“O2O 创新创业资源管理系统”，通过挖掘双方积累的创业企业孵化数据，开发统一算法，增加绝对估值评估维度，显著提高估值的准确性。

二是聚焦收益分享难，建立校企联合技术合伙人制度。海尔集团通过设立“AGENT 技术合伙人项目”，将山东大学的高校教师和学生转化为技术合伙人，使其在学校也可共同参与海尔主导的科研成果转化全过程，并按协议比例分享成果转化的市场收益，实现研产互促。

三是聚焦校园创业难，搭建校企联合育人机制。山东大学联合海尔集团推出创客培训孵化新方案，共建“海尔创客实验室”，依托海尔生态产业资源及开放的社会创新资源，通过以公开课、训练营、创客活动等为主的多元化创业辅导，开发完成 18 门创新创业课程，已为 5000 多名校园创客提供包含创客、企业、创投机构、供应链及营销渠道等全生态的资源交互服务，助力新生代创客的创意转化及创业实践，孵化了一批高校创业者和创业项目。

## 二

## 积极构建国际创新生态平台，打造具有国际影响力的“双创博鳌”

随着经济全球化以及创新创业新生态的涌现，独具特色的区域创新创业生态系统将成为世界创新舞台中最为重要的城市发展单元。青岛市以与国家信息中心签署战略合作备忘录为契机，以青岛市全市域为平台，以规划咨询、新兴产业培育为重点，积极构建“双创成果交易平台 + 孵化器 + 城市发展单元 + 产业基金 + 辅导上市”的创新创业生态链，营造方便创新创业者“找人、找资金、找技术、找场地、找市场、找圈子”的创新生态环境。

一是构筑多元合作平台、共谋资源新链接。青岛市城阳区人民政府联合国家信息中心主办“2017~2018 IIEC 国际创新创业大赛”，以“聚焦‘智能 +’，赋能新产业”为主题，面向全球征集创新创业项目，引导和激励创新创业项目拓展国际视野，加强与全国双创示范基地交流合作，促进军民融合发展及创新创业成果转化。通过大赛，城阳区签约汉能薄膜发电、中科院北京亚洲卫星通信、中关村军民融合创新创业服务平台等 36 个重大项目，总投资达 335 亿元。大赛为青岛营造了浓厚的创新创业氛围、优化了创新创业环境、激发了创新创业活力，同时提升了创新创业格局、构筑起创新创业新生态。

二是对标国际水准，打造新一代创新生态圈。青岛市城阳区人民政府与国信双创科技产业发展（北京）有限公司共商共建首个国信国际创新生态城。通过对城阳区现有工业园土地进行收购并升级改造，导入军民融合、工业互联网、消费类电子、智慧健康等战略性新兴产业，以“创新、融合、生态、智慧”为核心思路，聚合顶级科教创新生态资源，将该区域打造成为具有国际水准、拥有创新活力、体现区域合作的国际化生态智慧型科技之城，使该区域成为城阳区创新驱动的引擎区，科教资源释放的集聚区，战略新兴产业的先导区，高质量发展、新旧动能转换的引领区。

三是推动双创成果由“示范展示阶段”向“价值交易阶段”转变。依托国家机关与地方政府的紧密协作，连接政策研究与市场需求，基于青岛市城阳区与国信双创科技产业发展（北京）有限公司的合作，共同建设全国创新创业成果交易中心，通过建设交易认证中心、交易服务中心、交易云平台、成果展示中心四大板块，全面提升专业化支撑平台的发展水平。作为独树一帜的国家级创新创业成果交易中心，率先打通科技成果转移转化的通道，树立正确的评价导向，有利于建立规范化的科技成果发现、筛选、定价和转化机制，进一步优化双创生态环境，形成以生态链为基础、以价值链为导向、以人才链为枢纽、以创新链为引导、实现产业链转化升级的创新型平台，协同推进创新创业纵深发展。

青岛市以创、融、生、智为发展理念，打造偏重科技要素、以行业领军企业需求为导向、多元化主体参与的开放式创新生态圈，促进创新链、政策链、资金链、人才链和产业链有机融合，“青岛模式”将在中国创新创业战略中发挥更为重要的作用。青岛市围绕大企业需求建立创新创业生态圈，将如何实现对内服务并保持适度的开放性和兼容性当作不断探索和实践的话题，借助平台力量，帮助企业整合资源、拓展网络，从而使得越来越多的行业领军企业本着开放、共享的原则，加入创新生态圈建设中来，成为生态经济的重要现象，从而形成“创产城”融合的“双创”生态圈。青岛为新旧动能转换的创新力试验田提供越来越肥沃的生长土壤，通过狠抓创新驱动，建设“创新强市”，加快培育具有强大创新能力的行业引领者，打造了优质的国家科技成果转移转化示范区，打造了面向产业的源头性创新和基础性创新生态圈。厚植创新基因的青岛，将以更坚定的步伐，谱写创新推动新旧动能转化的新篇章。

# 构建多层级双创载体，打造创新创业高地

浙江省杭州未来科技城

杭州未来科技城是浙江省高端人才集聚区、自主创新示范区和科学发展新城区，是浙江省重点打造的杭州城西科创大走廊的核心区、示范区、引领区。经过近三年的探索和实践，未来科技城遵循“创新创业，载体先行”的理念，创新出一系列“政府主导、市场主动”“政策驱动、民企运营”“旧房改造、腾笼换鸟”“不唯空间、服务为重”等引以为傲的众创空间发展模式，逐渐形成多层次双创载体，构建区域创新创业高地。

## 一 充分发挥政府与市场合力，构建多层次双创载体

一是以政府为引导，打造专业化双创载体。未来科技城依靠战略先导、主动布局，以有为政府的形象，充分发挥政府在双创中的导向作用，完善双创载体支持政策。强有力地发挥出政府的战略导向，突出政策着力点，完善系列配套措施，迅速集聚大量双创资源。打造出“海创园”“梦想小镇”“人

工智能小镇”“南湖创新小镇”一系列双创载体。为落实好创新创业扶持政策，不仅为这些载体提供低成本场地等硬件支持，还为建设专业化双创载体提供外部专家，以产业规划为依归，“建村于镇”，分别设立互联网村、手游村、天使村、e 商村、车联网村、智造村等专业“村”作为专业化载体，为相应产业快速成长哺育新生代力量。

二是以市场为主导，引进社会资本构建多层次双创载体。未来科技城在建设双创载体过程中除了注重政府的引导外，更加发挥市场“无形之手”的作用。政府在创新制度、政策、服务供给的同时，积极引进社会资本投建运营双创载体，降低创业门槛、创业成本、创业风险。本着“政府引导、市场参与、重点突破、整体推进”的发展思路，大力度实施创新创业载体建设工程，先后有近百家国内外优势创业孵化平台在城内落户，50 余个科创园区、1300 余家创投资本机构环绕在平台周边，形成创业孵化的空间接力环境。未来科技城还将政府引导性投入和民间资本结合起来，通过政府自建、共建或鼓励企业自建的方式建设双创载体。

三是以问题为导向，针对不同阶段建设不同双创载体。双创载体建设不仅要解决普适问题，还要解决不同阶段的问题。未来科技城针对企业发展的初创期、成长期、成熟期等不同阶段的问题，积极整合政府和企业资源，通过市场化机制、专业化服务和资本化途径，着力打造“种子仓—孵化器—加速器—产业园”接力式产业培育链条，确保企业在研发、加速和产业化全过程都能够得到科技城的空间保障和政策支持。作为国内极具特色的面向极早期创业服务的模式，未来科技城不断前移服务，通过建设极客创业营、蜂巢、纵贯会等 90 个各具特色的双创载体，基本涵盖了极早期创业者在办公、融资、社交、培训、市场推广、技术研发、战略辅导等各环节的孵化培育服务，为接力式培育打下了良好的基础。

## 二

## 加强双创人才生态建设，多措并举打造人才聚集高地

以需求为导向，加快重点行业、重要领域、战略性新兴产业高端人才的引进和培养，重点集聚海外人才、高校人才、上市公司外溢人才、草根创业人才、服务人才，加强创新人才复合型创新团队建设，形成高端人才引领，各类人才繁荣共生、相互支持、相互协调的优良生态系统。

一是加强人才引进的精准度。以用为本，深入开展人才结构与需求分析，围绕未来科技城主导产业，分析确定人才引进的结构，对符合未来科技城主导产业的各类人才，采取定向推荐和定向人才招引的方式，优先引进，增强引进人才的主动性和针对性。

二是创新人才引进渠道和机制。设立海外名校工作站，聘请引才大使、荐才大使，大力宣传推荐未来科技城。发挥中介平台、猎头公司的作用，与行业年会、刊物、信息平台等各类专业引才机构或个人合作，开展人才招引和园区宣传，举办创业大赛、论坛、学术研讨等各类活动，多渠道上门引才。

三是坚持多渠道并重的方式引进人才。坚持海外人才和引进国内、省内人才并重，坚持人才引进、培育和帮带并重，坚持领军人才和团队成员发展并重，坚持集聚科技人才、经营管理人才、技能人才、商务人才等各类人才并重。

四是强化战略性领军精英人才的引进与培育。采用有力度的特殊举措引进和培育复合型科学家和企业家，创造和领导高端研究机构和高成长创新型企业发展，形成科技研发、企业发展的两大领军精英人才队伍，占领人才战略制高点。

五是注重创新创业人才的引进与培育。在实施省“151”、市“131”等人才培养计划的基础上，组织实施杭州未来科技城创新人才培养计划，鼓励支持未来科技城创新创业人才与高等院校开展项目合作、共建实验室等，同时设立个性化的创业辅导课程，针对海归人才、初创企业人才，开展创新创

业培训，优化创新创业者知识结构。

六是开展企业技能人才的引进与培育。围绕企业发展紧缺急需专业，与省内高职院校、相关企业开展合作共建实践基地，大力开展技能人才的定向培养、委托培养等，努力解决企业对技能人才渴求的问题。

## 三
## 塑造一流营商环境，构建知识产权高地

未来科技城一直高度重视知识产权工作，将其作为提高区域创新竞争力、优化创新创业生态的重要抓手，大力倡导创新文化，不断强化知识产权创造、保护和运用能力，积极构建全国知识产权高地，为人才集聚和企业发展培育新动能。

一是完善知识产权保护体系，优化营商环境。未来科技城先后取得全国中小企业知识产权战略推进工程试点园区、省级知识产权服务业发展集聚示范区、省级商业秘密保护示范园区、省级知识产权示范创建园区等牌子。与省、直辖市、自治区相关部门机构共建，完善行政管理服务保护体系。杭州市知识产权诉调对接中心落户未来科技城，全市知识产权纠纷均可在未来科技城进行诉前调解。通过集聚全市司法资源，真正形成“委托调解、调诉对接、司法审判”合一的知识产权纠纷处理新模式，为园区企业创造更加优良的司法环境。

二是打造知识产权运营平台，聚集高端资源。2018 年杭州知识产权运营公共服务平台落户未来科技城，立足于承接科技创新成果交易转化与知识产权运营服务功能，并辟出 6 万平方米楼宇打造成杭州市知识产权创新产业园，为高端知识产权服务机构集聚做好空间储备。目前已汇聚一批国际知名专利律所及 110 余家国内知识产权服务机构。同时，还积极引进一批知识产权金融服务机构，推动知识产权质押融资试点。

三是构建协同交流机制，吸引优质知识产权企业和人才。未来科技城开展了各类知识产权培训及政策解读会共 100 余场，吸引了一大批优秀的机构、

企业和人才参加；尤其是联合高端知识产权服务机构及国家、省、市各部门资源开展高端培训 15 场、主题培训 60 场，惠及上万人次。目前，园区内阿里巴巴、中电海康等 368 家企业拥有独立的知识产权部门，集聚知识产权专业人才 1000 余名。未来科技城先后迎来国务院知识产权战略实施工作部际联席会议办公室主任、中国科学院科技战略咨询研究院院士等国家级调研组。国家知识产权局组织省、市各知识产权部门对未来科技城进行专题考察调研。全国各省市知识产权机构也前来考察交流。

# “四链”融合，完善创新创业生态，打造双创高地

四川省成都市郫县

2015 年以来郫都区抢抓被列为国家首批双创示范基地的历史机遇，积极贯彻落实李克强总理视察菁蓉镇做出的重要指示精神，按照“极核引领、多点支撑、全域覆盖”布局，以产业链的升级发展、要素链的创新供给、孵化链的优化完善、服务链的精准配置为着力点，不断完善创新创业生态，着力推动高水平双创，打造双创高地成效显著。截至目前，全区创新创业载体总面积 128 万平方米，搭建大数据、人工智能产业研究院等公共平台 39 个，引进拓米国际、住友化学等总投资 326 亿元的新经济产业项目 41 个，吸引“千人计划”专家等高层次人才项目 62 个；聚集 FENOX、清华启迪等孵化器 75 个，创建省级以上孵化器 15 个，孵化双创项目 3767 个；申请发明专利 474 件，实现产业化项目 111 个，培育高新技术企业 92 个，高新技术产业产值达 260 亿元。2018 年 5 月获得国务院督查表彰激励。

## 一

## 以产业链的升级发展作为高水平双创主攻方向

一是为主导产业强链补链发展新产业。围绕辖区京东方、德州仪器、联想等新型显示、集成电路、智能终端主导产业，绘制产业链全景图、产业生态发展路径图，梳理形成以重点企业和配套企业招商名录为主要内容的“两图一表”，签约引进拓米国际、住友化学、中创为量子等强链补链新产业项目 41 个，总投资 326 亿元。

二是为主导产业加速赋能发展新技术。围绕新型显示建成拓米应用技术研究院，进行机能材料、先端设备工艺国产化开发，完成锂电池负极、量子点薄膜等技术研发，其中 3D 玻璃盖板已进入量产阶段；围绕信息技术建成大数据产业研究院，为行业企业提供大数据技术开发等服务，孵化迅鳐科技、寻道科技等项目 40 个；围绕人工智能建成旷视科技人工智能研究院，为辖区企业提供通用人工智能、深度增强学习等前沿领域技术供给。

三是为主导产业培育壮大发展新业态。创新众筹众包、无人零售等新模式，平台经济、共享经济等新经济业态助力实体经济发展，降成本、拓市场。辖区企业康思创搭建的工程设备智能管理平台，对水电七局、三一重工等机械设备进行实时监测，提高设备精细化管理能力和利用率；上线京东云众筹项目，为 46 家企业共计 200 余项产品提供众筹服务，企业复合销售增幅达 370%。

## 二

## 以要素链创新供给作为高水平双创主要抓手

一是创新供给双创载体。坚持高起点规划、高标准建设、高品质配套，改造 120 万平方米“闲置楼宇”巧变 3 平方千米“创客空间”，有效匹配办公、生活、娱乐、休闲空间，实现生产、生活、生态三生融合，不断激发创客的创新荷尔蒙，实现空心小镇向创客小镇转型。

二是创新供给人力资源。出台《"郫都菁英"产业人才计划若干政策》，实施"引博入企""星期天工程师"工程，探索校地企园深度融合，组建专家人才智库2个，实施产学研合作项目43项，建立产学研合作机构16个，建成博士后工作站4个，引进中科曙光等人力资源服务平台，为双创企业发展精准匹配人力资源。

三是创新供给双创资本。根据辖区产业细分领域，精准匹配专业资本，汇集29家金融机构129个特色金融产品，构建"创业投资+债权融资+上市融资"多层次科技金融服务体系。定制国内首款线上"秒申秒贷、随借随还"的大额云授信科创信贷产品，建立授信额为6亿元的中小微企业"贷款风险资金池"，累计发放贷款3.3亿元，推动51家双创企业在天府（四川）联合股权交易中心挂牌。改组政府引导基金的管理运营模式，提高基金投放效率，为阿尔刚雷等4家企业提供股权融资1.3亿元。

## 三
## 以孵化链的优化完善作为高水平双创的主要路径

一是多渠道链接孵化资源。瞄准北上广深、美国硅谷、以色列特拉维夫等重点地区的双创资源，聚焦大数据、软件研发、人工智能、集成电路、新型显示、5G等重点领域，紧盯高校系、华为系、海归系、蓉漂系等重点群体，引进带技术、带资金、带团队、带项目的"四带"人才65位。

二是多维度创新孵化模式。实施逆向孵化，搭建高校优势学科和研发能力与市场需求对接的平台，与电子科大合力打造逆向创新孵化基地，定向培育项目32个；坚持垂直孵化，依托大企业资源优势，培育优易数据大数据孵化器、智优沃智能制造孵化器等专业领域孵化器17个，深耕培育项目631个；探索接力孵化，坚持人才互动、资本互通和资源共享理念，在中关村建立飞地孵化器，导入培育项目18个。

三是全周期实施孵化扶持。以企业全生命周期为逻辑起点，构建"苗圃—孵化器—加速器—产业园"孵化体系和知识产权"创造、运用、保护、管理、服务”政策体系。实施企业梯度培育计划，探索为双创企业提供中试基地模式，实现111家企业落地转化，总产值8.9亿元。

## 四
## 以服务链的精准配置作为高水平双创的主要保障

一是政务服务精细化。深化“放管服”改革，推行智慧政务和智慧治理建设，打造“云、网、端、数”四位一体政务云平台，为双创企业、人才提供“全链条”“一站式”创新创业服务。建立不叫不到、随叫随到、服务周到的菁蓉管家服务制度，及时收集问题、分解问题、解决问题。

二是生产服务精准化。坚持产业相对集中、功能相对完备、型态相对吻合的原则，以双创企业需求为导向，规划建设生产性服务街区，精准提供人力资源、知识产权等48项专业化服务。

三是生活服务精品化。精准对接创客通勤需求，开通有轨电车、公交专线等公共交通，提升交通便利度；精准对接创客住宿需求，提供1040套拎包入住标准的人才公寓、国际公寓；精准对接创客餐饮需求，招引麦金地、国际美食城等餐饮配套项目；精准对接创客休闲需求，引进落地国家健美健身中心，建设菁蓉院线等休闲娱乐配套项目。

# 建设多层次、多类别的双创载体和聚集区

## 湖北省武汉市江岸区

江岸区贯彻党的十九大精神，坚持以习近平新时代中国特色社会主义思想为指引，聚焦丰富双创要素、打造优越双创生态，将双创示范基地建设作为促进新旧动能转换、加快产业转型升级、推动高质量发展的主要抓手，全面推进双创示范基地建设，加快发展新经济，打造发展新引擎，取得了显著成绩。区委、区政府高度重视双创工作，坚持“有为政府”，重视发挥“政府引导”作用，以政府“看得见的手”来推动双创示范基地建设。2017 年，江岸区地区生产总值突破千亿元，一般公共预算总收入 187.54 亿元，服务业增加值 862.79 亿元，现代服务业占服务业增加值比重达到 67% 以上，战略性新兴产业产值占地区生产总值比重达到16%。2018年，在区域经济发展中，江岸区产业结构进一步优化升级，一季度继续以地区生产总值增长 8.6% 的速度领跑。大城市老城区转型创新发展，是增强城市核心竞争力和国家综合实力的重要方面。江岸区建设国家级双创示范基地，就是要探索一条老城区有机更新、产业转型升级与双创融合发展的双创基地建设“江岸模式”。

## 一
## 开展“老房子 + 双创”，深度挖掘城市文化底蕴

江岸区紧紧抓住了老房子改造升级、专业第三方运营、高端化招财引智三个环节，开创了“老房子 + 双创”新格局。一是高标准改造老房子，通过招投标，优中选优，聘请有实力、有创意的公司来设计改造老房子。二是选择专业第三方运营老房子双创载体，引入杭州多牛资本、上海飞马旅集团、中新文创投资有限公司等运营老房子。三是出台激励政策支持平台运营方开展招商引智，引入了神州数码、小码联城、牛班音乐、木德木作等一批科技型、创意型企业，促进了文化 + 产业发展。依托汉口历史文化风貌街区打造“汉口文创谷”、依托老厂房打造“台北院子”、改造老厂区建设“大智无界——空中小镇”文化创意产业园。

## 二
## 开展“城中村改造 + 双创”，为城中村转型发展插上双创翅膀

城中村改造开发过程中建立的工业园区，面临着管理落后、产业落伍、经济社会效益不高的困境，为引导和推动村集体工业园转型升级，将双创基因注入村集体工业园，推动转型升级，增强集体经济实力。一是以双创示范基地建设为契机，建设新型众创空间、孵化器、加速器等双创平台，打造全链条众创空间，发展新产业、新技术、新商业模式等，建设新型综合型科创园，如岱家山科技创业城。二是引入第三方专业园区运营公司，利用专业化人才提供专业化服务，建设新型科技型新园区，如石桥工业园引入银江孵化器打造“黄浦创立方”。岱家山科技创业城打造全链条众创空间、石桥工业园转型为“黄浦创立方”产业园。

## 三
## 开展“社区＋双创”，激活和丰富社区活力、创造力

江岸区积极推进“社区＋双创”，一是发挥社区的积极性，利用现有的党员群众活动中心、社区服务中心等资源打造双创空间，如百步亭社区在社区服务中心开辟出一块场地，打造了“百步亭·爱社区众创空间”。二是结合社区的特色资源，开展专业化、特色化、差异化的双创，如三阳路片区是创意设计集聚区，聚集了长江规划院、中信建筑设计院等众多设计机构，江岸区就规划设计了长江左岸创意设计城。三是开展社区＋双创，江岸重视利用社区的人力资源和满足社区的服务需求，将社区双创与居民就业、居民增收和社区服务提升等融合发展，取得了多重经济社会效益。百步亭社区打造“百步亭·爱社区众创空间”、三阳路片区打造长江左岸创意设计城、艺苑社区打造以舞台艺术相关产业为核心的“双创”基地。

## 四
## 开展“楼宇＋双创”，助力楼宇经济提质增效

武汉依托江岸区的商务楼宇和特色大楼，将双创活动引入大楼，丰富楼宇经济内涵，加强楼宇经济治理。一是实施“创新楼”工程。推动双创活动进商务楼宇，依托铂仕汇、中信泰富大厦、浙商大厦、华润万象城、国华人寿等商务楼宇，建设小而专的众创空间，重点发展高新技术研发中心、新商业模式创新、高端商务服务，推动服务经济高端化。二是开展“一楼宇一产业”行动，对特色大楼进行改造升级，聚焦一个产业，培育特色产业楼，如在特色大楼的基础上建设“铭十九”和“5 号车间”特色创意文化空间。中信泰富大厦建设海外高端人才创新生态服务社区、一栋楼一个创客空间——“5 号车间”特色创意文化空间。

## 五

## 开展“院校＋双创”，推动双创与就业融合发展

江岸区有武汉工程科学技术研究院、长江勘测设计研究院、中信建筑设计研究院等国内一流院所以及市财贸学校等中职中专类学校。同时江岸区还是基础教育强区，拥有武汉六中、二中、七一中学等一批名校，校友遍布全球。一是为充分发挥江岸的院所和科教优势，引导研发人员、科教人员及广大江岸校友参与到双创中来，江岸区积极为院所开展双创创造条件，支持工科院、市财贸学校等建设众创空间，鼓励和扶持科研人员和大中专毕业生（在校生）创业，二是挖掘校友资源，吸引广大校友回江岸创业，将创业与就业深度融合，形成了具有江岸特色的院校＋双创模式。其中武汉六中校友尹钢、付法煜创办的武汉奥森迪科智能科技股份有限公司于 2017 年成功在新三板上市。工科院科技园孵化器、武汉市财贸学校“创新创业园”相继落成。

按照互联互通互动、共建共享共用的理念，湖北省武汉市江岸区全面推进各类创新创业平台建设，人才集聚效应凸显，尤其是青年双创人才迅速会聚，新动能加速孕育形成，众创生态网络在辖区内部有层次地布局，为青年人才施展才华、成就梦想创造了广阔的舞台。江岸区出台一流政策、搭建一流平台、做好一流服务，通过“老房子＋双创”“社区＋双创”“城中村改造＋双创”等活动，为全区各类企业和人才提供最高效、便捷、全面、优质的服务保障，真正做到人无我有、人有我优、人优我特，推动地区经济再上新台阶。积极布局“楼宇＋双创”特色改革，率先在全市成立楼宇经济服务局、科技成果转化局、新民营经济促进局、招才局、招商局和人才创新创业服务中心、招商服务中心，形成“五局两中心”联动服务体系。江岸区联合辖区内多家人力资源、金融服务、创投机构和高新技术企业，以“院校＋双创”为契机，共同发起成立“长江金岸人才创投联盟”，加快集聚科技产业人才、金融等核心要素，打造服务区域、辐射全国的产业资源对接优质服务平台。

# 建设国家军民融合创新示范区，打造军用科技成果转化新高地

湖南湘江新区

湘江新区作为区域性双创示范基地，重点体现经济功能区与行政区融合发展的特色，在政府服务、空间布局、金融支撑、人才聚集、国际合作、军民融合、双创文化等方面积极探索，着力打造湖南高端制造研发转化核心区、中部创新创意产业引领区、国家军民融合发展示范区。目前，已经逐步形成示范效应，知名双创品牌基本树立，多领域可复制的双创模式初步形成，双创服务的功能和内容不断拓展，双创机制不断完善，可持续的双创发展氛围日趋浓厚。

## 一

## 突出政策引导，构建军民融合产业化平台

湘江新区深入与湖南航天等企业调研对接，加快相关政策的研究制定，引导企业盯紧市场、深化融合、狠抓创新，为军民融合领域的研发、转化、产业化搭建广阔平台。湘江新区推动国家军民融合创新示范区核心区建设，

坚持“军转民”“民参军”相结合的军民融合创新模式，全面落实《湖南省军民融合产业示范基地认定与管理办法（试行）》《关于加快推进军民融合产业发展的若干政策措施》《湖南省军民融合产业发展专项资金管理办法》等政策文件，并出台了《长沙高新区促进军民融合产业发展实施意见》等一批促进军民融合的创新型政策，举办了“智汇湘江·科创未来”科研成果对接系列活动之军民融合专场等多场军民融合科技创新活动。实施“柳枝行动”计划，对进入高新区的移动互联网初创项目给予不超过 20 万元的日常开支（含项目房租、研发、运营等）支持。柳枝行动自 2015 年启动至今，共接收 3381 个项目的报名，签约入孵项目 375 个；共拨款 4057 万元，扶持补贴 269 个项目。

## 二
## 突出项目攻坚，引进军民融合创新产业园

积极引进国防科大建设军民融合科技创新产业园，全力打造军民融合小镇，中电软件园二期、军民融合产业园、湖南航天麓谷产业园、长沙信息港军民融合产业园等建设如火如荼，军工园区特色化发展。新区以长沙中电软件园为重点依托，充分整合国防科技大学和湘江新区的国防科技相关资源，推进军民融合双创，构建符合军民深度融合的科技创新体系和专业化的公共服务平台，推进军用成果转化和产业化、军改高端人才创新创业等。设立创业服务窗口、引进专业服务团队，开展从创业辅导、创业培训、证照办理、税费减免到政策咨询等的全过程、全方位服务，目前有猪八戒网和长沙中电软件园每年为入驻企业提供集中注册等服务。以多种形式鼓励“军转民”与“民参军”，在全国形成独具特色的军民融合发展示范区，打造可复制、可推广的军民融合双创模式。形成了从核心技术研究、芯片、板卡、终端到市场应用的北斗全产业链；基于“天河”系列研发成果转化形成的从芯片、板卡到整机的完整硬件产业链和以国产操作系统、数据库为代表的基础软件产品生态，以及高原固定翼无人机、8 轴机械臂控制器、特种高效焊接技术研究、

“鲲鹏”高原型垂直起降固定翼无人机等特色军民融合产品系列。建成服务全区的技术平台和O2O平台，引入了17家科技中介服务机构。在技术平台方面，聚集湖南省工业设计协会、中意设计创新中心等创新资源，依托证通云计算大数据科技产业园等园区，不断加强与微软云暨移动应用孵化平台、腾讯云数据平台、大唐电信移动互联孵化云平台的对接与合作，共同打造大数据中心公共技术服务平台。

## 三
## 突出产业提质，打造军民融合标杆企业

一方面，湘江新区以长沙高新区麓谷科技新城为中心，打造了多样化高端双创核心聚集区，包括以长沙高新区创业服务中心为重点的综合性众创空间，尖山湖国际创新研发中心、微软云孵化器、腾讯众创和中电软件园等专业性众创空间，重点发展北斗导航、湖南航天、江南工业、中航起落架、景嘉微电子等龙头企业。紧密结合国家高技术产业基地、国家工程机械高新技术产业化基地、国家软件产业基地、国家新材料成果转化及产业化基地等20多个国家级产业和试点基地，共同建设双创核心区。另一方面，湘江新区围绕主导产业发展，统筹区域资源优势、产业基础和建设条件，高标准规划建设双创综合体集群，使之成为承载、支撑、推动双创发展的基础平台和主要阵地。以区域资源最优化配置为导向，设计和构建了双创载体体系，以宁乡经开区、望城经开区、宁乡高新区等为重点，打造了由湖南省大学科技产业园、金洲创新创业园、玉屏山国际产业城、金桥未来科技城、黄金创业园等组成的多层次双创承载空间体系，为双创主体提供适宜的承载空间。支持众创平台开展服务模式创新，开展线上线下结合、国际孵化等模式创新，支持众创平台从以提供物理空间为主的1.0模式与提供物业和增值服务的2.0模式向提供投资和增值服务的3.0模式跨越。建立众创平台优胜劣汰，引导行业理性发展，加强行业引导与评价，形成了一批服务能力强的双创服务机构，更好服务新区双创。目前，新区聚集了58众创空间、腾讯（长沙）众创空

间、百度（长沙）创新中心、八戒湖南双创示范平台、“柳枝行动”众创空间、胜利者同盟、第一创客等一批较具影响力的众创平台。

湖南湘江新区以建设国家双创示范基地为契机，统筹区域内双创空间的总体布局，优化资源配置，增强公共服务能力，打造以长沙高新区创业服务中心为重点的品牌性双创空间，建设了一批互联网、军民融合、生物医药、文化创意、智能制造等细分产业的专业化双创空间。依托国防科大的科技优势和区内的创新资源优势，促进了自主可控计算机、智能装备、北斗卫星、新材料、航空航天等创新成果转化，实现“军转民”与“民参军”的良性互动，为国家军民融合发展示范区的建设夯实了基础，新区目前已聚集中国航天科工 068 基地、江南工业等军工资质企业 64 家，中联、三一等民参军潜力企业 80 余家，并拥有长沙新材料产业研究院、省磁性材料与器件工程技术研究中心等军民融合创新平台 40 家，军民融合产业产值超过 400 亿元，实现技术链和产业链在军用和民用领域的延伸，真正实现了军民融合后的产业发展。

# 三级孵化深化纵向覆盖，产创融合聚焦横向创新

河南省郑州航空港经济综合实验区

围绕落实国家双创示范基地建设实施意见，打造河南省创新驱动发展核心载体，郑州航空港实验区不断创新工作举措，在“抓政府服务，提升双创工作质量；抓载体建设，提升双创承载能力；抓人才引育，提升智力支撑水平；抓平台搭建，提升创新创业层次；抓政策扶持，提升双创工作实效；开展双创活动，优化双创生态环境”等六个层面持续加大工作力度，通过“源头孵化 + 专业孵化 + 增值孵化”的三级孵化模式，纵向优化创新服务质量，通过“技术创新 + 内部创业 + 产业布局”，横向促进产业集聚，全方位地提升了双创工作的成效。

## 一

## “源头孵化 + 专业孵化 + 增值孵化”：深化创新服务的纵向覆盖

一是在源头孵化方面，围绕提升双创载体水平，加快构建低成本、便利化、全要素和开放式的双创综合载体。实施网络孵化，通过打造“一周一投”

服务平台，对处在苗圃阶段的可发展项目进行持续跟踪，对具有一定技术含量和未来发展潜力的项目实行资金跟投，并导入众创空间进行重点孵化，目前线上线下路演共已举办 45 期，推介项目 43 个，签署协议项目达 21 个。实施异地孵化，打造“低成本、便利化、全要素、开放式”的“创客 +”创客空间，为处于萌芽期的创业项目搭建综合服务平台，通过 3~6 个月的预孵化，推动创业项目商品化、公司化进程。实施委托孵化，与区外高校、科研院所、企业联盟等签订合作协议，委托专业机构开展苗圃孵化，管委会给予政策、资金支持，将优质科研团队和创业项目导入双创示范基地，目前已与浙江大学技术转移中心、大连理工大学、北京科技大学等开展了合作对接。

二是在专业孵化方面，坚持自建与引进相结合，加快孵化平台建设。发挥企业、创投机构和社会组织的力量，发展创客空间、创业咖啡、创新工场等新型孵化器，积极孵化优质科研团队和创业项目。同时，与百度创新中心、创业黑马、UFO 众创空间等知名机构签订合作协议，委托开展专业孵化，示范基地给予政策、资金支持。重点推进航空港科创中心、瞪羚企业园、嵩山创新园、思念骏域创投产业基地、临空生物医药园等产业孵化平台建设，明确园区功能定位和空间布局，提供基金配置等专项政策支持。建设专业孵化器、众创空间，为科技型初创企业提供孵化、辅导、扶持和培育，在其创业、成长阶段给予充分有效的服务和配套条件支撑。目前，区内各孵化器专业分工明确，例如，智能终端国家级孵化器重点孵化智能终端（手机）、电子信息类初创企业，临空生物医药园孵化器、台科创酷孵化器重点孵化生物医药、大数据类初创企业，集聚创客汇、UP 创客梦想空间重点孵化跨境电商类初创企业。这些孵化器共计已入驻各类创客团队（项目）295 个。

三是在增值孵化方面，通过在产业园区内配套建设不少于总面积 1/2 的企业加速器，为经过专业孵化阶段后开始进入快速成长期的科技企业提供生产经营场地，同时提供公共技术、投融资、人才引进等配套服务，集中实施政策支持和资源整合，通过 2~3 年的时间，推动企业增值，培育高成长性高新技术企业。2017 年，双创示范基地新增孵化承载面积达到 100 万平方米，新增国家级孵化器（众创空间）3 家、省市级 13 家，中铁装备、海马轿车、宇通客车等获批河南省企业双创示范基地。目前，企业加速器已累计入驻科技型中小企业 233 家。

## 二

## “技术创新 + 内部创业 + 产业布局”：聚焦科技产业的横向发展

一是依托企业开展技术创新。充分发挥中铁装备、富士康、友嘉、海马轿车、宇通重工等大型企业作为创新创业的主体作用，引导企业由外延式扩张向内涵式创新转变，探索实践“企业出题、政府立题、协同解题”的政产学研合作创新机制。每年安排 1 亿元的科技经费，重点用于科技重大专项（计划）、技术创新与引导计划等，目前已累计支持科技计划项目超过 200 个，承担各类国家级计划课题 11 项。

二是引导企业开展内部创业。发挥行业领军企业在双创中的作用，鼓励企业开展内部创业。富士康郑州科技园依托自身技术和人才优势，积极推广企业创客文化，努力营造创新、创意、创业氛围，成立了“云之咖啡”（郑州）创客大本营，围绕“硬件、软创、文化”三类创客项目，搭建服务平台。目前，创客大本营已有 26 个创客圈、6 个小微企业、300 余名创客入驻。

三是围绕主导产业布局双创。一方面，将创新转化为生产力，把发明或技术成果转化为市场需要的商品，最终形成规模产业，推动产业优化升级。实验区依托国际智能终端省级大数据产业园，搭建航空港大数据应用与服务产业技术应用研究院等 3 个省级大数据领域创新平台，同时引入海航科技、软通动力等优势企业，助推大数据产业发展。另一方面，依托优势主导产业，发挥龙头企业技术、资源优势，开展创新创业。依托新郑综合保税区电子口岸通关便利化，发挥中部电商产业园、跨境电子商务示范园的带动作用，搭建专业孵化平台开展创新创业。目前，两个平台已入驻电商企业 86 家。

郑州航空港实验区结合创新创业基础条件相对薄弱的实际，通过实施“源头孵化 + 专业孵化 + 增值孵化”的三级孵化模式以及“技术创新 + 内部

创业 + 产业布局”的产创融合模式，富集了区内各类创新创业资源，同时吸引了大量区外双创资源的涌入，对于培育创新创业主体、提升示范区创新创业能力、加快创业创新资源在基地内集聚有重要启示意义。

# 持续优化与提升支撑条件，打造辐射南亚、东南亚的双创发展高地

云南省昆明经济技术开发区

2017 年 6 月，昆明国家级经济技术开发区（以下简称“昆明经开区”）正式获批成为国家第二批区域大众创业万众创新示范基地（以下简称“示范基地”），是云南省唯一的国家级示范基地。为认真贯彻落实国家大众创业万众创新的战略部署，主动服务和融入“一带一路”，昆明经开区通过增加双创政策供给、搭建双创支撑平台、拓宽双创融资渠道、营造双创社会氛围、推动双创国际交流等方式，主动探索，先行先试。昆明经济技术开发区为核心区，同时辐射带动昆明市创新创业资源相对集聚的呈贡新区和云南金鼎文化产业园，共同形成“一核两翼”的总体格局。昆明经开区在推进双创示范基地建设过程中依托中国—东盟创新中心，采取有效措施推动“一带一路”和长江经济带等建设的深度融合，支持双创示范基地与周边国家共建科技企业孵化基地，与南亚、东南亚国家在科技成果转化及应用领域展开合作，成为云南省面向南亚、东南亚实现科技合作与交流的核心枢纽，打造了辐射“一带一路”沿线国家和地区的“双创”交流平台，构建面向南亚、东南亚的创新创业战略高地。

## 一
## 积极完善双创政策支撑体系，持续优化创新创业生态环境

昆明经开区以打造国际化营商环境为引领，对标先进地区，成立双创示范基地工作领导小组，围绕双创工作积极部署政策、提供资金支持并推进持续改革。示范基地积极完善政策体系，出台了《关于印发昆明经济技术开发区加快技术进步促进产业转型升级的若干意见实施细则》《昆明经开区促进文化创意产业发展若干政策的规定》《关于支持昆明呈贡信息产业园发展的若干政策措施的实施细则》《呈贡区促进高层次人才创新创业实施意见》等一系列鼓励创业创新的政策。经开区拟从 2018 年起连续三年，每年设立双创发展专项资金，扶持区内企业创新创业，引导各类双创要素向经开区集聚。同时，示范基地内积极推进“多证合一”改革，以“减证”推动“简政”，在更大范围、更深层次实现信息共享和业务协同，为企业开办和成长提供便利化服务。

## 二
## 壮大双创支撑平台并引进高层次人才，夯实基地的创新创业基础条件

昆明经开区打造和支持各类孵化器和众创空间等双创支撑平台，完善创新创业公共服务共享支撑体系，共有国家级科技企业孵化器 5 家、众创空间 5 家、小微型企业创业创新示范基地 3 家、全国创业孵化示范基地 1 家、省级文化创意产业园区 3 家。重点打造中国—东盟创新中心、青年（大学生）创业园、云南海归创业园等一批功能配套齐全、特色鲜明的创业园、创客空间等新型创业创新孵化平台，加快建设了一批生产力服务中心、企业技术中心、创业服务中心、科技企业孵化器、众创空间等创新载体。经开区各类孵化器、众创空间凭借创业项目、培训、融资、贷款、导师服务、技术咨询等一站式服务累计吸引创业团队超过 500 个，带动就业人数超过 3000 人。经

开区继续加快智慧产业信息化公共服务平台建设，城市智能中心（IOC）大数据平台系统正式进入运营，旨在搭建集服务小微企业创新创业政策解读、财税服务、项目展示、专利萃取、统计监测等模块于一体的双创公共服务云平台，为企业提供“一站式”“全天候”的政府公共服务。

经开区积极培育和引进高层次人才，建设创新创业人才高地。2017 年核心区经开区共引进和培养高层次人才 252 人，其中培育和引进“千人计划”专家 3 人，有 2 人入选第 3 批国家“万人计划”科技创业领军人才，2 人获得“云岭首席技师”称号，7 人获得“云岭技能大师”称号，12 人获得“云岭技能工匠”称号，2 人入选“第四届昆明市有突出贡献高技能人才”，4 人获得“昆明市优秀技术能手”称号，4 名专家喜获“省贴”荣誉称号，占全市获批人数的 40%。

## 三

## 创新南亚、东南亚双创合作机制，打造辐射南亚、东南亚的创新创业发展高地

昆明经开区主动服务和融入“一带一路”建设，加快面向南亚、东南亚辐射中心建设，与周边国家共建孵化基地并开展科技成果转化相关合作。作为中国—东盟创新中心主要参建单位，经开区依托云南创新生物产业孵化器与缅甸教育科技部研究创新司、老挝南塔省科技厅、马来西亚隆平杂交水稻研发有限公司等机构合作共建国际孵化基地、联合实验室，开展项目孵化、技术转移、人才培训等工作，获批首批云南省建设面向南亚、东南亚科技创新中心示范基地认定、签约成为金砖国家技术转移与创新合作伙伴机构。昆明创新园科技发展有限公司通过与国科智融密切合作，已促成云南昊若生物科技研究院与韩国科学技术研究院天然物研究所签署共建“基于云南优势资源的绿色提取技术国际实验室”的合作备忘录，并为实验室的工作提供全程知识产权服务。五华金鼎科技园与印度贸易促进会、印度德里普拉汉塔姆集团签署了《中印创意产业孵化服务中心合作备忘录》，建立面向南亚、东南

亚的广告创意产业研究中心，同时，云南电视台国际频道和皇威传媒实施的中国影视翻译和版权输出项目，已覆盖老挝、柬埔寨等国家，并在老挝成立影视翻译中心，开设《中国剧场》黄金栏目。作为西南地区的双创示范基地，昆明经开区利用云南省的地理优势，结合“一带一路”倡议，建立合作机制，积极推进我国与东盟国家的资源优化配置与共享机制、深化双边及多边务实合作、促进创新创业深度融合与互动，实现区域经济可持续发展，打造辐射南亚、东南亚的创新创业发展高地。

# 全力打造双创升级版，驱动“智造谷”高质量发展

湖南省湘潭高新技术产业开发区

湘潭高新区坐落在一代伟人毛泽东故乡，是长株潭国家自主创新示范区组成之一，管辖面积 46.8 平方千米，人口 12 万。自 2017 年 6 月获批国家双创示范基地以来，湘潭高新区贯彻落实国家各项政策方针，围绕打造“双创”升级版，构建“1+7”双创示范基地新格局，驱动“智造谷”高质量发展，取得可喜成绩。

湘潭高新区成立于 1992 年 7 月，2009 年 3 月升级为国家高新区，2014 年 12 月获批长株潭国家自主创新示范区，2017 年 6 月获批为国家第二批双创示范基地。园区依托湘潭区域工业基础和科技优势，大力发展以新能源装备制造、先进矿山装备、钢材深加工等为代表的主导产业，先后获批国家火炬计划机电一体化特色产业基地、国家新能源高技术产业基地等 16 块国家级“金字招牌”，是湘潭乃至湖南地区科技创新的前沿阵地。

湘潭高新区双创示范基地现有企业 1583 家，其中，规模企业 256 家，高新技术企业 92 家，上市（挂牌）企业 10 家；众创空间发展迅速，现有国家级孵化器 1 个、省级孵化器 3 个，国家级众创空间 3 个、省级众创空间 3

个、市级众创空间 9 个，先后建成国家级风电检测平台、国家能源风力发电研发（实验）中心等国家重点实验室和企业技术中心 4 个，国家级服务平台 20 个。2018 年，园区工商注册企业数量同比增长 91.65%；新增就业人数 11147 人，同比增长 150.3%；高新技术产业增加值达到 289.6 亿元，同比增长 13.7%；全区申请专利 1436 项，其中发明专利 1121 项，专利申请量和发明专利申请量增速占比均位居全省前列；规模工业增加值增速在全省园区中排名上升 5 个位次；在科技部国家高新区综合评价中上升 9 个位次，排名第 66 位。

## 一

## 打造“1+7”双创格局，培育创新创业生态

一是认真落实双创政策。紧紧围绕国家双创政策，湘潭高新区相继出台《鼓励科技创新实施办法》《促进科技成果转化的若干意见》等政策，落实降税减费，对高端领军人才创业的科研经费、企业研发中心奖励、成果转化奖励、知识产权补助、高新技术企业补助以及优秀创业人才和技能人才奖励等给予支持。近两年来，累计兑现各类政策性奖励和补助资金近 6000 万元。

二是引领构建双创新格局。以湘潭高新区国家双创示范基地建设为平台，辐射带动全市 3 大园区、3 大高校、1 家龙头企业建设省级双创示范基地，形成了全市“1+7”双创示范基地新格局。近两年，组织创业创新大赛、创业培训等活动 100 多次，活跃了各基地的双创工作。目前各基地共建成各类双创场地 170 万平方米，获批了 25 家国省市众创空间、6 家科技企业孵化器、3 家农业科技星创天地，在湖南省处于领先位置。

三是“放管服”改革激活双创活力。湘潭市将 117 项经济社会管理权限下放到湘潭高新区，启动“互联网 + 政务服务”和“最多跑一次”服务改革，优化营商环境。率先在全省范围内开展企业集群制注册，鼓励大众创业万众创新，降低企业开办成本。如已注册了 5 个集群，托管市场主体达 55 家，促进全年辖区新登记企业增长率达 91.7%。

## 二
## 集聚双创资源，升级创业带动就业能力

一是集聚高端人才创业项目。规划 10 万平方米标准厂房，设立院士创业产业园，明确专门团队服务院士等领军人才项目产业化。结合《莲城人才行动计划》，落实对高端人才项目的补贴和投资 1 亿元，如卢秉恒院士领衔的快速制造国家工程研究中心 3D 打印项目于 2017 年底落户院士创新产业园，投资 7000 万元，以西交智造卢秉恒院士湘潭工作站为主体，建设智能装备制造（3D 打印）公共服务平台项目，2018 年 6 月实现投产运营。目前院士创新产业园还有欧阳晓平院士、国家“千人计划”人才李正、“长江学者”谭成忠等高层次创新人才团队 28 个，有千智机器人、西交智造等 10 个项目已投产。

二是集聚专业技术人才创业。大力开展职业技能振兴专项活动，充分利用园区企业技术中心等平台，推动“金蓝领”高技能人才创业，如 2018 年创立的湖南敦敦智能科技有限公司，其负责人系湘潭人，原在外地大企业工作，返乡后租用园区企业双马电气厂房开展机器人维修和再制造业务，2018 年底入规，带动就业 20 人。高新区还支持师创鹏博有限公司建设创业实训基地，年培训各类大学生 4000 余人，为园区京东电商产业园等创业基地输送人才。

三是推动大学生创业。建设大学生创业园孵化场地 100 万平方米，入驻大学生创业企业 380 多家，落实各项扶持政策近 8700 万元，带动就业近万余人。成立湘潭海外高层次人才联谊会，推动海外高层次人才回潭创新创业，吸引包括荷兰、德国、美国、西班牙、罗马尼亚在内多个国家和地区的 30 余名专家回潭创业。

## 三
## 打造“双创 + 智造谷”，提升科技创新支撑能力

一是合力推动产业集聚发展。突出打造以湘潭高新区国家级双创基地为引

领的智能制造产业雁阵，形成“智造谷”产业集聚效应，重点实施装备制造产业千亿倍增计划、汽车产业千亿行动计划和军民融合产业千亿行动计划。新引进排名世界第三、中国第一的新松公司建设湘潭机器人产业园。2018 年，智造谷三大千亿产业产值占全市规模工业总产值的 78%，装备制造业产值达到 1698.9 亿元，汽车产业产值达到 601.9 亿元，军民融合产业完成产值 430.08 亿元。

二是不断深化科技成果转化机制。畅通产学研合作渠道，成立市双创产业链和双创平台联盟，形成双创制高点。组建知识产权评估机构，与湘潭大学签约合作共建“湖南省专利分析与评估中心”“湘潭知识产权交易中心”，2018 年完成技术交易合同总额 130 亿余元；组织知识产权专家共计为园区华康恒健、蓝绿光电等 80 多家企业开展知识产权专业咨询与服务 150 多次。2018 年，湘潭高新区申请专利 1436 项，其中发明专利 1121 项，专利申请量增速和发明专利申请占比均位居全省前列。

## 四
## 开展各类双创活动，推动双创平台专业化发展

一是加强对接清华力合资源。引进深圳清华大学研究院相关平台开展科技服务、创业投资等六大核心业务。两年来，对接项目 400 余个，签约孵化时变通讯、铝镁空气电池等 48 个产业项目；孵化器标准厂房入驻率由 2017 年的 75% 提高到 2018 年的 89%；深圳清华大学研究院力合长株潭创新中心设立了总额为 2.8 亿元的 2 支私募基金，与湖南沃森电气有限公司签署了投资 1000 万元的战略融资协议，挖掘 20 余个创投项目。力合星空 · 湘潭蜂巢众创空间接待国务院督查组、国家科技部、全国政协等国省市级领导、访问团来访 1000 多人次，获批为湘潭市双创产业链和双创平台联盟盟长单位；积极推进 20 万平方米的力合领航城建设，未来将在湘潭高新区打造一个辐射长株潭双创的全新载体。

二是推动各类众创空间发展。推动国、省、市级众创空间“共享”发展，从创业源头至创业终端实现全覆盖。双创基地内各类创业平台共享园区

各类公共服务平台资源和政策，按照各自定位服务创新创业。比如，友邦众创空间改造 11 万平方米孵化器，定位为节能环保类产业，入驻中小微企业 87 家，其中高新技术企业认定 6 家，挂牌企业 2 家；从业人员 2000 余人，累计毕业企业 32 家，形成了一个技术领先、智力密集、人才聚集、充满活力的创新型企业群体。

三是开展多样化双创活动，营造创业创新氛围。2018 年，京东湘潭电商产业园正式入驻湘潭高新区，举办“赋能新产业 发展新经济”全省第七届电子商务大会，首期引进 58 家入驻企业；组织“创响中国”活动，组织开展“创翼”、“创客中国”、湖南省第五届创新创业大赛，开展项目路演18次。定期开展双创路演成为区内双创工作的一个特点。

## 五
## 推进政策、资金、产业三链融合，优化金融和投融资环境

一是创新金融机制，优化财税支持。出台《湘潭高新区鼓励扶持企业利用资本市场发展的办法》等多项政策，实现银企对接常态化。2017~2018 年直接协助园区 74 家企业实现融资 35.86 亿元，全区间接协助企业实现融资达 300 亿元。

二是推行“专项资金基金化”，放大财政资金杠杆作用。设立了总额 139 亿元的湘潭产业发展引导基金、湘潭智能制造产业投资基金等 11 支基金。截至 2018 年 12 月，基金在智能制造、新能源等产业领域完成投资 31 项，投资总额达 27.75 亿元，助推沃森电气、华夏线缆等 10 家企业蝶变发展。

三是试行“同股不同权”，有效创新股权投资模式。由基地出资投资高科技项目，项目成功后按原始投资退出，项目失败则按股份比例共同承担损失；突破现有投资成熟项目主流，将投资环节提前到项目研发阶段。目前已投资千智机器人、超纯高阻硅 X 光探测器等 5 个高科技项目。

# 服务先行、人才驱动、产业支撑，打造创业延安

陕西省延安市宝塔区

延安市宝塔区结合“大众创业、万众创新”的浪潮，与北京航空航天大学、中国传媒大学合作，以支持北航贝塔双创街区发展为核心，建设延安清洁能源孵化器与中国传媒大学（延安）众创空间两个双创平台，积极构建聚焦清洁能源和文化传媒的创新创业体系，将其聚力打造为宝塔服务先行站、协同创新港和产业深化区，发展全国创新创业的红色基地。

## 一 聚合政策优势，打造宝塔服务先行站

宝塔区围绕打造“宝塔服务员”品牌这一目标，持续不断地优化营商环境，为支持和引导中小微初创企业健康发展，采取了一系列行之有效的措施。

营造政策环境，优化运营管理。为切实加快双创工作的深入开展，推进街区规范化、精细化运营，宝塔区成立了双创工作领导小组，由区委书记亲自挂帅，形成“统筹协调，上下联动”的工作机制，协调推进创新创业各项

工作。出台了一系列创业扶持、人才招引等利好政策，并为符合条件的双创街区入孵企业开通危化品经营许可证、危化品运输许可证办理绿色通道服务。该政策的实施在助力本地能源类企业成长的同时，吸引了大量山东、河北等地能源企业落户街区，使之成为宝塔区招商引资的桥头堡和创造地方税收的价值洼地。

提升政务效能，深化“放管服”改革。整合组建区行政审批服务局，在全市率先上线运行“互联网＋政务服务——宝塔分厅”平台，160 项高频政务服务事项实现“最多跑一次”。携手腾讯、阿里、百度等互联网企业，建成运行“数字延安·宝您满意”智慧应用平台，为企业提供数字化服务。在双创街区设立一站式服务大厅，工商、税务、安监等部门入驻并设立业务受理窗口，针对入孵企业提供高效便捷的工商注册、工商变更、税务登记、财税工商咨询、银行开户和财务信息变更等服务。

完善双创生态，建立“五个中心”。设立了区中小企业发展服务中心、中小企业应急转贷服务中心、中小企业挂牌上市服务中心、民间借贷登记服务中心、中小企业综合信用体系服务中心等五个服务中心，并集体入驻双创街区服务大厅，解决了中小微初创企业在服务引导、借贷转贷、信用支持等方面遇到的问题，为初创企业发展保驾护航。

## 二
## 聚集人才资源，打造宝塔协同创新港

宝塔区把创新驱动作为引领发展的第一动力，聚焦人才资源，初步构建起“校地联合研发平台＋专业孵化器＋创新创业联盟”三位一体合作模式，打造校地协同创新合作新典范。

实施招才引智，打造惠才“助力器”。宝塔区坚持“搭建平台引人才”的人才理念，出台了一系列人才招引激励机制政策，着力激活企业主体引才，协助企业引进急需的专业人才和各类高层次人才，以人才引进带动产业转型升级，引领和带动产业发展。充分发挥校地合作优势，深入北京航空航天大学、中国传媒大学、中国科学院计算技术研究所等院校与科研机构，大力开展“招才引智”活动。经过积极对接，全区首个市级院士工作站——山仑院士工作站、西北工业大学文化遗产研究院延安分院等高端人才项目落户街区，招引中国工程院院士 1 名、博士 25 名、硕士 37 名。

加强院校合作，构建协同“新机制”。联合本地高校与科研院所，在双创街区搭建延安大学深冷技术领域联合实验基地、延安精神数字内容研究中心、延安红色文化产学研合作中心等平台，推动研发成果的交流共享和转移转化，打通从实验室到产品化和产业化的“最后一公里”。发起成立延安市创新创业联盟，聚合双创资源，全面提升街区的协同创新能力，助力入孵企业取得专利成果近 50 项。

深化人才服务，形成创业“真文化”。指导街区以专业化的运营管理模式、优质的多维度服务工具，为入孵企业人才提供多层次、全方位的服务。成功举办首届北航全球创新创业大赛西北区决赛，第四、五届丝绸之路国际艺术节丝路巡演季（延安站）系列活动，延安新经济研讨会，首都创孵行业专家圣地行等多场具有地方产业特色的创新创业活动，打造集“创业 + 体质 + 情感”于一体的街区文化体系。

## 三
## 聚积基金支持，打造宝塔产业深化区

宝塔区坚持将街区作为产业转型升级的动力源和试验区，聚积基金支持、对接优势产业，支持街区孵化企业成长。

积极争取各类基金，资本助力企业成长。落地华润新经济产业投资等 3 支总规模达 100 亿元的产业引导基金，与 15 家驻延金融机构达成战略合作意向，为街区企业提供强有力的投融资支持。建立健全街区企业和项目评估机制，拓展股权融资、信用增进等功能，支持街区丰富创投模式，投资入孵企业延安尚贝文化传媒有限公司 50 万元，共同开发推广延安市互联网 + 公共场所卫生监督电子信息公示云平台项目，与优秀入孵企业共成长。

运用科技赋能，促进油气资源再利用。帮助延安清洁能源孵化器有限公司积极对接延长油田股份公司，积极实施“延安市井口 LNG 新型产业一体化项目”，通过自主创新小型 LNG 液化制造设备，对延安市周边未接入生产管网的天然气边缘井、探井进行综合利用。利用清洁能源惠民，就地精准扶贫，利用创新科技惠民，开发闲置井口资源，利用本地资源惠民，企划边远安置小区，打造了中国孤井天然气液化技术、设备制造、科技扶贫的“延安模式”。利用该模式的可复制性，着力打造以天然气技术为主的新能源领域专业孵化器，形成天然气领域全链条产业聚集区。

挖掘创新潜能，延长文化产业链条。在 5G 网络即将全面商用、虚拟现实技术即将突破网速瓶颈而迎来井喷式发展的产业背景下，积极支持中国传媒大学（延安）众创空间联合虚拟现实技术与系统国家重点实验室（北京航空航天大学）、中央新影集团、中国虚拟现实与可视化产业技术创新联盟、中国传媒大学动画与数字艺术学院等业界翘楚共同合作，依托延安 445 处革命纪念地旧址资源发展虚拟现实产业。一幅市场开放、场景应用、资本加持、政策吸引、科研配套、园区建设的虚拟现实产业发展蓝图正在徐徐展开。

产业孵化能力是园区运营的核心竞争力。宝塔区从供给侧结构性改革需求出发，联合北京航空航天大学、中国传媒大学以其自身的科技、资本、企业资源优势，认真践行“政府搭建平台，企业专业化运营”的产业孵化发展思路，打造集聚人才、技术、资本的宝塔新经济“强磁场”，让创业主体茁壮成长，让创新活力充分释放。

# 扎根太行红色根据地，以创业为旗帜打造有机养殖循环经济产业链

山西省晋中市榆社县

山西省榆社县聚焦现代农业创新创业项目的引进与扶持工作，充分利用晋中山区农业生态资源，引进奶绵羊有机养殖循环经济产业链创业项目，构建现代农业的产业体系、生产体系和经营体系，推动一二三产业深度融合发展，用生动实践证明习总书记“绿水青山就是金山银山”的绿色发展理念。

## 一

## 面向健康中国与消费升级，聚焦战略性食品，锁定发展绵羊奶特色农业

随着我国成为世界第二大经济体，我国中等收入群体预计到 2020 年将激增至 6 亿人口，在乳制品的品质、安全和文化等方面必然迎来颠覆性的消费升级。经过国际营养学专家研究对比证实，绵羊奶的维生素 C、蛋白质、钙、硒含量都远高于牛奶，因此，绵羊奶将有望成为实现国民营养计划、增

强国民身体素质的战略性食品。目前全球羊奶产业市场规模 80 亿美元，整体增速 30%，其中绵羊奶品类将保持三位数以上的爆发式增长态势，绵羊奶产业前景极为可观。发展绵羊奶产业，增加高品质绵羊奶制品市场供给，符合我国人民对美好生活向往的迫切诉求，符合健康中国建设发展需求，符合乳业供给侧结构性改革要求。

## 二
## 着力打造奶绵羊有机养殖“四新”经济产业链

山西省着力激发转型发展内生动力、培育转型发展新动能，积极引进十四只绵羊（集团）股份有限公司产业双创企业，紧扣产业兴旺这条发展主线，充分发挥产业创新资源优势，开展知识创新、技术创新、模式创新，整体构建全产业链孵化体系，带动形成山西十四只绵羊农业产业园产业集群。

一是，瞄准高端乳制品新市场。为满足人民日益增长的美好生活需要，特别是中等收入群体对乳制品品质、安全和文化等方面的颠覆性消费升级，榆社县与十四只绵羊创业团队协力抓住绵羊奶产业发展的时代机遇，着力打造山西十四只绵羊农业产业园，发展奶绵羊有机养殖循环经济产业链，增加高品质绵羊奶制品市场供给。

二是，规模引进、培育、攻关新种群。十四只绵羊创业团队全国首创性地从新西兰引进 50 只“东弗里斯”原种羊和 2000 枚原种冻精，计划还将引进澳大利亚 1000 枚原种胚胎，在填补国内种源空白的同时，着力自主创新，与中国农科院、中国农大、山西农大开展产学研合作，共同筹建“奶绵羊研究院”，攻关奶绵羊繁育技术，培育具有我国自主知识产权的“太行奶绵羊”新品种，支撑实现榆社县养殖基地奶绵羊存栏 30 万只的生产目标。

三是，探索养殖 4.0 新模式。基于信息化、智能化养殖技术，产业园采用“公司 + 养殖专业合作社”的奶绵羊养殖小区饲养模式，实现粪污资源化利用，延长绿色有机农产品产业链条，与新零售消费模式融合发展，通过数据将绵羊奶生产端、研发端、市场端和消费端打通，实现柔性供应链升级，形成产业链闭环与产业生态。

四是，延伸康养、科创等新业态。通过山西十四只绵羊农业产业园的建设与运营，尤其是奶绵羊存栏 30 万只达产后，整体将实现涵盖设计、引进、养殖、研发、生产、循环、供应、零售、餐饮等绵羊奶全产业链的体系，将带动农业科技服务业和产品设计服务业等科创业态发展。同时还将充分发挥晋中地区地处北纬 37 度的全球黄金维度的区位优势，在绵羊奶高端乳制品康养体验和文化创意上，衍生和叠加出新环节和新活动，以绵羊奶产业集聚带动榆社县全域旅游发展，在榆社县委县政府的支持下，打造“太行民宿”等衍生产品与品牌，促进县域文化、旅游、创意产业发展，创新出更多新业态，真正实现一二三产业深度融合。

## 三
## 依托产业创新，着力激发区域转型发展的内生动力，培育转型发展新动能

十四只绵羊创业团队扎根榆社县践行乡村振兴战略，总投资约为 30 亿元，项目建成投产可实现绵羊存栏 30 万只，安排就业 1000 人以上，带动 7000 人脱贫致富，可实现年销售收入 30 亿元，利税 3 亿元以上，养殖废污资源化循环利用模式产值规模预计达 5 亿元左右。

培养新农民、推广新技术，推进农村创业创新，是促进乡村振兴的重要举措，大力营造农村创业创新良好环境，吸引更多人才投身农业发展农村建设，为推进农业农村现代化不断注入新动能。在太行红色根据地这片沃土上，以十四只绵羊创业团队为代表的产业类双创团队，实施奶绵羊新品种引进繁育、商品羊创新繁育与有机养殖、绵羊奶制品生产加工与新零售消费模式创新、养殖废弃物资源化循环利用、职业农民社会化服务体系和结合本产业特色的文化旅游服务等全产业链项目，在榆社县委、县政府的支持下，合力打

造山西省十四只绵羊农业产业园，以创业为旗、创新为剑、产业为魂，扎根太行红色根据地，打造奶绵羊有机养殖循环经济产业链，积极探索乡村振兴的现代农业发展路径，为扶贫地区产业转型升级、培育经济发展新动能、践行乡村振兴战略提供实践样本。

# 开展军民融合发展战略理论研究，构筑师生双创新高地

南京理工大学

2017 年 6 月，南京理工大学成功入选第二批国家双创示范基地。基地启动建设一年来，在国家发改委、教育部和工信部，以及江苏省领导和相关部门的关心支持下，学校加强顶层设计，构建了基地建设的完备工作体系，聚焦主要任务，激励双创系列举措成效显著。学校国家双创示范基地建设突出军民融合特色，与江苏省发改委、江苏省军区共建江苏省军民融合发展研究院，开展军民融合发展战略理论研究，提供决策咨询服务，是“中国军民融合智库联盟”发起单位之一，担任中国电子学会电子信息产业军民融合推进委员会常务委员单位、中国科学学与科技政策研究会军民融合专业委员会理事单位，入选工业和信息化部智库名录，与江宁区共建“军民融合科技成果转化示范基地”，实现学校、地方政府、园区联动，畅通人才、科技输送通道，促进科技成果转化和产业化。

## 一

## 聚焦军民融合，突出基地建设特色，以发展研究院推动军工企业发展

一是成立江苏省军民融合发展研究院。南京理工大学具有鲜明国防特色，兵器科学与技术学科全国排名第一，具有军民双向转化的平台和渠道，为进一步发挥特色，学校与江苏省发改委、江苏省军区共同成立了江苏省军民融合发展研究院，组织召开了江苏省军民融合高峰论坛。学校参加了国家“加快建立军民融合创新体系研讨会”，是“中国军民融合智库联盟”发起单位之一，担任中国电子学会电子信息产业军民融合推进委员会常务委员单位、中国科学学与科技政策研究会军民融合专业委员会理事单位，入选第二批工业和信息化部智库名录。

二是建设军民融合公共服务平台。依托学校学科门类齐全、军民融合科研实力雄厚和科技成果丰硕的优势，经江苏省发改委批准，学校建设了江苏省军工产品科研生产大数据智能分析及应用军民融合公共服务平台，基于大数据分析和挖掘技术，开展军民融合公共技术服务。同时，结合区域产业布局，与地方政府共建军民融合科技成果展示、交易一站式服务平台，面向产业前沿阵地，提供军民融合专业技术服务。

三是扶持军民融合创业企业发展。学校江苏省军民融合发展战略研究院组织立项“军民融合创新示范区建设模式问题研究”等课题 7 项，汇聚全省智力资源，扶持军民融合企业发展。学校双创示范基地重点扶持军民融合科技成果转化，鼓励师生开展“军转民”“民参军”相关技术和产品的研发，引导师生利用军民融合科研成果开展创业活动，并优先入驻学校大学科技园进行孵化。同时，依托学校校外产学研基地，结合地方产业特色，推进军民融合创新创业活动，例如基于先进发射技术的激光器研制项目等。

## 二
## 打造“全纳—全融—全链”三段式创新创业人才培养新模式

一是需求全纳：实施分层培养，加强学生的创新创业认知。按照“面向全体、分层施教”原则，针对不同学生群体在创新创业意识、素养、本领等方面的差异化成才需求，做好创新创业教学的供给侧改革，通过实施融合—普惠、拓展—精英和提升—典型三种创新创业教学方式，精准、有效地促进不同创新创业需求学生的成长发展。

“普惠式”教学，使所有学生都具备一定的创新创业意识并掌握基本的创新创业知识，为其将来投身创新创业实践提供必要的理论指导和知识储备。“拓展式”教学，帮助学生扩大视野，促使掌握较为系统和深层的创新创业知识，提高学生的创新能力和创业技能。“典型式”教学，强化学生对创新创业精神和创新创业实务的领悟，着力培育树立创新创业典型。

二是学训全融：实施融合训练，提升学生的创新创业能力。坚持以创新引领创业、以创业促进创新，将创新创业教育深度融入专业教育体系中，实现学科专业教育与创新创业教育之间形成有效的相互支撑，不断提升学生创新创业能力。

科研训练融入专业教学，即做大做强科研训练，使之成为专业教学改革的重要组成部分，在提高学生创新精神和创业意识的同时，重点强化学生综合运用知识的能力。学科竞赛融入专业教学，各类竞赛项目来自专业教学，由专业教师指导，真正实现了专业教学活动与创新创业活动的融合，增强了学生解决实际问题的能力。项目孵化融入专业教学，将指导学生进行成果转化、产品孵化以及提供技术咨询纳入专业教师的教学职责，计入教师教学工作量。

三是平台全链：实施递推实践，提升学生的创新创业素质。注重创新创业教育的实践环节，将实践教育与创新创业教育有机结合，整合校内外优势资源打造三大实践平台，形成三平台互相联动、多维发力、层层助推的机制。

构建“产品研发—创业模式形成—市场化运营”的创新创业实践全链条，全面提升学生的创新创业素质。

搭建众创空间平台，建成院级创客空间、校级众创空间以及全国首批挂牌中美创客交流中心。搭建创业实践平台，建成大学生创业孵化园、国家大学生科技园、大学生创业园和南京紫金常春藤大学生创业园。搭建校企合作平台，与南京、无锡、苏州、连云港等地政府共建校外研究院，同微软、中兴、华为等 200 余家企业共建企业创业基地，与南京市麒麟科技创新园、南京白下高新技术产业园区、江苏启迪科技园发展有限公司等合作共建产业园区。

## 三

## 推进军民融合科技成果转化应用示范基地建设，构筑师生双创新高地

一是军民融合示范基地建设高起点规划。学校专门成立专项工作领导小组，多次组织会议深入讨论，并委托具有专业资质且在行业领域业绩突出的中国五洲工程设计集团有限公司承担校区总体规划编制工作。学校同步启动了军民融合科技成果转化应用示范基地相关建设工作，约 7000 平方米科研试验平台和中试平台已经完成详细设计，目前处于手续报批及开工前的准备阶段。

二是军民融合发展研究院发展势头喜人。为深入贯彻国家军民融合发展战略，突出学校双创示范基地军民融合特色，服务地方军民融合产业发展，学校与江苏省发改委、江苏省军区共同成立了江苏省军民融合发展研究院，组织召开了江苏省军民融合高峰论坛，组织立项“军民融合创新示范区建设模式问题研究”等省级课题 7 项。研究院全面贯彻落实军民融合发展国家战略，紧紧围绕江苏省委省政府“聚力创新 聚焦富民 高水平全面建成小康社会”发展目标，以军民融合制度创新研究和咨询服务、人才培养和研究团队建设、技术成果转化应用等为主要内容，建设成为全国知名军民融合发展智

库、人才培养基地和军民成果转移转化的重要平台。

三是军民融合科技成果转化推进成效显著。学校与湖南省株洲市共建了南方军民融合协同创新中心，打造寓军于民科技创新的汇聚平台和军民两用科技成果的转化平台。学校与南京市麒麟科技创新园共建了南京机器人研究院，致力于军民融合领域的机器人关键技术研究和科技成果转化。

# 构筑“产业生态引领、园区开放发展、线上线下融合”的双创新高地

中国电子信息产业集团有限公司

中国电子坚决贯彻落实《国务院关于强化实施创新驱动发展战略　进一步推进大众创业万众创新深入发展的意见》和《国务院办公厅关于建设第二批大众创业万众创新示范基地的实施意见》，牢固树立并贯彻落实“创新、协调、绿色、开放、共享”的新发展理念，聚焦国家网络安全与信息化领域，加快实施创新驱动发展和网络强国战略，推进大众创业、万众创新重大战略部署，结合企业自身优势和特点，做好顶层设计，整合中国电子产业、园区、金融、技术、人才优势，以调动双创主体积极性为目标，以构建双创支撑平台为载体，通过建立创新创业管理体系，优化创新创业体制机制，营造创新创业文化氛围，提供创新创业金融服务，发挥中央企业产业引领和产业园区资源带动作用。

以产业园区资源为基础，通过线上平台整合已经成熟但相对分散的产业资源，全力打造具有特色的“空间集群 + 股权纽带 + 内生需求 + 联合拓展 + 资源共享”五位一体的全新双创模式，并通过智慧产业园双创平台的“互联网 +”特性，逐步向非中国电子管理的产业园区进行推广与复制输出，

构建覆盖更广泛的双创企业生态系统，实现具有典型特色的“产业生态引领、园区开放发展、线上线下融合”的双创新模式。

## 一

## 建立“资源众享、资金众筹、技术众帮、市场众扶”的服务机制

积极开放集团产业资源，为社会双创企业建立“资源众享、资金众筹、技术众帮、市场众扶”的服务机制。以联盟合作的形式，采用交叉持股、融合发展等方式，打造有机互动、协同高效、资源共享的联合体。完善人才激励机制，尤其是完善创新创业人才中长期激励机制，建立并完善股权激励、员工持股、分红激励等办法。建立鼓励创新、宽容失败、允许试错、责任豁免的“容错”机制。增加内外部团队和企业的创新空间，调动员工创新创业的积极性，鼓励大胆改革创新的有益尝试，为开展双创工作营造宽松的政策环境。

为鼓励双创主体积极探索、大胆创新，中国电子制定了《中国电子信息产业集团有限公司技术岗位体系管理办法》《中国电子信息产业集团公司科技创新奖励办法》等创新创业制度。下属企业根据自身特点出台了相关制度政策，制定了《众创空间入驻团队管理办法》《众创空间运营管理办法》等多项众创空间管理制度，并依据园区特点制定了《OVU 创客星管理制度》，为双创主体打造了完整的管理制度体系，激活了双创动能。为激发双创人才的活力，中国电子制定了《中国电子首席科学家行业技术专家评选实施细则》《人才公寓入驻须知》等多项科技创新人才激励政策，建立科技专业晋升通道，拓宽人才发展路径，鼓励科技创新人才在集团内部自由流动、协同创新。

在持续加大知识产权保护力度工作中，不断完善知识产权服务体系。出台《无形资产管理制度》《知识产权管理实施细则》等多项知识产权保护政策，加强知识产权管理，对萤火工厂入驻线上团队提供知识产权保护；珠海南方软件园引进了珠海市知识产权保护协会，2018 年开展知识产权培训 16

场、组织相关政策咨询答疑活动 6 场、举办知识产权普法宣传活动 2 场；浦软孵化器为了鼓励企业积极申请知识产权，邀请晨皓知识产权代理事务所、佳庚企业管理有限公司等律师事务所作为知识产权服务第三方服务商入驻在线孵化平台，针对企业对知识产权、股权分配等问题，通过集中购买服务形式向第三方服务商采购知识产权咨询服务，2018 年浦软在孵企业申请专利 130 个，获得授权 84 个，申请数比上年提高 19%，授权数比上年提高 35%。

## 二
## 打造线下“国家级—区域级—企业级—双创平台”相互衔接的四级科技创新平台

中国电子始终将双创工作作为企业实施创新驱动发展战略的重要载体，作为企业核心产业发展的重要支撑，作为推动企业新旧动能转换和结构转型升级的重要力量，依托核心主业优势，通过联合创新，汇聚产业资源，形成产业生态，培育发展壮大新动能，引领双创发展，2017 年，获批第二批国家双创示范基地，充分利用园区内物理空间资源、金融服务资源、技术人才资源等综合优势，构建特色主题园区，打造“五园区一平台”重大工程，扎实推进双创工作，形成围绕网络安全与信息化核心主业，带动园区内中小微企业共同发展。

促进“双创”与中国电子科技创新深度融合，形成科技创新的新动力，打造线下“国家级—区域级—企业级—双创平台”相互衔接的四级科技创新平台，拥有 31 个国家级科技研发平台、57 个区域级科技研发平台、100 余家企业技术中心、12 个国家级双创空间和孵化器。通过将线下形成的成熟解决方案移植线上，打造线上共享服务平台，扩大线上服务对象，带动大批新型互联网中小微企业发展。围绕网络安全和信息化产业打造了以兼容认证中心、创业中心、创新中心、在线课堂为核心的线上联合攻关平台，汇聚产业资源，加大科技成果转化和推广力度，吸引中小微企业、创业团队、个人爱好者联合创新，建设网络安全和信息化产业生态体系。

中国电子打造“中国电子网络安全与信息化科技创新工程”，建立开放的科技创新体系，促进网络安全与信息化产业高速发展，荣获 2017 年和 2018 年国家科技进步一等奖，体现了国家对中国电子网络安全与信息化产业创新成果的充分肯定。依托遍布全国运营面积 3276 万平方米的 48 家设施成熟、创新氛围浓厚的创新创业园区，打造近 50 万平方米的众创空间和孵化器，拥有 3 个国家级众创空间、4 个国家级孵化器，各具特色的企业孵化培育模式孵化培育了一批独角兽双创企业。

上海浦东软件园形成了“创业苗圃 + 孵化器 + 加速器 + 基金”的完整产业链，荣获亚洲企业孵化器协会（AABI）颁发的“亚洲最佳孵化器”大奖和团中央授予的“全国青年创业示范园区”称号。2018 年，新引进 86 个优质创业项目（包括 10 个海外背景项目），其中，爱酷空间项目 46 个、孵化器项目 32 个、加速器项目 8 家。截至 2018 年 12 月底，浦软孵化器共有入驻企业 120 家，其中孵化企业 115 家。建立双创学院，益智双创人才。

## 三

## 加强金融资本要素建设，<br>建立多元融资渠道，打造创新创业重点展示品牌

为解决双创企业融资难、融资贵的问题，中国电子加强金融资本要素建设，建立多元融资渠道，提供了强有力金融支持。发起成立 17 支创新投资基金，基金规模达 122 亿元，为双创金融帮扶工作提供了丰厚的经济基础，2016~2018 年累计投入 31.15 亿元用于双创项目的金融支持。

提供多种金融服务产品，满足双创企业个性化需求。为满足双创企业的不同融资需求，长沙中电软件园对接地方政府引导资金，引导湘江新区百亿元产业基金、长沙高新创投产业基金等多项基金，参与对集成电路、北斗卫星应用、军事信息化等方向的双创投资，2016~2018 年累计投资达到 10 亿元，同时联合多家银行为企业提供低息贷款、知识产权抵押贷款等创新性金融帮扶方式。中电光谷牵头组建 60 亿元的创投基金与产业基金，累计投资

企业 35 家，2016~2018 年投资企业 22 家，累计股权投资总额 6.68 亿元。中电光谷还为双创企业提供股权投资、债权服务与保险服务等金融服务，投资孵化成长企业创新担保有限公司，以中小企业融资性担保为主业，为中小企业提供更加专业与快捷的融资服务。浦软孵化器专门发起设立了“浦软基金”，专注于新一代信息技术领域的双创企业不同阶段的投资，基金规模 3.23 亿元。截至 2018 年，投资了包括天天果园、棠棣科技在内的近 40 家企业。中电港成功引入国家集成电路产业投资基金、中国国有资本风险投资基金等多项投资基金。

营造良好的双创氛围和双创文化，激发双创活力。积极参与国家举办的创新创业大赛、国资委举办的熠星双创大赛和相关展览活动，推广内部的优秀项目和团队。2017 年，成功举办了首届中国电子 i+ 创新大赛。经过五大赛区初赛、导师辅导、资本对接、决赛评比、巅峰路演等环节，历时半年，最终评选出 18 个获奖项目，并在巅峰路演现场签署了 3 亿元的投资意向。2018 年，为进一步推进双创工作深入发展，在首届大赛基础上，继续举办 2018 年中国电子“i+”大赛。同时，为充分发挥网络安全与信息化产业优势，进一步推进双创工作深入开展，促进与园区大中小企业融通发展，形成资源对接，打造以中国电子五大板块为核心的产业生态。

加快推进成都芯谷、海南信息安全基地、银川军民融合产业园等重要园区建设，争取尽快形成产业集聚效应。积极谋划园区发展新模式，着力打造主题园区，紧密结合中国电子核心产业，形成有机促进机制，既要给生态搭平台，也要给自己搭舞台，努力把园区平台做得更优、更实、更大。推动“双创”工作再上新台阶，打造中国电子“双创”3.0 版本，强化产业配套，提升自身发展水平，带动中小企业共同提升。

积极推进与地方政府、兄弟央企、大型企业、科研院所等重要相关方的深度合作，注重抓住福州“数字中国”峰会、长沙网络安全和智能制造峰会等重要会议活动的机遇，积极参与合作交流，扩大中国电子“朋友圈”。

# 建设创新特区，推进“四类改革”，加快科技成果向现实生产力转化

中国电科电子科学研究院

目前，国内外信息技术领域飞速进步，全球科技创新竞争日益激烈。中央企业是推动双创的重要力量，但同时也存在“创新效率不高、审批流程复杂、成果转化困难”等问题。为破解上述难题，中国电科电子科学研究院鼓励建设创新特区，为创新创业开辟绿色通道，探索一条中央企业所属科研院所高效、灵活、开放、协同的新发展道路。

中国电科电子科学研究院是从事电子信息技术发展战略研究、大型信息系统顶层设计、工程总体研发及综合集成的国家级科研机构。该机构率先以创新中心为载体建设创新特区，聚焦“机制、人才、基金、资源、平台”五大方面，突破机制、大胆改革、以点带面，以“权力下放、自主决策、宽容失败”为主要原则，聚焦未来网络、大数据、人工智能、微波光电子技术、无人系统、生物交叉等前沿领域，以体制机制创新为核心，着力打造前沿领域技术孵化器、科技成果转化示范区、创新机制改革试验田。

## 一

## 审批机制改革：下发审批权，允许项目团队自主决策

制定下发《关于以创新中心为主体打造创新特区的若干意见》，充分下发各项审批权，极大地提高了工作效率。一是相对独立的人事权，在招聘计划、人员调配、绩效考核等方面具有一定的决定权；二是财务支出审批权，设立虚拟资金账户，具有采购审批、商务谈判、合同审批、合同签署、付款审批等方面的决定权；三是项目管理权，允许科研项目过程管理及计划制定等自主决定。另外，设立创新特区快速通道，在与其他部门衔接协同中给予优先。

通过审批权限下放，电科院科技创新制度体系进一步优化，有效保障了科技创新的良好循环与高效运作。采购程序减少了 5 个审批点，效率提高了约 60%；人才决策减少了 2 个审批点，效率提高了约 40%。采用项目管理新制度后，项目合同签约时间同比减少了 50%，极大地促进了前沿领域的快速布局与技术突破，在网络空间、人工智能、混合现实、脑科学、三维地理信息、量子等领域取得了多项关键技术突破，项目有了显著进展。

## 二

## 用人机制改革：实行最积极的人才引进政策，建设多领域全方位人才队伍

着力增强人才队伍与技术体系的匹配性，进一步提升创新能力。一是制定“引进 + 培养 + 选拔”的人才机制，实行“333 人才计划”，大力引进国内外优秀高层次人才、扩大创新队伍，组建多层级、流动化科研团队，加大对已有创新团队和人员的培养和选拔力度。二是建立“以才引才、以才带才”的人才管理制度，由国家千人、青年千人、海内外资深专家等担任骨干，由国内外名校的博士、硕士共同组成核心团队进行重大项目攻关及课题研究。

三是实行自主灵活的团队管理办法，以项目组为单位，组内团队任务分工、项目管理、市场调研，可由组长自行决策。

通过用人机制改革，共引进高层次人才近 70 余人，1 人获得 2016 年集团公司科技领军人才及教育部新世纪人才奖；2 人获“万人计划青年科技领军人才”称号，国家青年千人计划入选者 2 人，1 人当选北京市人大代表，形成了多支专业化的、具有交叉学科研发实力的创新团队。

## 三
## 资金机制改革：建立全链条的资金保障机制，促进项目孵化

面向创新人才和团队设立专门的科技创新基金，对重大项目（任务）前期投入、基础核心技术攻关、前沿颠覆性技术研究、创新创业孵化四类项目进行支持，实现了项目“创意孵化——技术培育——重点突破——成果转化”的全链条保障。建立创新基金“蓄水池”机制，将项目收益纳入“蓄水池”管理，继续投入后续项目，实现持续稳定的基金运行机制；与创投基金、军民融合基金等公司建立合作关系，进行优先投资，基金总额达 60 亿元。

通过参与熠星大赛、设立科技创新基金等方式，目前共完成了赛博地球、异常行为监测、脑电芯片等 40 余项科技创新项目的立项，总体合同规模达到 3 亿元，其中获得国家重点研发计划支持，项目规模达到 3000 万元。培育 40 余项具备条件项目纳入成果库。目前基于已初步孵化的“三维实景地图”项目成立公司，正在孵化“水下仿生智能鱼”和“无人平台运输投送智能化管控系统”，同时计划孵化智能无人机集群等项目。

## 四
## 成果转化机制改革：采用灵活的市场化方式，推动多样化成果转化

为促进科技成果转化，在创新特区内部推行三种成果转化机制。一是孵化创新创业公司，并实施无形资产作价入股，以不低于 50% 的额度奖励给

核心团队。二是将知识产权实施许可他人使用，将企业需要的、能够产生市场价值的专利、专有技术、软件著作权等知识成果许可企业使用，按照约定进行收益分成。三是无形资产作价入股外部公司，将专利、专有技术、软件著作权作价入股于与主营业务呈横向协同或纵向承接关系的独角兽创业公司，为主营业务护航。

目前就“三维实景地图”项目已与外部资本达成协议，拟共同成立混合所有制公司，吸引外部资本；“智能全景拼接算法”专利已与中意启迪公司完成实施许可，正在根据授权专利研发产品、推向市场；已将“水下仿生”系列知识产权作价，并筹划入股到水下仿生鱼创业公司。

中国电科院创新特区对内形成了完善的制度体系，充分释放了特区灵活机制的红利，激发了科技人员的创新活力，营造了良好的创新氛围；对外成为中央企业与高校、地方、海外有效衔接的窗口。创新特区成立以来，专利申请数量总计 60 余项，包括 4 项国际专利、专利授权数量 6 项、软件著作权 14 项、发表科技论文 54 篇，荣获国防科技工业企业创新管理成果三等奖、中国可视化及可视化分析挑战赛二等奖等奖项，成果得到了军队高层首长、地方政府高层领导的充分好评。目前，创新特区已打造了一支包含多位领军人才近 70 人的青年创新团队，海外人才占 30% 以上，博士学历人员占 60% 以上，实现总体合同规模达 3 亿元。创新中心的实践，对于中央企业尤其是军工企业广泛吸纳外部资源、创新体制机制、构建新型创新管理和发展体制具有重要借鉴意义。

# 第八部分
# 持续打造创新创业重点展示品牌

持续开展高水平创新创业赛事与主题活动，营造浓厚文化氛围。优良的创新创业生态离不开浓郁的创新创业文化，顺应创新创业持续向纵深推进的大环境、大趋势，厚植创新创业文化是激发全社会创新潜能和创业活力的有效途径，让“双创”成为一种习惯。各地区、各部门继续扎实开展各类创新创业品牌活动，包括展现各行业、各区域开展创新创业活动的丰硕成果，开展创新创业政策宣贯、创业辅导、科技驿站、创业大赛、论坛展览等活动，进一步营造创新创业文化氛围等范畴的典型经验。

# “创响中国”巡回接力，让创客精神厚植全国

全国大众创业万众创新示范基地

为贯彻落实党中央、国务院决策部署，深入实施创新驱动发展战略，推动创新创业高质量发展，国家发展改革委、中国科协与相关部门、地方、社会各界共同协作，举办了 2017 年、2018 年“创响中国”活动，在全国 120 家双创示范基地陆续开展，累计举办近 2400 场，直接参与人数近 100 万，主要媒体报道约 36000 篇。活动采取组委会专题活动与地方自主活动相结合的方式，在全国各地展示创新创业最新成果，从更大范围、更高层次、更深程度吸引各方力量参与活动，共同推动创新创业发展，使“创响中国”形成了有新意、有规模、有影响、有实效的全国性双创活动。在各有关部门、单位和地方党政机关的共同支持下，“创响中国”活动切实发挥示范引领作用，取得了圆满成功，超出了预期效果，切实将“创响中国”活动打造成创新创业者共创共享的舞台，已成为继“全国双创活动周”之后的重要创新创业活动品牌。

## 一
## “创响中国”积极响应国家战略，力争在全国范围内形成颇具影响力的联动效应

“创响中国”活动积极响应国家战略，主题选取紧扣十九大精神，在全国范围内形成了颇具影响力的联动效应。活动范围持续扩大，带动全国各地的创新创业氛围不断高涨，不断释放各类创业主体的创新精神，引导全社会高端资源聚集，全面提升创新创业活动的质量与影响力。通过持续举办展览展示、创业大赛和成果路演等系列活动，集中展示了一大批优秀创业者和最新创业成果，展现了我国创新创业的良好形象和氛围，吸引港澳台及海外科技成果和金融资本不断投入，汇聚了人才、资源等推动创新创业发展的新力量，为进一步深化国家“大众创新、万众创业”战略发挥了推动作用。

## 二
## 服务基层创新创业需求，优化良好创新创业生态，持续强化“创响中国”品牌效应

实现全国各省区市、各行业全覆盖，活动在上海市杨浦区、北京市海淀区、国家电网公司、清华大学等120家双创示范基地全面开展。“创响中国”活动采取组委会专题活动与地方自主活动相结合的方式举办，组委会专题活动包括政策行、导师行、科技行、投资行和宣传行，由组委会组建创新创业工作指导团、导师人才团、科技咨询团、投资服务团、媒体宣传团等服务团队进行五类专业服务对接，帮助地方解决创新创业主体面临的资金、信息、政策、技术等瓶颈问题；地方政府自主活动结合组委会专题活动按照“1+5+N”的模式，即1个标志性活动，政策服务、导师服务、科技服务、投资服务、宣传服务5类服务活动，“N”场特色活动，所有基地共同发力，结合地方特色自主谋划实施，一个都不少，实现各省、自治区、直辖市及各行业全

覆盖，东西纵横、南北跨越、城乡协同、产研结合，切实帮助地方解决创新创业主体面临的资金、信息、政策、技术等瓶颈问题，全年持续开展各具特色的活动，持续掀起创新创业热潮。活动已经构建多层次品牌宣传体系，邀请人民日报、新华社、科技日报等 20 多家主流媒体，围绕“世界创新创意日”、“一带一路”创新大会等重点活动内容进行持续报道，挖掘亮点，宣传典型，展示风采。“创头条”等网络媒体制作了 2018 年“创响中国”活动数据微屏，通过手机等移动设备展示活动，“喜马拉雅 FM”机构主动推广“创响中国”系列活动，开设专栏语音视频节目持续跟踪报道，进一步强化了活动品牌宣传。

## 三
## 不断扩大国际影响力，锐意进取，国内外交流活跃

“创响中国”活动首站在上海市杨浦区举行，结合 4 月 21 日首个“世界创意创新日”开展活动，邀请联合国教科文组织原执行长迈克尔 · 沃布斯等国内外专家进行深度研讨交流。厦门站围绕国家“一带一路”倡议举办“一带一路”创新大会，吸引了 30 个国家和地区的 300 余个创业项目参会。广州站举办的 2018 中国创新创业成果交易会吸引了来自 20 多个国家或地区的 1000 多个项目参加，成交金额约 20 亿元。中科院长春光机所联合俄罗斯科学院西伯利亚分院等国际学术机构召开研讨会，促进国际化科技成果转移转化，提高我国技术国际影响力。泉州丰泽站举办海上丝绸之路国际数字商业创新节，来自“海上丝绸之路”沿线 30 个国家或地区的 300 多个海内外创业项目、60 余家一线投资机构、500 多位知名专家和企业大咖等齐聚泉州丰泽。

## 四
## 突出区域和行业特色，紧抓创新创业核心需求，吸引多层次市场主体广泛参与

各站分别结合示范基地发展特色，组织举办政策宣传、创业辅导、投资

对接等活动，越是有地方、行业特色的创新创业活动就越受到各界关注。例如，贵州遵义汇川站举办返乡农民工创业创新助推乡村振兴经验交流会，探寻农民工返乡创业创新的新方法、新路径，更大范围、更高层次、更深程度推进返乡农民工创业，助推落实乡村振兴战略。浙江大学站、武汉大学站等高校活动纷纷开展创业路演大赛，吸引广大学生踊跃参与，向学生们展示身边的创新创业案例和典型，将专业教学和创业实践有机融合。中国信通院站“AI 智能音箱产业峰会”在深圳召开，泰尔终端实验室发布了联合百度、盘古等多家安全厂商完成的国内首个 AI 智能音箱性能与安全测试报告。

各项活动普遍面向各类创新创业主体需求，针对行业发展难点、堵点设计和组织活动，各类凸显服务功能的活动最受欢迎。例如，国家电网公司站结合电力行业实际需求，举办创新成果转化签约仪式，共有 145 项职工创新成果实现签约转化落地，三年内预计创造产值超过 20 亿元。中科院计算所站通过“I-TECH 创新创业学院”开展科研人员创业培训，鼓励在岗科研人员创业，2018 年新增创业企业 7 家，其中 6 家初创企业估值高于 1 亿元。清华大学站举办了国际创客教育高端论坛、学生创客成果展、工程文化教育论坛、北京市“创计划”创客挑战赛等活动，来自美国、新加坡、意大利、我国香港及内地各高校及社会各界的知名创客及创客教育者、清华师生创客等近 400 人参与。乌鲁木齐高新站举办“双创职通车”专场招聘会，37 家初创企业参会，提供就业岗位 500 多个，当天有近 400 名求职者与企业达成就业意向。

“创响中国”活动围绕新技术、新产品、新业态、新模式，积极搭建众创、众包、众扶、众筹支撑平台，促进生产与需求对接、传统产业与新兴产业融合，活动重点突出，精彩纷呈。活动按照“政府推动，社会参与”的组织原则，充分调动大企业、高校和科研院所、专业协会、服务支撑平台等各类社会机构的积极性。“创响中国”活动得到了社会各界的大力支持，中国工程院院长周济、九三学社中央委员会副主席丛斌等部门单位领导，诺贝尔经济学奖得主托马斯 · 萨金特、联想控股集团董事长柳传志，以及 30 余名中外籍院士与数百名专家、各行各业学者先后参与各地活动。

## 五

## 厚植前沿创新创业理念，营造浓厚创新创业氛围

“创响中国”活动邀请中国科协创新战略研究院、国家信息中心等部门单位资深专家赴重庆、杭州等地开展多场次“政策行”活动，解读《国务院关于推动创新创业高质量发展 打造“双创”升级版的意见》（国发〔2018〕32 号）等一系列创新创业政策，宣传创新创业典型案例，广泛传播创新创业理念。组织相关省、市发展改革委负责同志、双创示范基地代表举办中央联合地方课题研讨会、双创示范基地经验交流会等活动，交流推广地方创新创业典型经验，提升地方同志创新创业理论研究水平，不断激发全社会创新创业潜能。“创响中国”活动受到了公众和广大创新创业者的关注，“双创”“创响中国”等关键词不断在各类媒体中出现，有力地宣传了创新创业理念和提升了区域双创示范基地、“创响中国”的品牌效应，在广泛区域里掀起创新创业热潮，吸引社会各界广泛关注。创新创业已经实现“从局部到整体”“从现象到机制”的跨越，全社会创新动力、创造潜力和创业活力充分激发，形成了浓厚的创新创业社会氛围，这是“创响中国”活动成功举办的重要基础，也为未来举办各类创新创业活动提供了不竭源泉。

# 服务长三角一体化，打造创新创业“辐射场”

长三角双创示范基地联盟

长三角地区是我国经济最具活力、开放程度最高、创新能力最强的区域之一，是“一带一路”和长江经济带的重要交汇点，在全国经济社会发展中发挥着重要支撑和引领作用。在国家和长三角“三省一市”政府支持下，长三角地区 25 家双创示范基地积极响应国家发改委倡导的协同创新机制，立足各示范基地科技人才资源丰富、国际国内创新资源聚合的比较优势，促进创新资源无障碍流动和新动能培育壮大，合力构建协同创新共同体。

## 一

## 三类示范基地深化改革，共同助力创新创业高水平发展

区域类示范基地进一步深化“放管服”改革，在规划对接、改革协同、专题合作、市场统一、机制完善等方面加大推进力度，共同优化科技创新、创业孵化、投融资、产业培育等方面的政策环境，降低创新创业成本，推动创新链与产业链深度融合，形成一体联动的产业生态链布局。

高校科研院所类示范基地实施创新创业共享行动，开放科研设施和资源，注重基础学科交叉培养、高校之间优势学科的交叉合作以及产学研协同创新，促进科技资源开放共享，完善人才协同培养和交流机制，推动科技成果实现共享和转化。

企业类示范基地落实企业创新创业协同行动，行业领军企业、大型互联网企业向联盟内各类双创主体开放技术、开发、营销、推广等资源，推动开展内部创新创业，打造与中小微企业协同创新、共同发展，服务于产业和区域发展的新模式。

## 二

## 构建联盟基地联动机制，形成创新合作网络体系

自联盟成立以来，通过各基地间的深入交流探讨，发现长三角双创联动中还存在跨省市区域合作动力不足、要素资源联动缺乏机制保障、孵化联动的网络格局尚未形成、双创活动缺乏统筹与品牌建设等共性问题。

为此，在国家发改委高技术司的委托和支持下，2018 年 7 月以来，杨浦与国家发改委经济研究所联合开展了“长三角双创示范基地联动机制”课题研究。课题组会同“三省一市”发改委和各示范基地，通过问卷调查、专家访谈、企业和创服机构走访等系统调研，为进一步深化联盟内涵，整合政府、基地、市场等各方资源，加强双创示范基地在创新研发、集成应用、成果转化等方面的协作，提供理论支撑和实践指导。

2018 年 9 月，国务院发布了《关于推动创新创业高质量发展打造“双创”升级版的意见》，明确提出“充分发挥长三角示范基地联盟作用”；11 月，习近平总书记在进博会开幕式上提出“支持长江三角洲区域一体化发展并上升为国家战略”。同时，长三角地区主要领导座谈会审议通过的《长三角地区一体化发展三年行动计划（2018~2020）》中，也将“建立长三角国家级双创示范基地合作交流机制”作为“共建内聚外合创新网络”的重要抓手。

课题组以此为契机，推动形成了两项可操作、重实效的基本思路，得到

了国家发改委的充分认可和各基地的一致支持：一是加快建立联盟的组织机构，制订联盟章程，推选理事长、副理事长单位等，确保联动工作有人推、见成效、可持续；二是通过创设一系列专业委员会，发挥各基地的资源优势，错位发展，开展实实在在的合作联动项目，推动联盟工作做实做深。

## 三
## 聚焦长三角创新区域协作，打造创新创业开放合作新窗口

2019 年 4 月 20 日，长三角双创示范基地联盟全体成员在嘉兴南湖召开联盟成立一周年大会。会议推选产生了首届理事会机构，其中，上海杨浦为理事长单位，江苏武进、杭州未来科技城、合肥高新区、上海交大为副理事长单位，秘书处设在杨浦。发起成立了集成电路、石墨烯、新能源汽车、新材料等 4 个产业类专业委员会和科技成果转移转化、知识产权等 2 个服务类专业委员会，明确了绘制双创地图、实施人员互派互访、促进孵化联动、引导创新券通兑、强化知识产权协作、支持新兴产业联合做大、形成强大技术转移与交易市场、打造若干长三角级知名品牌赛事活动等 9 个合作联动项目，将进一步调动发挥联盟作用。

一是服务国家战略，聚焦创新协同。立足创新驱动发展和长三角一体化两大国家战略需求，围绕即将出台的新一轮双创示范基地文件和《长三角地区一体化发展三年行动计划（2018~2020）》，以创新创业为抓手，推动国务院发布的 36 项全面创新改革试验举措在示范基地落地生根，推动政策、技术、资金在示范基地间有效聚集，推动示范基地成为创新创业开放合作的新窗口，不断优化长三角地区创新创业生态，为国家战略提供更有力的支撑。

二是创新工作机制，保障联盟实效。依托联盟组织架构，理事长、副理事长单位和专业委员会将按照分工，不断创新工作方法和工作机制，确保联盟工作有序有力开展。在体制机制探索方面下功夫，突破政策障碍，探索“项目化 + 市场化”等行之有效的合作模式，打通创新链、产业链和资本链，助力创新资源无障碍流动和新动能培育壮大。

三是强化资源融通，服务企业发展。以推进双创生态地图和双创券的通兑通用为发力点，探索云端联合、异地研发、衍生孵化、异地资源本地配置等合作模式，加快实现区域之间服务资源的互补，不断优化双创政策环境，降低创新创业成本。同时，推动区域、高校、企业三类示范基地共同建设高质量创新创业平台，协同突破行业关键共性技术，释放大企业创新创业的内生动力，推进大中小微企业融通发展。

# 熠星创新创意大赛，实现以赛促宣、促创、促合、促改、促建联动效应

中国电子科技集团公司

中国电科积极履行央企国家队使命，举办多种形式的双创活动，提高科技人员的创新积极性，激发企业内生动力，将双创成果向社会推广。中国电科双创示范基地先后牵头承办了“中央企业熠星创新创意大赛”“中央企业贯彻落实新发展理念、深入实施创新驱动发展战略，大力推动双创工作成就展”等多项国家层面双创活动，得到了国家领导和社会各界的高度认可。

## 一

## 传播央企创新创业正能量，成功打造央企双创品牌

2014~2015 年，中国电科连续举办了两届“中国电科熠星创新创意大赛”，共吸引了近百家单位参与、3000 多人参赛，征集有效项目近千项，投资意向已超过 1.5 亿元，取得较大成效。2016 年，国资委将其提升为中央企业双创平台，冠名为“2016 中央企业熠星创新创意大赛”，得到了社会各界的高度肯定。共有来自中央企业和社会创客团体的 1237 个项目参赛，人数

超过 6000 人，与北京、深圳、合肥、厦门、武汉、乌镇等地方政府联合举办了 6 场投资对接会，900 多个投资机构积极参与。通过大赛活动的举办，在中央企业内充分激发了广大科技人员的创新激情和创造力，让热爱创新、热衷实践的双创人才充分展现才华，让创新创业蔚然成风。

## 二

## 为高水平双创成果搭建展示交流媒介，有力促进科技成果转化

技术创新为本、商业模式新颖、导师团队给力，是中国电科所举办的大赛有别于很多创业大赛的显著特点。

在创新成果方面，参赛项目普遍具有较高的技术含量，累计拥有授权专利近 2400 项，在申专利 2500 项，涌现出一批“黑科技”“硬科技”的创新成果。同时，很多项目结合企业发展需要，开展了富有创意的商业模式创新，加速了科技成果的应用。

在项目加速方面，大赛有 100 名来自中央企业的一流导师鼎力相助，其中包括作为技术、市场、管理、投资等领域的专家，他们在优化技术方案、完善商业计划、对接市场需求过程中发挥了重要作用。

在成果转化方面，目前 75 个项目已被所在单位进行内部孵化转化，43 个项目在中央企业间达成合作意向，45 个项目在社会资本的推动下进行公司化运作。仅以中国电科的参赛项目为例，“工业级结构电路一体化 3D 打印机”项目已成立混合所有制公司，“毫米波汽车雷达芯片及产业化”等 7 个项目已与地方政府和社会投资方达成协议，拟成立混合所有制公司，共引入社会资本约 3.4 亿元。

## 三

## 搭建多层次合作平台，促进中央企业与社会合作共赢

熠星大赛目前已经成为中央企业与社会力量在创新工作方面的重要接

口，通过大赛，激活了大量原本“久在深闺人未识”的企业创新成果，充分体现科技工作价值。

一是促进了中央企业间的相互了解与合作。跨界融合创新是新一轮科技革命的重要特征，中央企业又横跨关系国计民生的多个产业领域，熠星大赛在促进央企间的沟通交流与创新合作方面取得了重要成效。仅在项目对接阶段，中央企业间就已达成合作意向 43 个。

二是有效促成技术与资本结合。风险资本的参与是科技成果真正商业化的重要助推器。本次大赛强调资本参与，组织多地多场项目路演和投资对接，受到社会各类投资机构的广泛关注。

同时，大赛还配套设立中电科熠星创投基金，总规模 10 亿元，首期 2 亿元，主要投向中央企业熠星创新创意大赛参赛项目及各类优质科技型初创企业，目前已投资金额约 6000 万元，扶持各类科技型初创企业近 10 个，大大激发了各类科研机构及科研人员的双创热情。

## 四
## 通过实施大赛项目转化孵化，促进中央企业体制机制创新

熠星大赛自举办以来，中央企业参与积极性不断提高，参赛项目数量逐年增长。在“参赛”“评奖”之外，熠星大赛更多地是推动了中央企业创新创业观念的不断升级与革新。

在观念引导方面，大赛有效推动了中央企业双创观念的转变，大家日益认识到开展双创不仅仅要依靠技术突破，更要关注双创工作是否与本企业发展紧密结合、技术和成果是否能够真正市场化与商业化。

在试点实践方面，熠星参赛项目的转化实施，为中央企业探索创新体制机制提供了试点机会，有力地促进了各企业进一步落实科技成果转化法，在人员流动、创新激励、资产评估等方面加强研究，探索科技成果转化渠道。目前，中国电科内部出台了专门针对熠星大赛孵化机制的《加强熠星创新创意大赛机制创新的若干规定》，部分央企也已出台加强激励的相关办法。

## 五
## 通过举办中央企业熠星创新创意大赛，促进双创公共服务体系建设

中国电科结合中央企业熠星创新创意大赛的实施经验，针对中央企业双创项目在新产品研发、商业策划、新公司设立、初创企业管理等不同阶段的实际需求，为大力推动科技创新业态的形成，基地立足央企、面向全社会，围绕技术—产品—产业的不同发展阶段，搭建了一系列公共服务平台，包括中央企业科技创新资源服务平台、行业技术成果交易平台、共性基础技术成果共享社区、微系统协同设计服务平台、AI 服务平台、智能制造服务平台等，为全社会各类双创主体提供支撑服务，加速推动科技成果的转化与应用，带动全社会创新创业。中央企业双创智能服务平台已汇聚双创项目 1000 余个，投资基金 419 家，其中，国资参与基金 209 家，民营基金 210 家，涵盖了 19 个省份 39 个地市。

# 根植西部创新创业文化基因，树立丝路特色品牌

陕西省西咸新区

西咸新区自2016年5月获批国家双创示范基地以来，依照《国务院关于建设大众创业万众创新示范基地的实施意见》要求，在培育和加强创业创新精神和文化建设方面，西咸新区严格做好规定动作，并积极开展自选动作，同时学习国家发改委《关于推动国家级新区深化重点领域体制机制创新的通知》，结合西部地区特色，不断探索、勇于创新，对西咸新区提出推进“一带一路”建设、创新城市发展方式、以文化促发展三大改革任务，将提振陕西创新文化与创新精神为己任，将创新文化驱动作为追赶超越的重要引领。围绕创新城市发展方式这个主题，以建设大西安新中心为目标，紧扣创新创业主旨、内涵和要求，坚持创新是引领发展的第一动力，以创新精神和创业文化吸引和激励广大创客，优化创新创业创造要素结构，专注打造“硬科技”生态，培育新的动能，推动创新创业创造高质量发展。

## 一
## “创响中国”激情回荡三秦大地，双创活动雨后春笋绽放关中沃土

开展丰富多样活动，营造良好发展氛围。西咸新区一方面通过政府宣传平台及时发布最新双创工作政策，另一方面依托基地、园区以及各类服务平台开展各类丰富多彩的双创活动。在2016年首届“创响中国”西咸站取得巨大反响的基础上，新区巩固成果，全面发力，举办了2017“创青春”全国青年创新创业大赛陕西总决赛、2017全球硬科技创新大会暨“创响中国”（西咸）等近百场特色活动，全面展示了西咸在创新创业领域的成果。新区还开发了以“青春新势力、双创新活力”为主题的双创公开课，走进高校宣讲“科技人才创新创业政策”，推广创新创业的文化内涵、精神追求和社会价值，激发大西安地区大学生创业活力。区内创新平台陕西微软创新中心推送的西安电子科技大学可穿戴式智能手术辅助系统项目，在2017微软科技创新荟暨微软“创新杯”中国区总决赛中摘得2017年微软“创新杯”中国区总冠军，并代表中国参加在美国举办的全球总决赛。

## 二
## “奔跑西咸”激发创客主体新活力，“硬科技”之舞踏响西咸创新创业新节拍

大西安建设的“创业年”“品质年”“品牌年”，落脚点在城市发展的活力和加速度上，“奔跑”是大西安地区实现“追赶超越”所需要的行动力和精神状态，“奔跑”活动所绽放出的活力将有力提升区域价值、提升西咸新区“大西安创新创业带”品牌形象。为有效激发大西安创新创业的活力和动力，新区举办“一带一路”大西安创客跑、“我们都是跑步家——大西安健康生活计划”创客跑、“探寻科技路 · 酷动大西安”约骑西咸硬科技小镇等活动，国

内外知名的跑步爱好者、丝路经济带近百名留学生、大西安各众创空间、高校和创业企业等近万名创客共同奔跑在西咸。举办“新丝路·逐梦青春”第二届新丝路长安杯大学生国际微电影节、“陕音之巅·创响中国”秦汉新城陕派摇滚之夜，主导拍摄了国内首部以双创为主题的电影《奔》。通过开展系列活动，使“西咸双创”“奔跑西咸”成为新区创新创业的代名词。

加大基础研究和应用基础研究支持力度，强化原始创新，加强关键核心技术攻关，健全以企业为主体的产学研一体化创新机制。创新提出将“硬科技”打造成大西安的城市新品牌，与西安交通大学合建中国西部科技创新港科创基地，与西北工业大学合建“翱翔小镇”暨无人机产业化基地，全国首个硬科技小镇西部云谷部分建成运营，以此为依托打造丝路科创谷，未来将聚集一大批硬科技企业、硕士以上高级人才和高质量创新成果，聚集打造在全球有影响力的科技创新中心。加快全国统筹科技资源改革示范基地建设，基地获批国家西北转移中心暨丝绸之路经济带技术转移中心；与车库咖啡、中国技术交易所三方合作，打造国内首创的“科转孵化新体”；与清华同方股份合作建立西咸同方丝路未来创新研究院，创新推动政产学研融合发展。2018 年西咸新区累计建设众创空间、孵化器、特色小镇等众创载体 44 个，鼓励区内企业搭建了一批科技研发、检验检测等创新平台，逐步形成了以智能制造、新一代信息技术、生物医药、数字文化、农业科技等为特色的创业企业聚集区。

## 三

## 发挥丝路支点力量，释放西咸创新创业创造新活力

西咸新区不断扩大国际创新合作、开放共享、协同融合，打造“一带一路”创新创业新高地。大力弘扬奋斗精神、科学精神、劳模精神、工匠精神，汇聚起向上向善的强大力量。与厦门火炬高新区达成国家双创示范基地“海丝”“陆丝”东西联动战略合作，探索打造“一带一路”创业加速器。

一是打造丝路国际合作平台。中俄丝路创新园先后在新区、莫斯科开

园，“一园两地”模式入选陕西“一带一路”倡议五年来十大成果；与微软中国合作将陕西微软创新中心打造成人工智能暨硬科技领域的创新创业高地。

二是搭建“一带一路”语言服务及大数据平台。提供英、法、日等 11 个语种语言服务，深度应用世界领先的语言科技和全球化的跨语言大数据技术，为“一带一路”沿线国家在工业、金融、医疗、交通、文化教育、科技服务等领域提供一站式解决方案。

三是大力传播创新理念、营造创业氛围、弘扬工匠精神。以硬科技、“一带一路”创新创业等为主题连续三年举办“创响中国”西咸站系列活动，获创新创业展示最佳组织单位称号。举办青少年机器人竞赛，培养中小学生的创新意识、创新精神和创新能力。

四是树立先进典型，推广创新创业创造范例。国联质检、佰美基因、蓝辉科技等科技企业坚持产业创新，实现新三板上市；创客吴联成团队研制的物电一体化智能印章，以云计算、大数据等技术为支撑，融合实物印章和电子印章功能，被陕西省档案馆收藏。茯茶镇推进农民就地创业，依托丝路茯茶文化打造关中民俗文化集中展示窗口和优美小镇示范项目。这些成功案例极大地鼓舞了创业者的士气，坚定了创业者在新区扎根发展的信心。

## 四
## 用文化创意温暖城市角落

文化创意可以改变城市，一座城市的美，不仅体现在高楼大厦，也在于城市一个个不起眼的角落、细节。从 2017 年开始，西咸国际文化教育园联合自媒体“贞观”，由西咸文旅集团牵头，整合优秀创新创业团队，陆续开展了两季“文化创意温暖城市角落活动”，在提升优化城市品质的同时，用订单、公益和实践将“双创”工作与城市建设、人文关怀紧密结合，实现创业者、提升对象和城市品质的共同提升。

在“一带一路”倡议的指引下，西安一步步实现着国际化大都市的目标。在整个巨变的进程中，城市的一些“角落”一方面为城市生活提供了不可或缺的服务，另一方面因形象不佳影响着整座城市的面貌。为此，西咸区开展“文化创意温暖城市角落活动”，选择从城市微观、中观、宏观三个方面着手，先后对小到环卫工人工具、公益组织产品，中到商铺、摊贩、桥梁涵洞，大到老旧小区、城市街区等 20 多个城市“角落”进行文化创意设计改造。活动先后吸引了新华社、中国社会科学网、中国经济网、陕西日报、西安晚报、西安电视台、西部网、网易、新浪网、搜狐网、凤凰网等全国和地方众多媒体争相报道，累计阅读量超过百万次。举办“文化创意温暖城市角落活动”，不仅为创业者提供了充分展示和社会实践的机会，也为创业者增添了尊严和幸福感，让城市更有温度。

# “四平台”共筑新兴产业集群，“合创汇”打造双创服务品牌

安徽省合肥市高新技术产业开发区

合肥高新区紧抓建设合肥综合性国家科学中心核心区的重大机遇，依托合肥高校院所、科研机构、科技型龙头骨干企业聚集的优势，全力打造涵盖协同创新平台、综合战略性平台、新型产业研究平台、开放共享平台的双创平台集群，在共性关键技术研发、新产品新企业孵化、研发团队培养、科技成果转化等方面协同发展。高新区充分发挥政府引导作用，整合各类双创服务资源，联通线上线下，聚焦各类双创主体在场所、资金、政策申报、中介服务、路演培训等方面的实际需求，打造“合创汇”双创服务品牌，集松散、零星的双创服务于一体，亮出“组合拳”，打好“持久战”。

## 一

## “四平台”协同发力，共筑新兴产业集群

一是搭建协同创新平台。为打破科技成果转化壁垒，推动产学研合作由

短期松散型向长期系统型转变，高新区建设了中科院技术创新工程院、中国科大先进技术研究院等协同创新平台，探索事业单位企业化、技术开发契约化、成果转化资本化运作模式。例如，中国科大先进技术研究院虽是事业单位，但无级别、无预算、无编制，完全按企业模式运行，符合条件的研发成果迅速作价入股，目前已孵化科技企业 200 余家。2017 年 10 月，出台合肥高新区支持争创“世界一流高科技园区”若干政策（即“创新十条”政策），计划 5 年时间安排 10 亿元资金，重点突出两大“新”方向，聚焦源头创新，培育发展新动能，重点鼓励高校院所科技成果转化和高端协同创新平台建设，支持额度最高可达 5000 万元，营造国内一流的科技成果转化环境。

二是建设综合战略性平台。发挥合肥大科学装置多且集中的优势，聚焦信息、能源、健康、环境等四大领域，建设合肥综合性国家科学中心战略性平台，开展多学科交叉研究，催生变革性技术和新兴产业。目前，科学中心各大平台建设进展迅速，离子医学中心启动实施，国内第一台具有自主知识产权的质子重离子超导医疗设备 2017 年底出样；类脑智能国家工程实验室已开展科研及产业化工作，量子信息与量子科学创新研究院也已开工建设。

三是组建新型产业研究平台。聚焦军民融合、精准医疗等领域，与工业和信息化部电子五所、中科院广州生物院等机构合作，组建了省军民融合技术研究院、干细胞和再生医学合肥研究院等多个信息产业研究平台，打造面向创新型小微企业的平台载体。例如，省军民融合技术研究院建设软件质量与信息安全、电磁兼容等 7 个基础技术研究中心和电磁兼容测试、元器件筛选等 10 个平台，为省内外企业提供技术服务和智力支撑。

四是打造开放共享平台。着力构建开放、低成本双创公共服务平台，发挥大型企业、科研机构力量，陆续建设了中安创谷技术转移孵化平台等 5 个国家双创示范基地公共服务平台项目，为双创企业提供技术转移、创业孵化、检验检测等服务，全面激发企业创新潜能和创业活力。

五是完善“互联网 + 政务服务”。作为省内第一家开发区政务服务平台，安徽政务服务网合肥高新区分厅着力提升实体服务大厅信息化水平，构建线上线下功能互补的服务新模式。目前，合肥高新区线上线下平台汇集 7 家单位、

21 个业务系统，可为企业、群众在线办理工商登记、规划许可、生育证核发等 25 个主题 172 个服务事项，真正实现“数据多跑路，群众少跑腿”。

## 二

## “合创汇”全面提升，融合线上线下资源

“合创汇”由线上互联网 + 双创服务平台 + 线下双创品牌活动组成，从中介服务、政策服务、住房服务、金融服务以及双创活动等方面激发双创主体创新潜能和创业活力。

一是在线上平台方面，包括“合创券”“政策通”“房源汇”“金融超市”“双创活动”等五个线上平台，其中“合创券”自 2016 年启动以来，累计发放 1 亿元，惠及中小微企业 1729 家，165 家科技服务机构入驻平台，发生科技中介服务 5110 项，带动科技中介服务市场需求过亿元，实现政策扶持前置、线上线下结合、企业服务精准化“三大突破”。出台支持双创的九条政策措施（“创九条”政策），围绕创新创业企业成长各阶段需求，每年安排 1.6 亿元，从闲置厂房改造、房租补贴、培训支持和天使基金参股等 9 个方面进行“定向爆破”，精准支持众创空间建设。

二是在线下活动方面，“合创汇”品牌自 2016 年以来举办活动 15 期，开设“资本项目路演”、“创业训练营”、创新创业大赛、评选“合创之星”等各类活动近 400 场，吸引 50 余个路演项目、100 余家投资机构、2000 余位创业者参与，路演企业累计获得风险投资达 2.8 亿元。针对企业不同成长阶段资金需求情况，设立安徽省首支种子基金、天使基金、双创孵化引导基金，推出省青年创业引导资金、创新贷、政保贷、创业担保贷、订单贷等金融产品，覆盖企业成长全周期，2017 年投入资金 1.2 亿元，扶持中小微企业 1891 家，融资 42 亿元。

安徽省合肥市高新技术产业开发区作为合肥综合性国家科学中心核心承载区，以建设“世界一流高科技园区”为使命，全面参与全球竞争，着力打造产业创新中心。在推动双创政策落地、扶持双创支撑平台、构建双创发展

生态等方面大胆探索、勇于尝试、成效明显。探索打通从科学到技术、从技术转化为产业的通道，积极发挥政府引导作用，吸引各类双创要素集聚，整合各类双创服务资源，联通线上线下，聚焦各类双创主体在场所、资金、政策申报、中介服务、路演培训等方面的实际需求，为进一步营造优质双创生态，起到了良好的示范作用，值得在更大区域推广。

# 创意创新创业大赛，增强校友创业生态圈

清华校友总会

清华校友创意创新创业大赛是由清华校友总会主办的全方位、多层次、无间歇地支持校友和学生“创意创新创业”的大型系列活动，为有创新精神和创业能力的校友、师生，提供展示、交流、融资和成长的舞台，为愿意帮助、辅导、支持和投资创新创业项目的校友提供参与和对接的平台，共同推动母校的创新创业教育更上一层楼，为清华校友创新创业提供更大的势能和动能，形成互助共进的清华创业生态圈。

大赛的举办始终坚持四个原则，即坚持校友总会组织和主导、坚持服务校友创新创业和职业发展、坚持服务国家和社会经济发展、坚持持续服务和讲求实效。2016 年至今经过四届大赛的积累，大赛已成为校友总会组织开展工作的一个着力点，成为服务校友职业发展的抓手，成为服务地方社会经济发展的抓手。大赛动员各界校友广泛参与和支持，有效汇聚创新创业资源，建立了完善的组织机制和服务体系，促进校友创业生态的良性循环和繁荣发展，为创新驱动经济发展做出应有的贡献。

## 一
## 广泛动员各界校友参与，汇聚创新创业资源

创意创新创业大赛自 2016 年第一届开展以来，逐步汇聚了越来越多的资源，吸引了越来越多的校友和社会各界人士的参与，得到学校、校友、企业、投资机构、各地政府的关注和支持。大赛生态圈包括了创新创业项目、导师、投资机构和政府部门四大要素，在各界校友的广泛参与和支持下，四大要素形成有效汇聚。一是优质创新创业项目的汇聚，从第一届到第四届，大赛报名参赛的项目数量逐年增长，分别为300个、305个、646个和799个，项目累计达 2050 个，并且参赛项目主要是围绕技术创新等硬科技创业领域。二是创业导师资源的汇聚，大赛组委会广泛邀请投资专家、产业专家、学术专家等各界的资深人士担任创业导师，累计聘请 500 多名创业导师，并形成导师数据库，持续提供创业辅导、参与竞赛评审和支持大赛系列活动等。三是投资机构的汇聚，第四届创意创新创业大赛领投机构包括清控、启迪、同方、水木清华校友基金、英诺天使等以及 IDG 投资、北极光创投、达晨创投等知名机构，累计超过 150 多家投资机构参与大赛的项目评审、对接和辅导等活动。四是地方政府的积极参与和支持，包括重庆、天津武清、洛阳、嘉兴、西安、徐州、珠海等 40 多个地方政府相关部门参与和支持创意创新创业大赛。

## 二
## 注重建立长效机制，不断完善组织机制

在校友总会的统筹指导下，成立大赛组委会指导和协调开展大赛工作，设立秘书处负责大赛的常态化运营，建立领投机构制度等，不断完善大赛的组织机制。一是建立大赛组委会，由校友总会牵头，由清华大学团委与清华 X-Lab 等校内创业教育相关机构、各地方校友会、先进制造及 AI 大数据专

委会等校友行业协会、清华河北院及海峡院等，以及同方、启迪等校企共同参与，整合各方资源统筹和开展大赛工作。二是设立大赛秘书处，在大赛组委会的指导下，委托清数 D-LAB 专业运营团队负责大赛的常态化运营和主要执行工作。三是建立领投机构制度，邀请行业内具有较大影响并愿意为大赛贡献力量的清华系投资机构以及知名投资机构，重点参与大赛项目的评审、辅导和对接等。四是形成赛事组织制度，赛点初赛及赛区复赛由各地方校友会牵头举办，决赛按专业组别划分，在校友总会指导下各行业协会负责，并联合地方政府、当地校企及校友企业等共同参与。

## 三
## 开展形式多样的赛事活动，打造全方位服务体系

创意创新创业大赛是全方位、多层次、无间隙的系列活动，以一年一度的赛事为主线，开展创意创新创业峰会、创意创新创业论坛、创意创新创业嘉年华、创意创新创业对接会、创意创新创业校友行、创意创新创业训练营等形式多样的系列活动，打造服务校友、创业项目、导师、投资机构和地方政府的全方位、多层次的服务体系。创意创新创业论坛邀请政府代表、龙头企业、行业专家、投资专家等共同分享和探讨行业的前瞻性发展趋势与机会。创意创新创业嘉年华是所有创意创新创业项目集中的展示平台，在清华大学校庆期间邀请优秀创意创新创业项目在学校进行展示，面向在校学生、老师以及校友和社会人士开放。创意创新创业对接会搭建投资人和创业项目之间的对接平台，助力创意创新创业项目的融资进程。创意创新创业训练营结合地方的特色和需求，引进清华校友创新创业生态圈的优质资源，为当地创新者与产业界提供培训、辅导等。创意创新创业校友行根据地方政府和产业集团的特点和需求，组织有意向落户或者有市场拓展需求的校友项目走进地方或产业集团进行深度对接。创意创新创业峰会是复合型活动，可根据需要，选择创意创新创业论坛、创意创新创业对接会、创意创新创业训练营、创意创新创业校友行等活动的不同组合。

## 四
## 建设创意创新创业管理系统，提供可靠技术保障

为了更好满足创意创新创业大赛的需求，大赛秘书处在校友总会的指导下开发建设创意创新创业管理系统，为大赛的各项工作提供可靠的技术保障。创意创新创业管理系统建立了创意创新创业项目库、导师库、投资机构库等基础数据库，便于大赛相关的各类信息的高效组织和管理，同时提供赛事管理、活动管理等基本功能模块，为大赛全方位的服务体系提供系统支撑。创意创新创业项目的动态跟踪服务正在开发过程中，后续创意创新创业项目的融资进展情况等将可直接通过系统获取。创意创新创业管理系统的建设和完善，为服务地方政府和投资机构提供了系统化的工具，也为项目服务和管理提供了更高效的手段。

## 五
## 大赛成效初步显现，推动创新创业落到实处

随着创意创新创业大赛的持续开展，服务校友、服务学校和服务社会的成效初步显现，促进了各地校友会、各地区校友的交流，为学校、校友企业与地方政府和产业的合作发挥积极作用，推动创新创业落到实处。一是全面覆盖。大赛已实现全国各省、自治区、直辖市和港澳台地区的全覆盖，在北美、欧洲设立了赛区，日本、马来西亚、新加坡等国家有清华校友参加比赛。二是重点支持。大赛对地方人才工作和招商工作的积极作用被广泛认可，洛阳市将办好第四届清华校友创意创新创业大赛先进制造专业总决赛写进了政府工作报告；徐州市把创意创新创业大赛列为市校合作的一项内容；内江市委、市政府成为西南赛区初赛的联合主办方；总决赛的四个赛场，由清华校友总会分别与天津武清、洛阳市、重庆市、嘉兴市等地政府联合主办。三是讲求实效。大赛以校友创业项目为核心，搭建创新创业服务平台，通过形式多样的大赛系列活动，帮助大赛项目对接投资、推荐合适的落地场景、获取政府支持等，注重实效，促进大赛各参与方的互融合作。

图书在版编目（CIP）数据

全国双创示范基地创新创业百佳案例 / 林念修主编
. -- 北京：社会科学文献出版社，2019.7
ISBN 978-7-5201-4932-7

Ⅰ. ①全… Ⅱ. ①林… Ⅲ. ①创业-案例-中国
Ⅳ. ①F249.214

中国版本图书馆CIP数据核字（2019）第098822号

全国双创示范基地创新创业百佳案例

主　　编 / 林念修
副 主 编 / 任志武　伍　浩　张宇贤

出 版 人 / 谢寿光
责任编辑 / 吴　敏

出　　版 / 社会科学文献出版社 · 皮书出版分社（010）59367127
地址：北京市北三环中路甲29号院华龙大厦　邮编：100029
网址：www.ssap.com.cn
发　　行 / 市场营销中心（010）59367081　59367083
印　　装 / 三河市东方印刷有限公司

规　　格 / 开　本：787mm×1092mm　1/16
印　张：27.75　字　数：400千字
版　　次 / 2019年7月第1版　2019年7月第1次印刷
书　　号 / ISBN 978-7-5201-4932-7
定　　价 / 198.00元